ピート・アウドルフ の 庭 づ く り

PLANTING: A NEW PERSPECTIVE

ピート・アウドルフ
ノエル・キングズベリー
永 村 裕 子 訳

NHK出版

日本語版に寄せて

時代は変わっても、原則は変わらない

ピート・アウドルフ

2013年当時、本書の出版に際して、ノエル・キングズベリーと私は、私の仕事のプロセスとメソッドを説明する本の執筆を目指しました。公共スペースを創るときの私の目標は、周囲と調和した豊かな植栽のガーデンをデザインし、生物多様性をサポートし、人間の精神を養うことです。植物や庭は、都市環境をより友好的で健康的にしてくれます。

　昨今、持続可能な生活環境を作るうえでは、これまで以上に自然や、その役割について心を配る必要があります。自宅の庭を造るときも同様です。この本が、日本の皆さんにとっての助けとなり、時の試練に耐える屋外スペース造りの後押しをすることを願っています。

目
次

訳者まえがき

巨匠の植栽論を日本のみなさんへ —— 4

序　論

21世紀への植栽デザイン —— 9

第1章

植栽—全体像を俯瞰する —— 25

第2章

植物をグループ化する —— 77

第3章

植物の組み合わせ —— 121

第4章

長期的な植物のパフォーマンス —— 175

第5章

現代の植栽デザインの潮流 —— 199

結　論

新しい植栽 —— 233

植物一覧 —— 241　植物名 —— 270　さらに読む —— 271
謝辞／写真提供 —— 272　索引 —— 273

・本文中の〔　〕は訳注を表す。

この本で取り上げられた植栽図は、オンラインで詳しく調べることもできます。
www.oudolf.com と www.noelkingsbury.com をご覧ください。

PLANTING：A NEW PERSPECTIVE
Copyright © 2013 by Piet Oudolf and Noel Kingsbury
This edition published by arrangement with Timber Press, an imprint of,
Workman Publishing Co., Inc.,
a subsidiary of Hachette Book Group, Inc., New York, New York, USA,
through Japan UNI Agency, Inc., Tokyo.
All rights reserved.

訳者まえがき

巨匠の植栽論を日本のみなさんへ

永村裕子（景観デザイナー）

記録的な猛暑の中、科学者が警鐘を鳴らし続けた「気候変動」や「温暖化」の影響を実感しながら、本著の翻訳に取り組み、よりサスティナブルな生活様式に改める必要性に思いを馳せています。サスティナビリティを意識した取り組みは、園芸やガーデニングの世界でも重要になってきています。伝統的な形式美の庭園から、より自然に近く、時間をかけて多年草をはじめ長生きする植物を育て、生物多様性にも貢献する植栽がヨーロッパを中心に推進されてきました。それは、従来の花の色やグリーンセメントとも呼ばれる常緑樹の刈り込みに頼りすぎた植栽から脱却した観賞眼を養うことになる意識改革も伴います。早春の刈り込まれた地表面からの芽出し、葉の展開、開花、結実、立ち枯れの姿など一連の植物のダイナミズムや、それを包む季節の日照や風による空気感や訪れる生物の営みと共生を愛しむ姿勢です。また、環境に適合した植物の組み合わせ、すなわち植物のコミュニティを形成するようにデザインし、四季を通じて健康で自立した植物・植生の発達を促すものです。それは、短いサイクルで大量に開花中の一年草を植え替えながら、大量消費・大量廃棄を繰り返していた花壇植栽とは対照的なアプローチで、ナチュラリスティックなガーデニングと呼ばれるようになりました。

ピート・アウドルフはオランダを拠点とした、ナチュラリスティックな植生デザインの先駆者でもあり、世界で最も影響力のある実践者として認められています。環境に配慮した園芸が早くから実践されてきたドイツに近く、また独自の強い園芸文化とデザインのモダニズムも花開いたオランダの地で、独自にナーセリーを営みながら植栽デザインを編み出していきました。1990年代当時の彼の独自のスタイルは、いち早く英国のガーデン雑誌編集者の目に留まり、本国より先に英国で脚光を浴びました。イングリッシュガーデンにはない自由で、多年草とオーナメンタルグラスの割合が極端に大きいピートの植栽は、当時は「装飾的な牧草地」などとも酷評され、保守的なガーデニング実践者界隈をざわつかせました。当時、英国で造園設計を学んでいた訳者は、ガーデンデザインの歴史が動くのをリアルタイムで目の当たりにしました。その後、彼のナチュラリスティック・ガーデンは、北米でより好意的で大規模に受け入れられます。ニューヨークのハイラインに見られるように、植栽の力が地域の価値や経済を押し上げるという、園芸の枠を飛び越え都市計画の成功として認められた2010年代には、彼の名声は不動のものとなりました。2022年には、東京都にもPiet Oudolf Garden Tokyoが開園し、日本国内でも彼が手がけた景観を体験することができるようになりました。

2024年となった現在、2013年に発行された著作を翻訳するにあたり、ナチュラリスティックな植栽デザインを巡る環境も変わってきました。日本でも、ヨーロッパと気候が近い北海道や寒冷地では多年草を主体としたガーデニングは1990年代から見られましたが、植物の生態学への理解が進むとともに、サスティナブルな実践が推奨される時流に乗って、南下しつつあります。東京にアウドルフの庭園がオープンしたのも、それを示唆しています。しかしながら、日本でのナチュラリスティック・ガーデンの受け止めは、実践者によって解釈に幅があり、混迷の兆しが見られ

ます。「自然」の解釈や感性（特に在来種保護の重要度）、文化的・商業的背景の違いを鑑みれば、無理もありません。訳者が危惧するところは、頻繁な植え替えをしないことと、枯れた姿で冬越しさせる点が、ローメンテナンス・ローコストと強調され、誤った認識が影響し始めていることです。一方、議論をリードしてきた英国での論調は、現在「ナチュラリスティック」と呼ばれる植栽スタイルが指すものが、よりワイルドで、自家播種によって高密度に生え、絡み合う植生・プラントコミュニティとなってきています。詳細な植栽図によって、苗を正確な品種・数量・位置に植えつけて維持する方法は、人為的で時代遅れとも見なす見解や、生物多様性を促進したいのであれば、多品種の多年草ではなく、樹木をより多く植えて、高木・低木・下草の重層のバランスのよい植栽であるべきとの指摘もあります。さまざまな解釈や意見の相違も見られるなか、10余年の時差はあるものの、自然にインスピレーションを受けながらも、芸術的に巧みにデザインされ、育む「ナチュラリスティック」の原点を理解することは、今後の日本での実践にも大いに役立つでしょう。

　本著はノエル・キングズベリーというガーデン研究者・ライターが、ピート・アウドルフのナチュラリスティックな植栽デザイン手法を詳細にわたり分析・分類し、定義づけ解説したものです。比較のための当時のほかの実践者の手法の実例や、少し歴史を遡った背景の解説、植物素材そのものの分類や組み合わせ方についても説明されています。実際のデザインをもとにした解説だとしても、複雑難解で驚かれるかもしれません。その場合は、エッセイ付きのレシピ本を思い浮かべて、見慣れない、聞き慣れない食材の一つ一つを学び、組み合わせ方や料理の匙加減、盛り付け方、料理の成り立ちの説明と置き換えて読み進めるといいでしょう。それでも序論は内容が硬く、具体的な植栽の手法との距離があるように感じられる読者も多いかと思います。その際は、後回しにしても構いません。本著はまた、ガーデナーにとっては闇雲に多年草を取り入れて植栽すればナチュラリスティックな植栽っぽく見えるといった初級レベルを卒業し、それぞれの植物の役割を理解しながら景観を構成できるレベルへとステップアップするための参考となるでしょう。一方、観賞者にとってはデザイナーやガーデナーの演出手法を知れば、観賞の喜びが増すに違いありません。もしくは、無造作に植えられたように見える植栽の背後にある、デザイン意図や植物の情報量に圧倒されるかもしれません。それはいずれ、身近な場所で実践するときの検討に役立つでしょう。

　本著がピート・アウドルフの仕事に触発された次世代の挑戦をサポートし、ガーデンデザイナーやガーデナーの職業認知を進める一助となり、ナチュラリスティックなガーデニングに関心の高い人々の必携の書となることを願って止みません。

　末尾になりますが出版にあたり、献身的にサポートしてくださった鈴木学氏、月ヶ洞利彦氏、翻訳協力の細田雅大氏と編集担当の宮川礼之氏に、深く御礼申し上げます。

▶ 6-7 ページ
アンジェリカ・ギガスのシードヘッドが遅咲きの多年草に混じってお化けのように立っている。ピートとアーニャ・アウドルフ夫妻の庭にて。

序論

21世紀への植栽デザイン

植物は都市や住環境の中で、ますますかけがえのないものになってきています。心地よいかもしれないけれど、結局は贅沢で無駄な装飾にすぎない、などということはありません。例えば、植物を窓越しにただ眺めるだけでも心によい影響を与えること、そして植物が、屋内屋外にかかわらず空気の清浄にとても役立っていることはよく知られています。

ガーデニングという行為は、ささやかな家庭園芸のレベルであっても、広大な公共緑地の規模であっても、自然界とのつながりに感謝の気持ちを伴うものでしょう。多くの人にとって植物は、天気に左右される気分を除けば、自然との唯一の接点であるかもしれません。公共では都市景観の幅広い公益に応える責任がある一方で、個人庭ではどの植物をどう育てるか、思いのままの自由があります。しかしながら、プロ・アマ問わず、ガーデナーに新たな課題が加わりました。「持続可能性と、生物多様性」です。持続可能性においては、ガーデニングにかけがえのない投入物〔化学肥料に含まれるリンのような希少で枯渇が懸念される物質〕を最小限に抑えながら有害な産出物を減らすことが求められ、生物多様性においては、野生生物に優しい植栽や作業の実践が求められています。

寿命の長い多年草を樹木と一緒に植えることも、ピート・アウドルフと私、ノエル・キングズベリーが長年支持してきたことであり、持続可能性を改善し、生物多様性を支えるものです。芝刈りの頻度や、木の不必要な刈り込みを減らすことは、明らかな前進です。豊かな庭の生育環境をつくることは、自然の美を引き寄せ、野生動物のすみかや資源を提供し、管理の持続可能性を改善します。

どの植物をどう配置して植えるかを決めるのは、技術的な知識と芸術的なビジョンの組み合わせを行う、植栽デザインの分野が担っています。本著は最近の植栽デザインに見られる傾向を取り上げます。基本的には一般のガーデナー、ガーデンデザインと管理の専門家や、ランドスケープアーキテクトたちが対象です。

◀◀ 8ページ
会議施設周辺の屋上緑化：ナイジェル・ダネット設計のヨークシャー州ロザラムのムーアゲート・クロフツ（2005年）。開花期を最長にするために選ばれた多品種の植物（約50種）が、10〜20cmの、深さが変動する基盤に植栽されている。機能性だけでなく、視覚的魅力も重要な準高密度型の屋上緑化の一例。

▼ オランダのフンメロにあるピートとアーニャ・アウドルフのナーセリーだった場所。現在は大胆な実験エリアで、強健な多年草が野生の牧草（グラス）の播種混合物の中で成長し、自然に現れるさまざまな種と共生している。どのように機能するかは、時が経つにつれてわかるだろう。薄いモーブ・ブルーはアスター 'リトル・カーロウ'、濃い赤はユーパトリウム・マクラタム 'リーゼンシルム'。

建築士のように、普段は直接植物を扱うことがなくてもときには近いところで関わる仕事や、環境学者のように仕事上あまりデザインに関わることはないけれど、デザインされた植栽の創成や維持管理に大きな役割を果たす人々にも、大事な知識となるでしょう。

　植物の役割——すなわち植栽デザイン——は、個人庭ではすでに確立されていて、美的にも機能的にも成功するために不可欠である一方で、あいにくランドスケープデザインの分野でも同様とはいえません。もっと正確にいえば、歴史的に植物は都市デザインにおいて大した役割を果たしてこなかったのでしょう。何世紀もの間、都市で使われていた植物といえば街路樹くらいで、19世紀に都市公園の普及が見られ、20世紀後半になるとオランダを筆頭に、都市部で植物の幅広い利用がなされるようになりました。今日、植物の利用はふえ、特に多年草とオーナメンタルグラスは、その定着と管理についての技術情報や、視覚的な使用法についてのアイディアがますます求められています。

屋上緑化
屋上緑化が一般の人々の興味を引きつけている間に、その建設に関する技術はほかのさまざまな方面で使われ、一見屋根とはわからないものも出てきました。都市環境のなかでは、不浸透性の表層面に土壌もしくは人工の土壌のような素材を載せて人工の生育環境をつくっています。一例として、駐車場の上につくられたシカゴのルーリーガーデン（22〜23ページ）が挙げられます。

　屋上緑化はよくその使われ方で分類されます。広範囲型の屋根は機能的で通常は浅い基層のようなものが敷かれています。高密度型は従来の植栽が施された屋上庭園であることが多く、準高密度型はその間に位置し、機能性だけでなく視覚的な魅力も考慮して開発されています。広範囲型と準高密度型の屋根には、最小

▼ 2007年にナイジョー・ダネットがウォリックシャーのサンドビック・ツールズで設計した、ランダムな多年草のミックス。大雨の雨水をためて洪水を抑止するデザイン。濃い紫色はアスター・ノビ-ベルジー 'パープル・ドーム'。

▼ ナイジョー・ダネットが設計したこのロンドンのオリンピックパークのスウェール（浸透溝）は、持続可能な排水スキームの基本的な概念をよく示している。雨水は敷地の最も低い部分に集められ、地下水面へゆっくりと注がれ、超過分のみが敷地外に排出される。多様な英国原産の植物が使用されている。はっきり見えるのは、白いレウカンセマム・ブルガレとピンクのリスラム・サリカリア。

限のメンテナンスでも共生し、よく生き残る、乾いた草原の植生のような植物「コミュニティ」が植栽される傾向があります。そのため、従来の個々に植えつけられる植栽との間にははっきりとした違いが見られます。

水の管理

水の管理は都市の環境問題のなかでも重要で、特に大雨による過度な流出のコントロールや、それによって引き起こされる洪水と洪水由来の汚染は深刻です。持続可能な都市排水スキーム（Sustainable Urban Drainage Schemes = SUDS）は水を捉えて、ためたり、ゆっくりと地下水面や河川に放出したり、もしくは大気へ蒸発させるようにデザインされています。都市によっては個人の庭でも、排水が敷地の外へ出ることがなく、最小限の灌水で同じ目的が達成される雨庭（レインガーデン）をつくることが推奨されています。屋上緑化は、降った雨をためることができ、しばしば統合されたSUDSにおいて役割を果たします。SUDSにはしばしばスウェール——水がゆっくりと自然の排水システムへ放出される前に、一時的にためることができる貯水池——が使われます。スウェールには通常、定期的な浸水と乾燥条件の両方に耐えることができる、注意深く選別された自生種が植えられます。とはいえ、より装飾的な植栽も可能です。ここでも、種の組み合わせが重視されます。

生物による環境浄化

バイオろ過は、植物の利用を通して環境を汚染する化学物質を減らすことです。街路樹、屋上緑化、そして壁面緑化はすべて、埃をキャッチし、炭化水素（揮発性有機化合物 VOCs〔Volatile Organic Compounds〕としても知られます）を効果的に無害な二酸化炭素と水に変える植物体の例です。植物はそれぞれ特定のVOCsを分解するので、単一品種より複数の植物を組み合わせたほうが効果的でしょう。

さらにターゲットを絞ったバイオろ過の技術が、ドイツで開発されたナチュラルスイミングプールの考え方にあります。植物は有益なバクテリアとともに窒素とリン化合物を分解または捕捉し、病原菌への栄養供給を阻害します。使用される植物は、それぞれ違う役割のある複合的な生化学的反応を起こすため、複数品種のミックスで育てられます。

序論　21世紀への植栽デザイン

自生植生

脱工業化社会においては、放置された工業設備、鉄道、鉱山、軍の演習地など大きな荒れ地が残されることがよくあります。それらは植物がものすごいスピードで繁茂し、自然がいかに迅速かつ完全に失われた土地を回復し、汚染され損傷した環境を修復できるかを思い知らせてくれます。そのような場所は自生種、雑草と、野生化したガーデン植物などが組み合わさり、その土地ならではの魅力的な植生に育つことがよくあります。一方で、「再開発」によりこのようなユニークな植生が破壊されることが頻繁に起こっています。近年、こうした場所はよりポジティブに捉えられているようです。ドイツを中心に、そこの特徴といえる植生として保存するため、より創造的に尊重しながら管理されています。

放棄地が植物によって征服された例で有名なのは、ニューヨーク市のハイライン（1960年代から使われなくなった、貨物輸送用の高架鉄道路線）です。公園としての再開発事業は、完全な建て直しをする必要があったので植生は失われてしまいましたが、ピート・アウドルフは、ジェームス・コーナー・フィールドオペレーション社のランドスケープアーキテクトたちとの共同作業で、ハイラインの昔の野生の感覚を湧き上がらせるような仕掛けを施しました。このプロジェクトのめざましい成功は脱工業化時代に見られる景観の重要性に光を当て、米国のほかのさまざまなプロジェクトにインスピレーションを与えました。

これらの新しく、明白に技術的かつ工学的である植栽アプローチが目を引くのは、複数の種によるコミュニティ、しかも全体を一つのユニットとして管理できる比較的安定した植物のグループが使われていることです。これは現代の植栽デザインの時代精神の一部です。個々の植物を正確に配置することからは徐々に卒業し、数種を組み合わせて単なるパーツの集合体よりも優れたものをデザインして植えることであり、それ

は大量の個別の植物を植えるということではなく、植生を開発することなのです。

植物の組み合わせの考え方の鍵は、ブロックやグループを使うこととは対照的な、ミックス、入り組み方、あるいはブレンドなのです。それによって、視覚的により複雑で自然な効果を生み出します。さらにそれは、植物同士が作用し、そのため競争も増すことを意味します。結果として、生態学的な課題への知識や、少なくとも長期的なパフォーマンスに対する自覚が必要となります。

本著の目的は、複雑な組み合わせをベースにした、新しく出現した植栽デザインを探求することです。北欧と北米において、民間や公共の仕事を引き受けているオランダ人のランドスケープデザイナー、ピート・アウドルフの作品を中心としています。また、ランドスケープアーキテクト、学術研究者、公共スペース管理者など、さまざまな国で植物の組み合わせに取り組んでいるほかの実践者に関する資料も含まれています。私、ノエル・キングズベリーが本著の文章を書いていますが、これはピートとの共同作業と呼ぶべきであり、大部分は二人を代表する形で私が書いたものです。しかしながら第4章「長期的な植物のパフォーマンス」は、シェフィールド大学のランドスケープ学科での博士論文の一部に、その後のさらなる研究活動が追加されたものです。したがってこの部分は私独自のものです。

私たち二人を結びつけているのは、植物に対する情熱と密接な関わりです。例えば、最高の陶芸家が粘土と釉薬を直感的に理解し、家具職人のマスターが使用する木材の種類ごとに深い感情をもっているのと同じように、熟練した植栽デザイナーはレパートリーを構成する植物についての知識をもち合わせています。ピートのデザイナーとしての仕事は、1982年から2010年にかけて妻のアーニャとともにナーセリー〔種苗の生産および販売を行い、ガーデンデザイナーへ直売をす

ることもある農家〕も経営し、ただ植物を使うのではなく彼自身で育てていた、35年間の月日の賜物です。私自身もナーセリー勤務の経験があります（ずっと短い期間ではありますが）。それは植物がどう振る舞い、何をいつするのか、そして何が地下で起こっているのか——つまり根の生態ですが——を知るための最善の方法でした。植物の詳しい生態への造詣はピート・アウドルフのサクセスストーリーの大半を占めるといってよいでしょう。

　本著の内容は、マクロからミクロへ、そして秩序から自然発生性へ、という2つのグラデーションを取り上げていると理解するとわかりやすいでしょう。第1章「植栽——全体像を俯瞰する」では、植栽の文脈と、秩序から自然発生性へのグラデーションを考察します。第2章「植物をグループ化する」はそのグラデーションの中間レベルで、さまざまな方法で植物をどのようにまとめることができるかを考察します。これは、まさにピートの仕事に関わる部分です。なぜなら、彼は真のデザイナーだからです。本著に登場しているほかの多くの専門家たちと比較してみると、彼のことは生態学的エンジニアと表現したほうがよいかもしれません。ピートの植栽は正確に配置されます。実際にこの章の多くは彼の植栽プランの考察に割いています。時間の経過により、彼の植栽が変化していくこともあるでしょう。それは仕方がないことです。しかし、オリジナルの設計コンセプトはきわめてゆっくりとしか劣化しないように意図されているのです。

　第3章「植物の組み合わせ」はさらに下のレベルに降りて、組み合わせや並びについて考察します。なぜ、

ある植物はほかのある植物と一緒にあるとよく見えるのか、どのような組み合わせが特定の時期にきれいに見えるのか、どうしてあるグループ化された植物は、ほかのグループより早く変化してしまうのかなどです。私は特に、植物の「アーキテクチャ」、つまりその形態と構造に注意を払います。この章はおそらく新人ガーデナーやデザイナー、限られたスペースしかもたない人たちが最も関心を寄せる部分でしょう。パフォーマンスに関する第4章では多年草の長期的な存続と普及にとって重要な問題だけでなく、枯死や消滅についても考察しています。このような問題を理解することは、植物の継続的な管理にとってだけでなく、計画段階においても不可欠です。

　第5章では、植栽デザインにおけるナチュラリスティックの最先端に立つ人々の仕事を取り上げます。ピートの作品は自然の生育環境を芸術的に様式化したものと見ることができますが、この分野のほかのほとんどの専門家は、慎重に調査された選択肢の中から、植物をランダムに採用することに関心をもっています。「生態学的エンジニア」という用語は、植物のパフォーマンスに関する技術的知識と視覚的な魅力を組み合わせて、比較的安定した装飾性の高い植物コミュニティをつくり出すアプローチを表しています。

　ガーデンやランドスケープをつくることは、グローバルビジネスへと成長してきました。かつて、観賞植物や装飾用の植物の栽培の大部分は、北西ヨーロッパ、北アメリカ、それらの南側の地中海性気候の周辺地域、および日本を含む冷温帯気候地で行われていました。こうした地域以外で行われたことはすべて「植民地

▶▶ 14-15 ページ
ペンシルベニア州ピッツバーグのキャリー・ファーネスにある、自然植生のメドウガーデンでは、エキウム・ブルガレの尖った花穂が特に目立っている。工業跡地の景観は驚くほど生物多様性が豊かで、美しくさえある。ランドスケープコンサルタントのリック・ダークは、この放棄された工業地帯の管理に関与しており、自身の役割について「この現場の自生植物から有用な構成要素を見つけ、最終的なデザインに統合するための方法を見つけること。これは歴史的な製鉄所を核とした、住宅、事務所、小売店、遊歩道の複合的な開発になるだろう」と述べている。

◀◀ 16-17ページ

ドイツのライン渓谷、ヴァインハイムにあるハーマンショフ庭園のサルビアとアキレアの植栽は、色と構造、そして乾燥したアルカリ土壌での生育を意識したナチュラリスティックな植栽デザインの例。青紫の2種類の花はサルビア・ネモローサとサルビア×スパーバで、種子から育てたもの。青い花はベロニカ・ロンギフォリアの交配種。背の高い黄色はこぼれダネでふえる二年草のバーバスカム・スペシオサム。前景はフェスツカ・マイレイで、ステップや短いグラスのプレーリーの生息地がある地域の気候と似る北西アフリカのアトラス山脈原産のグラス。

的」で派生的なものに留まる傾向があったのです。しかし今は変わってきています。いわゆる新興国市場が公共および民間の庭づくりのために多くのリソース〔財源〕を生み出すにつれて、計り知れない新たな可能性が開かれています。文化的衰退または帝国主義の影響により行き詰まった庭園、特にイスラム、中国、タイの庭園の発展につながるほか、これまでデザインに使用されたことのない植物たちが使われる可能性もあるでしょう。

後者のアプローチである新規植物の使用は、心躍るものです。これまで、非工業国や新興経済国におけるガーデンデザインの多くでは、限られた植物だけが、生育に適した気候帯であれば世界中どこででも繰り返し使われてきました。熱帯地方のどこに旅行しても、ブーゲンビリア、ユッカ、ベンジャミンツリーに延々と出会う単調さには、とてもがっかりさせられます。ガーデン、景観、そしてナーセリーのプロフェッショナルは今、そのような世界的な最小公倍数の組み合わせではなく、独自の植物に目を向けています。地域の多様性を賞賛したいという願望、愛国心、生物多様性を支援したいという願い、そして厳しい局所的気候の猛攻撃にも生き残ることが保証されている種の必要性からなど、理由はたくさんあります。

このプロセスがどのように機能するかを示す一例があります。アマリア・ロブレドは、開発によって深刻な危機にさらされている興味深い植物コミュニティがいくつも存在する、ウルグアイの海岸で活動するガーデンデザイナーです。ここ数年、彼女は体系的に植物標本を作成し、モンテビデオ大学の植物学者にそれらを同定してもらい、種子を収集し、庭で植物を育てて試験し、地元の育苗農家を説得して栽培を始め、プロジェクトに使用しました。乾燥をもたらす強風と砂礫土壌を伴う沿岸気候では、そのような植物の利用は理にかなっていて、失われた生育環境を補い、地元の

▲ ウルグアイのアマリア・ロブレドは、先駆者的な植栽デザイナーで、その地域で初めて地元の自生種を使用した。ウルグアイ沿岸の野生の植生には、多くの魅力的な植物種がある。ここでは、グラスのアンドロポゴン・リンドマニーが、銀色のアキロリネ・サチュレオイデスと一緒に育っている。

▲ カリーナ・ホッグによってデザインされ、アマリア・ロブレドによって植栽されたウルグアイ沿岸の屋上緑化は、在来種（最近栽培されるようになった）と非在来種のミックスを使用している。塩水のしぶきと強い日差しにさらされた非常に厳しい条件。土壌基盤は5〜7センチメートル。銀色の植物は砂丘の在来種、セネシオ・クラシフロルス、黄色のキク科は地元の希少な固有種グリンデリア・オリエンタリス、青色はプレクトランサス・ネオキルス。前景のグラスは地元の自生種スティパ・フィリフォリア。

◀ ハイラインが人気を博している今、多くのコミュニティが廃線となった鉄道を将来性のある公共スペースとして注目している。多くの工業用地跡と同様に、これらの場所の、やせてしばしば汚染されている基盤は「土壌」とは呼べないようなものだが、じつはさまざまな植物を育てるのに非常に適している。これは、生態学の直感に反する事実であるが、ストレスの多い環境が肥沃な環境よりも種の多様性をサポートすることがよくある。ここペンシルベニア州レディングでは、園芸植物から野生化した種であるマクレイア・コルダタやバーバスカムの一種が目立っている。ほかの場所では、希少な在来種がニッチ（生きるための場所）を見つけることもある。

▶▶▶ 20–21 ページ
ニューヨーク市にあるハイラインのデザインは、廃線となった旧鉄道線に自然発生した植生を想起させることが意図されていた。ここでは10月に、スポロボルス・ヘテロレピスとユーパトリウム・マクラタム'ゲートウェイ'のシードヘッドが、黄色い花のルドベキア・サブトメントーサと並んでいる。

人々に自分たちの環境を大切にするよう促すこともできます。ほかの気候に適応できる新種——これまでのように野生から直接導入された種ではなく、すでに地元のナーセリーやガーデナーによって試行された種——がグローバル市場に参入することで、私たちにさらなる利点をもたらします。 米国でのピートの仕事と、ウィスコンシン州ノースウィンド・ペレニアルズのロイ・ディブリクなど現地の植物の専門家との協力により、すでに中欧および北欧のガーデンやランドスケープの専門家の間では、北米原産の多年草に対する関心が高まっています。

この分野の実践者は、概ね非常に協調的です。私たちはアイディア、イメージそして植物を交換します。生み出されるものがまったく異なることはあるかもしれませんが、基本的な多くの信条を共有しており、プロ・アマの隔たりなく、異業種の人たちにもますます共有されています。私たちみな、野生植物や植物コミュニティに、そしてガーデナーやランドスケープの専門家が生物多様性ならびに人の心を豊かにすることを支援する環境をつくり出すことについて情熱的です。本著は、外部の人たちにもインスピレーションを与え、励まし、仲間の輪を広げるでしょう。

私たちは植栽デザインにとって興味深い時代にいます。植物が建築物やより広範な都市構造と統合され、植物が単なる観賞用や装飾用としての用途を超えた地域が非常に多くなりました。植栽デザインは長い間、景観デザインのなかでは「シンデレラ」のような〔そういうものと受け入れるしかない〕存在で、ガーデンデザインという活況を呈している職業のなかであってさえも、驚くほど議論されていません。今、ランドスケープアーキテクトやデザイナーは、植栽デザインに多くの注意を払っています。植物が私たちの生活構造の中により深く織り込まれることの必要性がますます認識されているなか、本著がささやかな貢献となることを願っています。

▶▶▶ 22–23 ページ
シカゴのルーリーガーデンは、2004年に開園したミレニアムパークプロジェクトの一部で、新しいタイプの都市公園の一例である。実際には駐車場の上に建てられた巨大な屋上緑化でありながら、地上レベルの景観の一部として見られている。米国中西部の大平原を様式化したこの庭園は、自生種と外来種の多年草とグラスの組み合わせにより、自然と文化の調和を象徴している。このような調和は都市の住人にとって理解しやすく、ワイルドフラワーについてさらに知りたいと思う人もいることだろう。それがきっかけで、自然保護や生物多様性の幅広い問題に引き込まれることになるかもしれない。

序論　21世紀への植栽デザイン

◀ ペンズソープにおける、こぼれダネで育った多年草。

第
一
章

植 栽

全 体 像 を 俯 瞰 す る

伝統的に植物は、自然を秩序立てて規律することを好んだ文化を反映する形で、公園やガーデンの中に植えられてきました。現代の植栽デザインは、より自由であるだけでなく、自然を反映しようともしています。どうすれば持続可能かつ自然と協力してガーデニングができるのか、についても策を講じているのです。

手つかずの自然（あるいは半自然）な生育環境を、ほんの一瞬見れば誰でも、それがさまざまな植物種のミックスであることがわかります。野草に興味のない都市生活者であっても、春や初夏のひなびた農地や干し草採取用の牧草地を目の前にすると、異なるワイルドフラワーが混ざり合いながら咲いていることを理解できるでしょう。グラス〔本著ではイネ科の植物〕にもう少し注意を払うように促すと、ふさふさとした草むらのように茂るもの、裸地を這うように広がっているとりわけ細かいもの、あるいは均一な質感の群落を形成しているものなど、すぐに数種類のグラスがあるこ

とに気づくでしょう。花を咲かせている植物（ヨーロッパで典型的な例を挙げるとキンポウゲやアカツメクサ）は野原全体に点在しますが、花の密度にムラがあり均等ではありません。明らかに、花の集中度が高い場所があります。耕作されなくなった農地などは、この複雑な植物相を観賞するのにさらに適した場所となるでしょう。北米の多くの地域では、特に生育期の後半でさまざまなグラス、ワイルドフラワーやそのシードヘッドが広範囲に点在し、多様性に富んだ眺望が非常に印象的になります。

2 5

▼ 早春は、多年草を組み合わせたレイアウトを理解するのに非常によい時期だ。写真の植栽（左）では、品種がブロック状に配置されている――ほとんどのデザイナーはこのように直線的に植えることはないだろうが（これはニューヨーク市公園局によって施工された）。写真の植栽（右）は、よりナチュラリスティックな混合スタイル。（ハイライン）ブロックもまだ使われるかもしれないが、それらは互いに混じり合う可能性が高く、またいくつかの植物はより散らばって配置されている。

ブロックかブレンドか？

自然の植物コミュニティの視覚的な特性について考え始めるには、半自然の草原を観察するのがよいでしょう。森林でも類似したパターンは起こりますが、木を見て森を見ずで、見晴らしのよい場所を見つけるのが難しいことはよく知られています。私たちが何を見ているのかについて考えるうえでは、以下の特性に焦点を当てると効果的です。

・**混在**――すべてのキンポウゲがきちんと1か所に生えていて、別の場所にはクローバーが、そしてまた別のところにはアザミがまとまっている、というようなワイルドフラワーの牧草地はありえません。植物コミュニティは一目見てわかる形で密に混在した数種で構成されているのです。

・**多様性**――種の幅広さはコミュニティの種類によって大きく異なりますが、ほとんどの場合、見た目よりも多様性があります。特に草原の生育環境は、見れば見るほどいろいろなものが見えます。

・**複雑さ**――1平方メートルの野原の中の個々の植物の数はさておき、種の数だけでも数えようとすることを想像してみてください。問題の一部は、そこで混じり合っている植物の関係の強度です。

・**変化**――複雑な混じり合いは均等に分布していません。草原の中を歩いていると（ちなみに、草原を歩くのなら北米の大平原（プレーリー）が一番です）、種の分布、あるいは種のあるなしが絶えず変化していることがわかります。

・**一貫性**――植物の分布が気の遠くなるくらい複雑なのにもかかわらず、全体としては統一感があります。全体が把握できるように距離をとってみれば、何千もの植物の個体の存在が、平原のように見えるようになります。つまり、地上の緑（あるいは年末には茶色）の塊と散らばった色（あるいは年末にはシードヘッドという形態）として認識されることになるのです。複雑さの中にあるこの単純さと明快さが、一貫性の感覚を与えます。この感覚こそが、私たちが野生の植物コミュニティの真の美しさを見ることを可能にする所由なのです。

・**際立ち**――一貫性の感覚を生み出すのに特に効果的なのは、大多数の中で「上に立ってくる」種です。文字どおり上にくるだけでなく、色彩、形、高さ、または質量を通じて目立つ種です。ヨーロッパの牧草地のキンポウゲはかなり控えめに（単にその量によって）これを

▼ 開花期の大平原は植物の分布パターンを観察するのによい場所。いくつかのグラスがそのフォルムによって目立っている。色で目立っているのは、淡い紫色のフィソステギア・バージニアナとクリーム色のパルテニウム・インテグリフォリウム。灰色のアモルファ・カネッセンスは色とフォルムの両方で際立っている。ここに見られる種の散在と混合は、野生の植物コミュニティにおける非常に典型的な例だ。これは、シカゴのオヘア空港の近くにあるイリノイ州のシュー・ファクトリー・ロード・プレーリーで、8月の風景。

▼ 9月のイリノイ州グレイシャル・パークの砂と砂利のモレーン（氷河によって形成された地層）の上にある大平原で、エキナセア・パリダのシードヘッドが、ゆるやかなグループを見せている。このような不規則な散在はドラマチックであり、栽培でも簡単に再現できる。背景には、草原にゆっくりと進出しているルス・ティフィナの群落が見える。この低木はニューヨーク市のハイラインで使われていて、毎年の剪定で過度に広がるのを防いでいる。

達成しますが、異なる環境にあるほかの種はもっと劇的に際立つこともあります。最も効果的なのは、色および形態／高さを組み合わせたものです。例えば初夏の草原の中で、数百の花茎がグラスの上にそびえ立つバプティシア・アルバの花の壮大な光景があります。

モダニストのモノカルチャー — 20世紀の植栽

誰もが知っているとおり、ほとんどの栽培植物はブロック単位で栽培されています。これは耕作においては大規模に行われており、小麦を収穫する中世の農民を描いたブリューゲルの絵画を見ると、耕作地の規模だけが時代と場所によって変動するだけで、ブロック単位での栽培が常に行われてきたことがわかります。よく見慣れた景観植栽の大部分はブロックで、通常は低木で構成されています。一方、郊外の平均的な広さの庭は従来、奇数のグループで植えるようにアドバイスされてきました。このような単一種のブロック植栽の習慣は主に20世紀になってつくられたものです。

植栽の基本単位として単一種のブロックが優勢であったことは、公共の景観において、また公共の景観ほどではないにせよ（そして、いうまでもなく、より小規模である）個人庭（プライベートガーデン）においても、人件費を簡素化するためであったと見ることができます。19世紀の植栽は非常に複雑で、デザインと維持にはかなりの時間と技術が必要でした。英国のガートルード・ジーキル（1843–1932）のようなデザイナーたちによって開発された、よりカジュアルな植栽スタイルでは、ドリフトと呼ばれる縁が柔らかい細長いブロックが使われ、植物の織りなす相互の関わりがさまざまな角度から楽しめました。カジュアル化（形式ばらないこと）と簡素化は、20世紀を通しての2つの主要な、しかし関連した傾向であると見なすことができます。戦後のドイツの公共植栽で曲線的に形づくられた多年草のブロックや、ブラジル人のロベルト・ブール・マルクス（1909–1994）の作品における、20世紀半ばの抽象絵画と明確なつながりをもつ、はるかに大きなブロックは、モダニズムの影響を示しています。1960年代のオランダでは、公共スペースに景観用の低木をブロックで植えるケースが多く見られましたが、それが造園業界に大きな影響力を与えました。

モダニズムは、20世紀の植栽デザインの多くの簡

第一章　植栽──全体像を俯瞰する

27

▶ このアイルランド西部の庭（2006年）はブロック植栽を使用している。にもかかわらず、植物のグループが繰り返されていることで、強いリズムと統一感がある。7月のこの場所では、以下の植物が見える。ベロニカストラム・ヴィルジニカム（中央）、セダム'レッドカウリ'（右手前）、モリニア'モアヘクセ'（中央手前）、そしてヘレニウム'モーハイム・ビューティー'（右）。加えて、非常に背の高いグラスのスティパ・ギガンテアの塊がほかの植栽の上に立ち、それをまとめる役割を果たしている。

▶ デスカンプシア・セスピトサ'ゴールドタウ'の単一種ブロックが繰り返され、大きなインパクトをつくり出している。ドイツのボトロップにあるベルネパーク（2010年）。前景では、混植によってさらに魅力を加えている。ここは、グラスのセスレリア・オータムナリスとセダム'マトロナ'のミックス。8月の風景。

素化とカジュアル化においてはその理論的根拠を提供しましたが、すべての人を納得させるには至りませんでした。1970年代以降、よりエコロジーを重視するガーデナーたちが、在来植物の使用と、ガーデンを生物多様性の保護地とするアイディアを推進しました。これらの目的に専念するオランダのグループはオワース（オアシス）と名乗りました。同じ時期にドイツでは自然主義的（ナチュラリスティック）で野生生物に優しいスタイルの開発を通じて、公共スペースに植栽を施すことに専念する動きが成熟しました。リーヴンスペハイヒ（生息地）として知られるようになったこのドイツのスタイルには、主にヴァイエンシュテファン（ミュンヘンの北にある実験庭園、研究機関、大学の複合施設）のリヒャルト・ハンセン教授が関わっています。そのルーツは植物コミュニティの研究に重点を置いた植物生態学にあります。この多年草をベースにした植栽スタイルの最新の動向は、ランダム化された植栽ミックスの作成に関するものです。これについては後述します。

1つの植物、1つの場所
—— モノカルチャーブロックの長所と短所

単一種ブロックは時代遅れにはなったかもしれませんが、忘れ去られるべきものではありません。公共の環境で働くプロフェッショナルたちは、紛れもなくシンプルでグラフィックな特質には価値があると見なすかもしれません。個人庭やそのほかの親密な環境では、そのシンプルさが複雑な多年草ベースの植栽計画の対極として利点になることもあるでしょう。実際、その真価は、本著の主題そのものに反するものかもしれません。混ざり合った複雑な植栽は、常に構造的に強いとは限らず、ときには一年の特定の時期には構造が欠けている可能性もあります。反対にしっかりとした単一種ブロックを使用すると、むしろ刺激的で創造的な緊張が生じる可能性もあるのです。

時間や技術の不足によってメンテナンスが制限される状況下では、単一種のブロックの利点はとても明瞭

です。見た目が異なるものはすべて排除できるからです。グラスの場合はなおさらです。長年にわたってナチュラリスティックな植栽とグラスを熱心に推進してきた私たちの多くは、経験の浅いスタッフや十分な説明を受けていないスタッフがそれらを雑草と間違えたため、慎重に選ばれ植栽された植物が掘り上げられたり、除草剤が散布されたりする、唖然とするような事態を経験しています。たとえグラスに精通していたとしても、早春にはどれが植栽のグラスで、どれが雑草のグラスか、ときどき見分けられなくなるガーデナーが多いのも事実です。グラスを単一種のブロック状に植えることで、そのような悲劇を簡単に避けることができます。

しかしながらほとんどの場合、明確なデザインの意図や、ブロック植栽をする実用的または機能的な理由がないかぎり、ガーデナーやデザイナーには、この時代遅れで想像力を欠くスタイルから脱却することを強くおすすめします。個人庭では、ブロック植栽は創造的な植栽プランを妨げるものとなります。一方、公共の領域においては、あまりにも長い間、植物を緑色のセメントとして扱ってきたランドスケープの専門家にとって、精神安定剤にすぎません。例外は、劇的に大きなブロック植栽で、デザインに大いなるインパクトがあるかもしれませんが、それはまた別の話です。

しかしブロック植栽が時代遅れでつまらないものだということよりも、もっと重要かつ客観的に、ブロック植栽を批判する主張があります。その一つは、終演後にバーで泥酔してしまう名優のように、そのブロックの植物全体も、自分の出番が終わるとひどい様子に見えることです。開花後に、比較的限られた数量の、小〜中型の多年草だけが立派に見えるということは、少数の種だけが繰り返し見られる傾向があるということです。ガートルード・ジーキルのドリフト〔79ページ参照〕の大きな利点の一つは、ブロックの形を保持するのがとても簡単になったことと、ブロックをのば

◀◀ 30-31 ページ
混植がブロック植栽より優れている点は、種のランダムで近接した並びが生まれることだ。秋から冬に移り変わるにつれ、これらの組み合わせは植物のシルエット、質感、形状として繰り広げられる。ここは、ドイツのハーマンショフの乾燥した大平原の植栽で、グラス類（特にナセラ・テヌイッシマが目立つ）が多年草のシードヘッドと組み合わさっている（濃い色のシードヘッドはエキナセア・パリダとエキナセア・パラドクサ）。右側の灰色がかったシードヘッドは、亜低木のアモルファ・カネッセンス。

▶ 庭のデザイン、あるいは公共の景観デザインにおいてすらも、偶然や思いがけない幸運が関与する余地は常に許容されるべきだ。ここでは、アウドルフ家自邸の南側テラスの敷石の隙間に、予期せぬ牧草地が年々広がってきた。短命だがこぼれダネでよくふえるグラスのナセラ・テヌイッシマが、パープルブルーやピンクのサルビア・プラテンシスの実生とともに発芽し、さらに、ユーフォルビア・キパリッシアスのランナーが敷石の間から芽を出している。

すことで、「賞味期限切れ」のように見える植物を隠すことも簡単になったことです。

正しいブレンドの方法
混合の長所と短所

ブロック単位の植栽から、blending（ブレンド）、intermingling（混合）、mixing（ミックス）（この3つの言葉はすべて同じ意味で使用できます）への移行は、植栽設計における大きな変化です。とりあえずの定義は、「純粋な」ブレンドとは、特定の区画で使用されているすべての種の個体の完全なミックスであるということになります。植物の知識が豊富なガーデナーやデザイナーにとって、これはそれほど難しいことではありません。ここしばらく、「植物の組み合わせ」というアイディアは、デザイナーとアマチュアガーデナーの双方において創造性を高める重要な原動力となってきました。本当によい組み合わせは、2つ以上の植物で、色や形の特定の補完関係が火花を散らすような、電気のような性質があるべきです。実際はこのような組み合わせは比較的珍しいのです。特に使いやすいのは長期間にわたって見栄えがよい、やや控えめな組み合わせです。シンプルに、適切な組み合わせを選び、それを繰り返すことが、効果的な混合またはミックス植栽を発展させる第一歩です。2つの植物の組み合わせはドラマチックになることもありますが、デザインコンセプトとしては深みに欠けており、一年中見栄えがよいことはほとんどありません。4つまたは5つの植物を組み合わせるとシンプルなミックスができ、うまく選べばほぼ一年中興味を引くことができます。

ここで混合植栽について説明します。大事なことは、2つのまったく異なるアプローチがあるということです。一つはブレンドを慎重に研究し、広範囲に使用することです。構成する植物をランダムに混ぜるか、デザインされたブロックを繰り返します。ちょうど、モザイク職人やタイル工が一連の小さいモジュールユニットを並べて何度も繰り返してパターンをつくる方法と同じです。これは、紅茶やウイスキーのブレンダーに――最終的に大量生産するものを選ぶ目的で、少量のブレンドに集中して取り組む点で――似ています。このような植栽ブレンドは2つの方法で再現できます。一つは文字どおり大量生産で、条件が適した場所であればどこでもそのミックスを使う方法です。現場固有の、一つのプロジェクトでのみ使用される場合もあります。もう一つのアプローチは、モジュールをランダム化したり繰り返したりせずに、すべての植栽場所をデザインし、さまざまな場所でさまざまな組み合わせを混ぜ合わせて、小さなグループや異なる頻度での繰り返し、そして繊細な移行（トランジション）効果を生み出す、というものです。

要約すると、ブレンドされた植栽には3つのアプローチがあります。

・植栽か播種でランダムなミックスをつくる

・ブレンドのモジュールをつくって、それを繰り返す
・デザインされた混合

　もちろんブロック植栽の縁をぼかしたり、ブロック植栽を通して異なる種をランダムにちりばめたりする「中間派」もあります。

　ガーデナーなら誰でも、種子ミックスをばらまくことは、ランダムな見え方を実現する方法の一つとしてすぐに提案できるでしょう。実際に、シェフィールド大学のジェームズ・ヒッチモウ教授はこのアプローチをとっています。ドイツとスイスで開発された「ミックス植栽」システムと「統合植栽」システムは、小苗を使って同じような効果を達成することを目的としています。モジュールの反復は技術的に達成するのは難しいですが可能であり、理論的にはとても効果的な列植をつくり出すために使用できるのかもしれません。

　ブレンドされた植栽は間違いなく非常に美しく、視覚的に効果的です。これだけでも、使用する重要な理由になります。また、異なる季節に開花するような種を簡単にミックスできるという利点もあります。雑草の侵入も大目に見ることができます。一般的な法則として、植えつけがより秩序正しく行われるほど、雑草がより問題となります。雑草が一つ、夏の一年草植物の幾何学的な花壇の中にあれば、灯台のように目立つのです。ワイルドで自然主義的な植栽のスタイルにおいては、時折現れる雑草が目立ちにくく、混植のスタイルでは侵入者を吸収する能力が高くなります。実際、現実的な見方に立って、自然発生したいくつかの種を植栽内で生き残らせ、広がりを許すこともできます。

　最後にミックス植栽スタイル、より正確にはランダム化または播種による植栽スタイルのコスト面での利点を考えなければなりません。ドイツとスイスで植栽ミックスが展開された理由の一つは、地方自治体、ガーデンショー、そのほかの公共のスペースの広い植栽エリアのコストを削減するためでした。その背景にある考えは、実用性と美的基準に基づいて慎重に植物を選んでミックスを開発し、デザイン料を最初の1回かぎりで抑えてしまう、というものです。その後は誰でも必要な数百平方メートル分の種苗ミックスを購入でき、種子や苗の費用は、考案元のデザインチームに一定のロイヤルティで還元されるでしょう。ガーデンまたはランドスケープデザイナーの決定はどのミックスを使用するかを指定することに限定されます。したがって、デザイン料が最小限に抑えられます。

　それではミックス植栽スタイルの欠点について考えてみましょう。限られた数の植栽ミックスが広範囲に使用されると、セダムの屋上緑化がそうなったのと同じように、急速に陳腐になってしまう可能性があります。商業的ナーセリーが現在、植栽ミックスを販売しているという事実は、大胆な革新とその後の大量使用が、のちには退屈で低俗なものとなるおそれが十分にあるということです。このような植栽は生物多様性としての価値はあるのかもしれませんが、景観における要素としての人間（つまるところ、それを選んでお金を支払ってくれる存在）からの人気を得るには、「見栄え」も提供することが不可欠です。ランダムな植栽が継続的な研究開発の分野となり、新しい組み合わせが、絶えず変化と新鮮さを提供することが期待されています。商業的に開発されたランダムな植栽ミックスが、特定の生育環境に合わせて調整されることはあるかもしれませんが、使用される場所の条件に雑に寄せただけのものにすぎません。「現場に特化した仕様」にはなりえないのです。

　ランダム化された植栽ミックス、とりわけ播種ではなく植えつけられたミックスにはもう一つ問題が考えられます。これはミックスの長期的な発展と種の分布に関係するものです。自然界では、植物コミュニティは決してランダムではありません。特定の植物が最初にある地域に定着し、その後に続いてほかの植物種が

▼ 多年草の成長自体が、細かく枝分かれし広がる茎をもつ種が編んだように絡むことや、自家播種により混合の効果を生み出すことを可能にする。これ（左）はオランダのフンメロの8月の様子で、小さなグループのさまざまな多年草が絡み合い始めている。多くの植物が同じような色合いであることで、効果がさらに強調されている。中心には淡い色のリスラム・ヴィルガタムがあり、その右側には濃い色のスタキス・オフィシナリスがある。後ろと前にはリアトリス・スピカタの細い花穂がある。淡いピンク色の穂はサンギソルバ・メンジーシーのも

の。後方にはシダルセア・オレガナの淡いピンクの花がある。

イングランドのノーフォークにあるペンズソープガーデン（右）では、数年前に別々のブロックに植えられた2つの種が混ざり始め、牧草地の効果を生み出している。この2つの種、スカビオサ・ジャポニカ・アルピナと深いピンク色のダイアンサス・カルスシアノルムは、どちらも茎が細く、グラスの間から顔を出す。いずれの植物も自家播種することでその効果を上げている。

定着するというように、コミュニティの発展のプロセスは、コミュニティ全体が一度に形成されるのではなく、時の経過とともに累積されてでき上がるのです。これは植えられたときにも起こることです。時の経過とともに、土壌や微気候条件のわずかな違いが原因で種の淘汰が起こり、場所が違えば異なる種の生息数がふえたり減ったりすることになります。ワイルドフラワーが牧草地や大平原にどのように分布しているか考えてみましょう。視覚的な楽しみの一つは、単に広い範囲に散らばったり混ざり合ったりしていることではなく、特定の種が空間内で微妙に移り変わり、組み合わせが常に変化するのを観察することです。種を播種によって導入した場合、生育中の苗は、微小生息環境（マイクロハビタット）におけるわずかな違いによる影響をすぐに受けるため、ミックスはその土地の環境に合わせて成長します。その結果、さまざまな場所でさまざまな発展の軌跡が生まれ、生態学的条件への適合および視覚的多様性へとつながります。苗をランダムに植えつける場合はこのような適合が起こらない危険性があり、どの場所においても優占傾向の強い種がはびこり、逆に優占傾向の弱い種がどこにもいなくなってしまうかもしれないのです。まさにそのような問題がランダムな植林で観察されています。

この問題を回避する方法には、モジュール式の繰り返しや、デザインされた混合があります。ピート・アウドルフの作品は間違いなく、強力にデザインされた混合です。彼の植栽の組み合わせを数学的に分析すれば、ほぼ無限の数の潜在的な種の配置と組み合わせが示されることは間違いありません。このためアウドルフの植栽の長期的な展開としては、ランダム化された植栽というよりもむしろ、自然にでき上がった植物コミュニティに似るのかもしれません。さらに、彼が使う植物の種は、ほとんどのランダム化された植栽ミックスで使用される15〜20種よりもかなり多くなります。ピートの作品のもう一つの側面は、より広い地域での彼のミックスでは、各5〜11株（この数量は全体の規模に応じて変わります）の植物のグループが混在していることが多く、そのため、そのブレンドが実際には小さなブレンドのミックスであることです。

これからの世代のデザイナーは、より大きな視覚的豊かさと将来の開発の可能性を植栽ミックスに導入する方法を見つけるに違いありません。とりわけ、ランダム化するのか、小さなミックスグループをデザインするのか、あるいは小さなグループおよび個体を選ぶのかなどを選択する必要があります。植物や状況が異

なれば、違った決断が下されるでしょう。ガーデナーとデザイナーは、植栽デザインにおけるまったく新しい、非常に豊かな鉱脈のスタート地点にいるのです。本著で紹介されている考え方はこのプロセスの一助となることでしょう。

秩序と自然発生性

秩序と無秩序のバランスをとる
創造的緊張

庭園史の大部分において、ガーデニングと景観マネジメントの仕事とは自然に対して秩序を押しつけることでした。これは自然が全能であり、必ずしも慈悲深いものではないと考えられていた世界ではもっともなことです。しかし今では、侵略的な人類を相手に、自然は大撤退の局面にいて、秩序を押しつけることが常に適切であるとは考えられなくなっています。これまでの世代には、人類を世界の中心と見なす、非常に人間中心主義的な傾向がありました。それゆえ、人間が美しいと思うものや有用だと思うものを、自然界に強制することが当然だと考えられていたのです。しかし現在では、ちっぽけな惑星にすぎない星の上で、私たちが最近進化した種にすぎないことを認識するようになり、自分たちを取り巻く環境を科学的に理解することで、世界の中心から降ろされています。植栽された風景や庭園が、私たちの持つ美の概念と一致することを望むことに変わりはありませんが、自然に起きていることを視覚的に美しいものとして受け入れられるようにもなってきています。実際、自然に美的秩序を押しつけるという以前のスタイルを、魅力的でないという人もいます。現代では、自然であることが善として非常に高く評価されているため、何かについてただ「不自然である」というだけであっても、望ましいものではないという意味を含んでしまうこともあるようです。

植栽が自然の状況から遠ざかれば遠ざかるほど、その維持には多くの労力が必要になります。そのため、生け垣やトピアリーは毎年刈り込む必要があり、成長の早い植物の場合は年に2回、場合によっては3回も刈る必要があります。過去においてガーデニングの多くが刈り込みに終始していたことは不思議ではありません。それは昔も今も、自分は誰かにこの仕事をしてもらうためにお金を払う余裕がある、ということを示す方法なのです。それは、いってみれば支配です。私たちは自然を支配したいと考えており、庭園はそれを見せる場所なのです。人間の秩序を強調する植栽を維持するためにはコストがかかるということ、私たちと自然との関係がゆるやかになってきたこと、こうした理由も加わって、時間が経つにつれ、自然の一見無秩序な美しさを評価する傾向が強まってきました。

自然風の植栽に対する関心の高まりは、いくつかの段階を経てきました。そのいずれもが、何を自然と呼ぶのが適切か、についての考え方を遺産として残しており、そのなかには相反するものもあります。例えば、18世紀の英国の風景式庭園では、直線は不要であるだけでなく望ましくないという（当時としては画期的な）考えが導入されました。それゆえ、ナチュラルスタイルのガーデニング愛好者の間では、直線に対する拒否感が依然として強いのです。一方、生態学者は、鳥が巣づくりするのに、木が1列に並んで生えていようが、野放図に群生していようが気にしないというでしょう。あるいは、直線的な植栽が、ワイルドに見えかねない植栽に秩序と意思のセンスを加えることができると、多くのデザイナーが熱弁を振るうでしょう。

英国では、ローレンス・ジョンストンのヒドコート・マナー・ガーデン（1907年以降）とハロルド・ニコルソンとヴィタ・サックヴィル–ウェストのシシングハースト・キャッスル・ガーデン（1930年以降）に代表されるアーツ・アンド・クラフツの庭の伝統が、形式ばらない植栽（主に多年草）への愛着と整形式庭園の要

素（現在は生け垣、たまにトピアリーと庭園構造物くらいに限られています）への憧憬を両立させ、英国のガーデナーの重要な矛盾を解決しました。オランダでは、ミーン・ルイス（1904-1999）が、形式主義と自然主義（ナチュラリズム）の間の対立を解決するために、モダニズム版のアプローチをとりました。現代の作庭家にとって、自然のもつ野性味（ウィルダネス）と人間の文化のもつ秩序のバランスをとるための豊かなのりしろがあります。

見せかけの無秩序

「自然」をデザインすることのパラドックス

18世紀、曲がりくねった木々の塊で風景をレイアウトした英国の地主とそのアドバイザー、そして彼らの追従者たちは、それを見るであろう人たちと、ほぼ間違いなく自分たち自身に、自分たちが成し遂げようとしているものが自然に見えることを納得させようとしていました。自然はもちろんそのようなものではありません。すなわち、自然は木々の塊と開けた草原の間の明確な境界をあまり長い時間容認することはないのです。若木、低木、つる性植物などでぼやけさせ、最終的に草地よりも樹木が再び強調されるようにするのです。さらに林と付随する湖や野原は、特定の芸術的発想に合うようにレイアウトされました。ナチュラリズムは往々にしてうぬぼれなのです。

もう一つの自然主義的な思い上がりは、次元の違う話になりますが、1980年代からドイツのガーデンショーで壮大に展開された植栽です。植栽は1回かぎりのイベントのためにレイアウトされましたが、恒久的な公共利用を目的とした質の高い植栽は残されました。デザイナーたちは自然に見える植栽をつくろうとしていました。彼らは、自分たちは自然を模倣しているのだということを断じて主張していませんでしたが、その代わり、自然に見えるように植物をグルーピングしました。その結果、多くの観客は、自分たちが見ているものは、本物の自然にきわめてよく似た何かだと信じたはずです。しかし、最終的には、どの植物をどのような組み合わせで、どのような数でグルーピングするかについての判断は、美学上の判断なのです。コテージガーデンのスタイルをつくり出した人たちも、同様のことを行っています。マージェリー・フィッシュ（1888-1969）と、このジャンルの彼女の追従者たちは、自分たちが何か「自然な」もの、あるいは擬似自然的なものを創作しているという幻想は抱いていませんでした。彼らのモデルはまた別の思い上がりでした。つまり、質素な小屋に住む人たち（田舎の労働者とその家族）がつくるものと同じようなものを、自分たちがつくっているという考えです。どちらの様式においても、最終的には一見自然のままの組み合わせを生み出し、高い人気を博しています。しかしその「自然発生性」は本物ではなく、見せかけにすぎません。

人類の多くは自然を愛しています。一方で、人々は自分たちの庭、公園、都市空間の自然が放置されることを望んではいません。20世紀に発展した植栽デザインのさまざまな経験の蓄積がもたらす「様式化した自然」は、この難問から抜け出す最も現実的な方法です。

静的植栽と動的植栽

「自然さ」と変化を管理する

生き物たちの組み合わせである庭は、年数の経過とともに常に変化しています。庭園の伝統的なコンセプトは静的なものになりがちでした。植栽の多くは周囲を取り囲む大邸宅の石組みを思い起こさせる形に切り取られていました。樹木は人間の数世代のサイクルで移り変わり、一方、儚い一年草や球根植物が1シーズンに数か月、窮屈なパルテール花壇〔17世紀の英国で流行した花壇の装飾様式〕を埋め尽くしました。そのため多くの庭園では、ほぼ永久的な建築的植栽と短命の季節的植栽という両極端が存在し、どちらも高いレベルのメンテナンスが必要でした。20世紀の庭園は、低木や多年草に頼ることで手入れと形式性を減らし、維持管理に余裕が生まれました。

▼ 植栽における種の多様性が時間とともに減少するという認識は、完全に正しいわけではない。魅力的かつあまり侵略的でない野生の自生種が現れ、ボーダー花壇に加わることもある。その一例が、早春に花を咲かせるカルダミネ・プラテンシス（この画像でクローズアップされている）で、特に湿った土壌で見られる。

▼ 直立したバーバスカム・ライヒトリニーは、多くの種があるゴマノハグサ科に属する植物の一つで、これらの多くは二年草か短命の多年草。丈夫なシードヘッドからたくさんのタネを風でまき散らすことで生き残る。ガーデナーにとってのメリットは、植物が自然発生的に庭の中を移動すること。ここフンメロでは、6月初めにクナウティア・マケドニカ（手前の深紅の花、短命の多年草）と一緒に花を咲かせる。剪定されたセイヨウイチイの生け垣と自家播種する植物の組み合わせは、創造的な緊張感を見事に表現している。

数年間はほぼ放置して、そのうち剪定、除草、株分けを集中的に行って秩序のある状態に戻し、いくつかの新しい植物を加えてリフレッシュさせ、そこからさらに数年間は比較的想像力のいらないメンテナンスで維持することもありました。その結果、若干放置されたように見える低木と、少数のとても丈夫な多年草の茂みが拡大し続けるという、役割は果たしているものの、パッとしない庭園ができ上がることが多かったのです。

時間の経過とともに、多年草が主体の植栽は古びます。これには主に2つの側面があります。消滅する種もあれば、元の植栽スペースからはみ出してふえたり、こぼれダネで広がったりする種もあります。熟練度の低いメンテナンスでは、雑草を除去するだけで、これらの問題のいずれにもきちんと対応していないことがよくあります。さらに、ゆっくりと広がっていく雑草が忍び寄り、いつのまにかアキノキリンソウ（古い庭園ではセイタカアワダチソウの派生種）とシュウメイギクに占領されてしまうこともあります。その結果、概して多様性が失われます。植生の広がり、こぼれダネ、植物の枯死の問題についてはあとで検討します。

多年草、そして低木の一部は、成長と世代交代という独自のライフサイクルがあり、ときには庭のあちこちでこぼれダネでふえたりします。このダイナミズムは20世紀のほとんどの間、要注意扱いでしたが、現在ではガーデナーやデザイナーが植物の生態をよりよく理解するようになり、先達のように自然発生性を「無秩序」として排除するのではなく、それを活用する考え方になっています。しかし、時間の経過とともに品種の数が減っていき、視覚的な多様性が失われる傾向にあるという重要な問題は残っています。

時間の経過によってどれだけの量の植栽が失われるかは、もともと何が植えられたか、特に長命で丈夫な種が選ばれたかどうかに大きく左右されます。20世紀の初期には、多年草選びは短命な種や持続性のない種が主流でした。20世紀後半にはこれらは、より丈夫で自然に長生きするか、または持続性がある種（これらはあまり育種が進んでいないものが多くありました）に取って代わられました。本著を執筆している時点では、フンメロのアウドルフ庭園の古い部分は、20〜25年前にレイアウトされて以来、ほとんど補植していません。

多年草の寿命はどのくらいなのでしょうか？ そして、植栽の修復が必要な場合はどうすればよいでしょうか？ 2つのタイプの管理が考えられます。一つは控えめで比較的受動的なもの、もう一つはより積極的なものでありながら、植栽がもつ動的な性質（ダイナミズム）とともに働いていく方法です。受動的なアプローチには次のことが含まれます。

◀ オランダのフンメロにあるアウドルフ家の新しい多年草のメドウでは、例えば野生のカモミール（手前の白い花）のように、多年草が野生のグラス類や自然発生的な植生から生えている。ここにはほかに、アガスターシェ・ネペトイデス（左のシードヘッド）、アスター'リトル・カーロウ'（中央）、アスター・ノバエ-アングリアエ'ビオレッタ'（右）、そしてピンクレッドのユーパトリウム・マクラタム'リーゼンシルム'（右手前）などの品種がある。

・除草
・特に活発にこぼれダネでふえる種の除去
・毎年の枯れ草の切り戻し
・優勢な植物を正しい比率に戻すこと

　とてもよく計画された多年草ベースの植栽であっても、種の多様性は減少します。非常に持続性が高く、最も活発にこぼれダネでふえる種が生き残ることになるのです。毎年刈り戻し、裁断したものをマルチとして残すか、持ち出して堆肥にしてマルチとして戻すことで、養分を循環させることができます。たとえ持ち出して戻さなくても、長命で永続性のある多年草は、養分をあまり欲しがらないため、多くの土壌で何年もの間生育が良好であることが多いものです。

　一方で植栽により積極的に関わることで、死と再生の自然なプロセス、すなわち生態学的なプロセスを認識することができます。シェフィールド大学の革新的なランドスケープ学科のジェームズ・ヒッチモウとナイジョー・ダネットはこれを「動的植栽(ダイナミックプランティング)」と呼んでいます。変化と自然発生性がここでは重視されています。とはいえ、植栽が、自分で自分の面倒を見たりすることはありません。動的植栽に取り組むときは、その魅力を維持し、高めさえする方向で植栽の舵取りをし、自然なプロセスの結果をコントロールや編集する必要があります。これをどのように行うかについてはあとで詳しく見ていきます。動的植栽を管理する鍵となるのは、多年草にはさまざまなライフサイクルがあることを理解することです。

　しかし、たとえどんなにしっかりと管理を行ったとしても、ある時点で修復が必要となるときがきます。

▶ 並木道は景観植物を配置する伝統的な方法である。ロッテルダムのヴェスターカーデでは、並んだ木々が、グラスと多年草による一見混沌とした晩秋のボーダーに、効果的な背景を提供している。

植栽の文脈
人間とデザインの文脈

このタイミングを予測するのは、植物と環境の相互作用が複雑であり、また植栽の見極めがどうしても主観的になるため、とても難しいのです。高い完成度を求める場合であれば、10年後がよいかもしれません。さて10年後にどうなっているでしょうか?「修復」は今でも多くの人に支持されていますが、これは元に戻ること、つまり最初の植栽を再現することを前提としています。(仮に植栽されてから10年として)次のことが起こっているでしょう。

- どの種に問題があるか明らかになっている。
- 新しい植物や品種が流通している。
- 植栽のデザインに関する考えが変化してしまっている。

正確に復元することはほぼ間違いなく不適当で、しばしば望ましくないと思われるでしょう。リノベーションといったほうがよいかもしれません。新しい園芸種やアイディアを取り入れて、オリジナルの植物が、新入りの植物と共存し、植栽が時の流れを映し出すようにする必要があります。

植栽は人を喜ばせなくてはなりません。以前からいわれているように、人間も生態系の一部なのです。自然環境が人に大事にされるためには、自然環境は人に好かれなければならない、と指摘されてきました。持続可能性や生物多様性の技術的基準は満たしても、人間という利用者を満足させることができないような単なる機能的な植栽は、長期的には破綻することになります。というのも、この過密な地球上で、ほかの目的で土地を利用したい人がいたり、単に世話が不足していたりすると、誰もそれらのために立ち上がるほどの関心を寄せなくなるからです。

ガーデナーやデザイナーの役割は明確であり、間違いなくこれまで以上に重要になっています。植栽が何らかの目的に奉仕しようとするのなら、見栄えもよくないといけません。実践者が、環境への奉仕を目的として植物の組み合わせを多用すればするほど、それら植物の組み合わせが、意図的で魅力的に見えることが、ますます重要になるのです。

整然さと存在感は大切なことですが、とても主観的に解釈されることがよくあります。企業や記念の植栽では、季節的なみすぼらしさでさえ許されないことがあります。植栽の質を維持するための労働力が担保されない場合、植栽は整然とした状態を保てる種に絞らなければなりませんが、十分な構造(ストラクチャー)がある広いエリアの場合は、植栽ミックスに花後があまり美しくない品種を含めても問題ありません。よりゆるやかな環境では、少しばらけた感じの植物も使いやすくなります。これは大事なことです。なぜならば、最も人気があり、簡単にふやせて回復力のある多年草のなかには、開花後に見栄えが悪くなるものもあるからです。このような植物を最大で30%以下に抑えるのがよいルールですが、それでもそのような植物が好調で、長期間花を咲かせるのであれば、ガーデナーやデザイナーはもっと使いたいと思うかもしれません。そのような植物、特に一部のゲラニウム類は、非常に長命で効果的なグラウンドカバーであり、ローメンテナンスが求められている状況で大量に使いたくなる誘惑にかられるでしょう。構造の特徴的な植物を数種類加えるだけで、あるいは開花時期が異なる(通常は遅咲きの)植物を加えるだけで、そのような植栽を平凡な単一植栽(モノカルチャー)から脱却させることができます。ほかのやり方としては、これらの多年草を、よりしっかりとした構造の植物の周囲に流れるような配置で植えて部分的に隠したり、重要な展望線(ヴィスタ)をふさがないような場所に植えたりします。これらの植物は、狭い空間でも、もちろん個人庭でも、季節ごとに剪定してメンテナンスできる場合には、集中的に管理することで、より高品質な外観を実現することができます。

自然をコントロール？——整形式と大量植栽

整形式植栽——つまり幾何学的な形状や刈り込みを用いて人工的な形状をつくる植栽——は、伝統的手法として広く知られています。しかし、より現代的なアプローチには多くの可能性があります。現在では、伝統的であり、刈り込まれていて、左右対称な形の植物よりも、斬新な形状の植物(非対称に刈り込まれた木本植物やオーナメンタルグラスのブロックなど)が、より大きく壮大な背景に適していると考えられています。大規模な場所や、印象的に見せる必要がある場面では、シンプルなグラフィックが必要で、それはある種の単一種で表現することができます。セイヨウイチイやブナなどの伝統的な素材は、モダニズムに着想を得た幾何学模様によって新たな命を吹き込むことができます。オーナメンタルグラスは比較的長期間観賞ができ、適応性があり、(ほとんどの種で)寿命が長く、形が単純

◀ ▶▶ 42-43ページ
明るい色彩は人気があり、ナチュラリスティックな植栽とも、機能的な植栽とも非常に相性がよい。これは7月のアスチルベ・シネンシス・タケッティ'プルプランツェ'。丈夫で長命な多年草で、スウェール(浸透溝)や、そのほかの持続可能な排水植栽(レインガーデンなど)に非常に適している。この植物の冬のシードヘッド(次ページ)には大きな価値がある。

◀◀ 44-45ページ
2011年、ロンドンにある現代美術ギャラリーのサーペンタイン・ギャラリーは、中庭でピート・アウドルフの植栽を展示した。使用された種の大半にとって、この場所は長期的には適していなかったかもしれないが、夏の間のショーガーデンとしての展示は間違いなく実現可能だった。フラワーショーのガーデンと同様、植物は普通の常設の植栽よりも高密度で使われたが、その利点の一つ(ショーガーデンのデザイナーがよく知っていることだが)は、視覚的な体験が実際の庭園よりも強烈だということである。当然ながら、見物人と植物の距離が非常に近いこのような会場において有効な方法だ。

▶ 一時的な植栽は、派手な一年草で構成される必要はない。ここ、2010年のヴェネチア・ビエンナーレでは、非常に珍しい、ピート・アウドルフによる一年草の組み合わせが見られた。ホルデューム・ジュバタム(野生の大麦)とダリアによる構成である。放棄地に自然発生した植物群落を、遊び心たっぷりに思い起こさせる。

であるため、モノカルチャーブロックをつくることができるもう一つの優れた材料です。さらに、刈り込まれた葉よりもメンテナンスが少なくすむのも利点です。反対に欠点は、刈り込んだ木本植物と比べて、一年を通じて同じレベルの存在感が出せないことです。

このような大規模植栽のすばらしい使い方の一つは、とても複雑で多様な多年草植栽に対して、効果的にコントラストをつけることができることです。環境によっては視覚的に柔らかすぎる質感になってしまうものに、建築様式と骨格を添えることができるのです。ここで、世界的な成功を収めた英国式のアーツ・アンド・クラフツのガーデン様式を思い出してみましょう。その基本となるのは、秩序と、見かけ上の無秩序との間のバランスです。現在のガーデナーやデザイナーは、刈り込まれた木本植物という古い様式に頼るのではなく、その均衡に構造を提供する、オーナメンタルグラスのブロック植栽に注目するべきでしょう。

企業や記念碑的な景観では、シンプルな木本植物とグラスだけのブロック植栽で、静けさ、コントロール、秩序の雰囲気をつくり出せるでしょう。しかし、一般の人々にとってこれらの言葉は否定的なニュアンスをもち、多くの人は植栽から生命力、活力、彩りをもらうことを期待しています。公園のように広い場所では、大きなインパクトを与えるために、カラフルかつ多様な植栽を行うのは困難です。いい換えるならば、本当にインパクトを与える植栽のために十分な資金が得られることはまれなのです。ランダム植栽ミックスと(草原のような)多年草種子ミックスの作者は、それらの組み合わせは広範囲にわたって維持できると主張しています。その場合、すべての植物は、草刈りによって一斉に管理されます。この主張は一部の気候帯では当てはまるかもしれませんが、まだコンセプトとして新しすぎるため、メンテナンスの必要性に関する長期的な全体像を明確にすることはできません。メンテナンスの手間を十分に抑えることができれば、これらの植栽は大規模な環境において真に有効な選択肢の一つとなるでしょう。

コントロールよりも自然に ワイルドに見える植栽

自分たちがつくった、あるいは依頼した植栽が、整然と秩序立って見えることを望む人たち、すなわち人間の観賞のためにコントロールされ、整理された活気ある自然を望む人たちが、庭園史の伝統のなかでは大多数を占めてきました。ピート・アウドルフと私自身もその一部である最近の伝統はその反対の立場で、都市や郊外で自然の感覚をどのようにつくり出すかに軸足を置いています。ご存じのとおり、これは自然の成り行きに任せてほうっておくという意味ではありません。自然が欲しい、と人々がい

◀ モリニア・カエルレア'ダウアーストラール'のブロック植栽。これは北ヨーロッパの酸性土壌に自生する植物であり、この植栽がオランダにあるということは、実際にその地域の風景と関係する植物を用いるという植栽の原則に則った、今までにない使用法といえる。これは、かつての世代が自生の木々を剪定して生け垣をつくっていたのと同じようなものである。このようなシンプルで落ち着いた秩序ある植栽は、あふれんばかりの多年草で埋め尽くされたボーダーの観賞後にリラックスできるよいポイントとなる。コース料理におけるシャーベットのように。

うとき、それは特定の自然像、つまり自然とは何か、あるいはどう見えるべきかといった人間中心的な考えにはっきりと合致した、見栄えのよい自然像なのです。生物多様性も重要であり（蚊やヘビはおいておいて！）、その土地に自生する植物も重要です。いってみれば「ライトな自然」です。ひねくれすぎないようにしないといけませんが、少し前までは「都市に自然を」という考えは、ほとんどの人にとって嫌悪感を抱かれるか、少なくとも理解不能なものでした。ガーデナーやデザイナーに課せられた仕事は、「強化された自然」（ナイジョー・ダネットやジェームズ・ヒッチモウによる造語）をつくり出すこと、すなわち生物多様性の許容範囲をサポートし、少し野生的に見えるものをつくり出すことです。どうすればこれが達成できるでしょうか？

- その土地に自生していることが明らかな種を使う。場合によっては、選抜された園芸種でもかまわない。
- 従来の方法よりも高い密度で入り交じった植栽スタイルを採用する。特に、植生をレイヤー化する、多年草が混合されたグラス中心の開けた草原、さまざまな種が混在した林床の植生など。
- 特定の生育地のものと認識できる植物を使用する。例えば、広大な空き地にあるグラス類、林床でのシダや常緑のグラウンドカバー植物など。これらはその土地の在来種である必要はない。
- 野生の生育環境を想起させる植物の組み合わせをつくる。緑豊かなアシや葉の生い茂った植生で縁取られた水域、森林植栽と開けた空間の間のミックスゾーンに生える低木やつる性植物など。
- 自然発生性に委ねる。例えばこぼれダネによる再生産や、植物自身がコントロールしている（自由に育っている）部分もあるような感覚で管理する。
- 自然の、あるいはそれに近い背景をもつようにする。そうすると、植栽と既存の自然植生が継ぎ目なくつながっていると思わせることができる。

公共の場では、上記の多くは人々に無意識のうちに何かを読み取ってもらうことに関するものです。関係者はほとんどの場合、自然の植物コミュニティについての実際の知識や経験はもち合わせていません。彼らにとって大切なこととは、つまり、彼らを納得させてデザインされたその植栽をある種の「自然」だと思わせるために必要なこととは、その植栽が、田舎の公園、自然保護区、あるいは国有林など、都市住民や郊外居住者が自然と接する場所を想起させることなのです。ニューヨークのハイラインは、この手の植栽の最新の好事例です。また、1930年代に開拓されたオランダのアムステルフェーンにある公園群は、世界で最も古く、最も大規模な例です。そこの植栽はほぼすべて自生種ですが、比較的きちんとした外観を保つために高度に管理されています。

第一章 植栽――全体像を俯瞰する

▶ 視覚的なシンプルさは、秋の色彩の中でさらに強調される。ここでは、コピシング〔株元からの伐採による管理方法〕によって成長を抑制できる吸枝性の低木ルス・ティフィナが、カラマグロスティス'カール・フォースター'と並んでいる。このグラスは観賞期間が長く（初夏から冬の終わりまで）、直立した草姿は風雨に耐えられるので、ミニマルな植栽や「ネオフォーマル」な植栽に重宝する。

▼やや高めに植えられたミスカンサス・シネンシス'マレパルタス'の大きな群落は、フンメロの庭の注目すべき特徴の一つ。もう一つのグラスであるモリニア・'トランスペアレント'のシードヘッドの霞の向こうに見ることができる。ミスカンサスのブロックは庭全体の重し、すなわち重心のような役割を果たしていて、庭の異なる2つのエリアのおよそ中間に位置している。どちらのエリアもゆったりとした多年草のボーダー花壇となっている。

▼ワイルドで荒々しいハイラインは、夏の終わりごろからグラスのシードヘッドが主役になる。ここでは、これより整然としたものは、都市のジャングルの荒れたエリアの隣では、場違いに見えることだろう。オレンジレッドの輝きは、アイリス・フルバ。

自身や家族、そして来客をただ納得させようとしているだけの住宅オーナーにとって最も難しい任務はおそらく、自らの手で自然の縮図を設計し植栽したと、自分自身を納得させることです。自然に興味がありワイルドフラワーに詳しいガーデナーらを納得させることは難しいかもしれません。うまくいく人のほとんどは、在来種と園芸種を混ぜて使い、どの程度自由に成長させればよいか、加減をわかっています。

署名的な植栽 ―アイデンティティの創出

署名(シグニチャー)という概念は芸術の世界では強いもので、いってみればアーティストやクリエイター独自のスタンプです。優れたガーデンデザイナーはみんな、非常に強力な個性を発揮しているため、わかる人であれば、もし見たことのない庭園にパラシュートで降ろされたとしても、おそらく誰による庭園なのかわかるでしょう。庭園もまた、何らかの際立った特徴や、庭園全体にちりばめられた強いテーマ性をもった植物により、来訪者の意識に署名(際立った特徴)を刻むことができるのです。

すべての来訪者に賞賛され、写真を撮られ続けるような、独自のテーマをもつ個人庭ガーデナーは、その場所で満足していられる一方で、デザイナーには、ある特定の庭で署名を開発してうまくいっても、それを別の場所で再現するのがとても難しい、という問題があります。もう一つの問題は、ほかの誰もがまねをする(そして大抵の場合、さほど成功しない)ことで、新しかった考え方が使い古されたやり方に変わってしまうかもしれない、ということです。

署名的な植栽をする、ということは、その場所に特化したものをつくることであり、ガーデンや景観に明確な個性を与え、記憶に残るようにすることです。これは公共の景観にとって明らかに重要ですが、ホームガーデナーも試すことができます。庭一面に広がる単一種の植物は、「今、ここで」だけではなく、ガーデンを訪れた人の記憶にも大きなインパクトを与えることができます。私は非常に背の高い細身のユーパトリウム・フィストゥロスムを育てていますが、これは毎年高さ3～4メートルに成長します。夏の終わりから

冬にかけて、私の庭の訪問者たちは必ずこのことを話題にし、米国からの来客も驚きます（米国の自生種なのです）。長年にわたり、この植物は私の庭で最も語られた植物となり、最も記憶に残っていると確信しています。

署名的な植栽は、以下のようなさまざまな背景を由来としています。

・**歴史的である**。ある種の植物は、特定の場所やその場所に関連のある時代との結びつきがあったり、単に庭園の歴史的な植物であったりしますが、通常、これらは伝統的な生け垣やトピアリーに使われる木本です。草本の一例としては、極東地域のヤブランやリュウノヒゲがあります。このような伝統的な（使い古された）植物の革新的な使い方は、強い印象を与えることができます。

・**地元の自生種である**。地域景観の一部となっている、特定の種や植物コミュニティを使いたいという要望があるかもしれません。そのようにして、地域の特別なものに脚光を当てることができます。

・**生態学的に適切である**。現場の生態系と明確に関連づけられる特徴的な種を大量に使うこと。例えば、モリニア・カエルレア（やせた酸性土壌）やスポロボルス・ヘテロレピス（極端な大陸性気候）など、ストレスに満ちた環境で優勢に育つ、非常に特徴的なグラス類が挙げられます。

・**革新に挑戦している**。新しい植物、またはおなじみの植物を新しい方法で使います。2010年にロンドンで開催されたチェルシー・フラワーショーで、新しいセリ科の植物セノロフィウム・デヌダツムが、英国を代表するガーデンデザイナー、トム・スチュアート・スミスがデザインしたショーガーデンに登場し、大きな話題を呼びました。じつのところ、これまでのセリ科の植物と比べてあまり代わり映えのするものではありませんでした。しかし、その植物がショーガーデン全体に広がっており、確固たる自信をもって使われた

ことで、シグニチャー植物になったのです。

ピート・アウドルフのプロジェクトで、ガーデンやランドスケープ誌で「強い署名」として評価されたもの、あるいは私自身にとって際立って印象的な植栽を例示していきます。

バリー・コート、ハンプシャー州、英国、1996年

この様式化されたメドウガーデンでは、もともとデスカンプシア・セスピトサが多く使われ、その対比として少しの多年草が点在していました。当時としてはよいアイディアとして評判になり、ほかのデザイナーたちに模倣されましたが、ほとんどがうまくいきませんでした。問題点としてはこの種が肥沃な土壌では短命になることがあることと、一部の園芸種は真菌の病気にかかりやすく、広範囲にわたって枯れることがあることです。現在、デスカンプシアはモリニア・カエルレアの園芸種に置き換えられています。モリニア・カエルレアもデスカンプシアと同じやせ地の植物ではありますが、より幅広い環境で長生きしています。デザイン面でのインパクトに加え、管理面でも理にかなっています。また、ほかのグラス類で代替することもできるため、さまざまな気候帯で適用できます。

まとめ —— 署名は非常によい考え方だが、長期的に有効であるためには適応性をもつことが必要である。

王立園芸協会庭園、ウィズリー、サリー州、英国、2001年

多年草とグラスが入り交じった33の帯が、それぞれ同じ大きさでまっすぐに延びた芝生の歩道の両側に並んでいます。図面上は非常に整形式で堅苦しいように思えますが、実際にはまったくそんなことはありません。シンプルなデザインコンセプトが計画全体に通底しているよい事例ですが、そのコンセプト自体をうまく隠しているため、実際にはおそらくごく少数の人しかそれに気づいていません。

まとめ —— 強い署名はときにほとんど目に見えず、潜在意識のレベルで作用する。

▶ RHSウィズリーガーデンのダブルボーダー（2001年）では、多年草の入り交じった帯が、近くから遠くまで、あらゆる観察規模で興味深い組み合わせを生み出している。夏の中ごろから後半にかけては、ペロブスキア・アトリプリシフォリアが主役で（上）、ピンクのガウラ・リンドハイメリ'シスキューピンク'とフロミス・チュベローサ'アマゾン'のシードヘッドが対置されている。一方、別の帯（下）では、灰白色のエリンジウム・ユッキフォリウムが緋色のヘレニウム'ルビンツヴェルク'そしてエキナセア・プルプレアとコントラストをなしている。また、その前に開花したアリウム・ホーランディカムのシードヘッドが残っている。

◀◀ 52-53 ページ
ピートの植栽におけるグラスのマトリックスとしての使用は、バリー・コートのデスカンプシア・メドウ（1996年）というよく知られた新しい取り組みから始まった。最新の成果は、フンメロのナーサリーだった場所の新しい植栽だ。植え込みと播種によってつくられ、品種の組み合わせは年ごとに変わるだろう。背の高いグラス、カラマグロスティス'カールフォースター'と緋色のヘレニウムの品種はほぼ永続的だが、そのほかの多くの短命の種、例えば2色あるバーベナ・ハスタータやオランダ原産のデージー、レウカンセマム・ブルガレは、ここで存続するためには、自家播種に頼ることになる。

ドリーム・パーク、エンシェーピング、スウェーデン、1996年と2003年

「サルビア・リバー」では、ヨーロッパ原産のバイオレットブルーのサルビアの3つの園芸種が帯状になっています。インパクトがあり、プロジェクトの依頼主が常に求めている、写真映えのする「すごい」要素で一般の人々の好評を博しました。これほどシンプルかつドラマチックな植栽の再現は非常に難しいことですが、ピートはシカゴのルーリーガーデンで、それをやったのです。ピートいわく「これは、自分自身をコピーした珍しい例です。周囲の高層ビルからの眺めを考慮した、グラフィカルな見せ方をするのがコンセプトです」。いまだに模倣者は出ず、ほかの種を使ってそれを達成しようとする人もいません。その際に問題になるのは、ほとんどの低～中程度の草丈のカラフルな多年草は、花後の構造が弱いこと、すなわち花後の株の形が崩れてしまうということです（サルビアは少し冴えない感じにはなりますが、切り戻して花を返り咲かせることもできます）。

まとめ ― とても強力な署名はまねされる危険と隣り合わせだが、それは取る価値のあるリスクである。

コーク郡の庭、アイルランド、2006年

スティパ・ギガンテアは背が高くて株は大きく広がりますが、同時にとても明るくて透け感のあるグラスです。ピートは1980年代から1990年代初頭までガーデンによく使っていましたが、誰もが使い始めたので、やめてしまいました。しかしここでは少し使われており、目をみはる効果を発揮しています。北緯51度の庭で、早朝と午後遅くの日差しがグラスに当たって光り、開けた場所に劇的な効果をもたらしています。

まとめ ― 使い古された方法でも、使い様で効果を上げることができる。

アウドルフガーデン、フンメロ、オランダ、1982年より

ピートとアーニャの自庭のメインガーデンエリアの後方にある、幾重にも折り重なるセイヨウイチイの生け垣のカーテンは、使い古された言葉でいえば、「象徴的（アイコニック）な存在」でした。しかし、最終的には洪水という自然の力に負けて、疫病や立ち枯れになったため、2011年初めに撤去され、粉砕機に大量に投げ入れられました。ピートはそれが「ありきたりなもの」になりつつあることを、静かに認めました。

まとめ ―「象徴」はときに破壊者を必要としている。

ハイライン、ニューヨーク市、米国、2009年〜

ハイラインを特徴づけているのは、おそらくグラスでしょう。元から（つまり貨物鉄道の廃線跡であったころから）、グラスはそこに生えていた多くの種類の植物の一部であり、グラスを使うことで元の自然発生的な植生の感覚を強く残すことが、デザイン意図の一部でした。グラスは、間違いなくハイラインを最もナチュラリスティックなアウドルフ植栽にしていて、ハイラインの個性に大きく貢献しています。ハイラインの魅力の一つは、都市に自然をうまく取り込んでいることですが、そのためにはグラスが不可欠なのです。

まとめ ― シグニチャー植物は、観賞者の大多数がその背景を読み解くことができるとき、よい雰囲気を醸し出すのに非常に有効である。

スキャンプトン・ホール、ヨークシャー州、英国、1999年

冬に寒くなることがあり、英国のなかでより乾燥している側にあるこの場所では、比較的低成長の植物ミックスが、やせた土壌を最大限に生かしています。それは、エセックス州のベス・チャトー・ガーデンズのように、植物を生育地の環境に適合させる種類の植栽です。植物の細い草姿を生かした、カラフルでたおやかな質感（テクスチャー）のデザインです。グラスであるモリニア種の波をドラマチックに使うのも、シンプルなモダニストの整形的な特徴を踏まえた遊び心です。

まとめ ― 土壌がやせていたり完璧とはいえない環境であったりする場合は、むしろそれを、アイデンティティ感の創出という形で、植栽に積極的に反映させることができる。

第一章 植栽 ― 全体像を俯瞰する

◀◀ 56-57ページ
スキャンプトン・ホール（イングランド北部、ヨークシャー州）でのモリニア・カエルレア'ポール・ピーターセン'の帯は1999年にデザインされたが、デザイン特性としての新鮮さをいまだに維持していて、現代におけるフォーマルな構造の材料としてのグラスの可能性を力強く強調している。

▼ 後方にあるセイヨウイチイの生け垣（左写真）は、フンメロの最もよく知られた特徴の一つになった。古典的な素材と表現を用いた、その非対称の刈り込みとモダニストの風格は、当然のように現代の庭園デザインのアイコンとなった。それらが撤去されたあと（右写真）、フンメロの庭は生け垣の組み合わせで区切られている。刈り込まれてはいるが形式的ではない、伝統的な農場の混合生け垣（左側）と、後方にあるより形式的に刈り込まれたブナの生け垣（わずかに見えるだけ）だ。

近くから遠くまで
複雑さと規模

混合植栽スタイルは、複雑さと多様性をもたらします。しかし、観賞者はどのくらい容易にそれを読み取ることができるでしょうか？ ただの混沌としたごちゃごちゃにしか見えない危険性はないでしょうか？ それは、使われる植物に大きく左右されるはずです。色彩だけに依存すると、花が枯れたときに植栽が崩れて形を失う危険があるため、構造的な植物が必要なのは明らかです。しかし、より根本的なことですが、スケールが異なるとき、私たちの目は何を見るのでしょうか？ ここで強調しておきたいのは、ランダムな複雑さとデザインされた複雑さの間には違いがある、ということです。

大きなスケールの場合、「木ではなく森を見る」という現象があります。ミックス植栽をその中の個々の植物ではなく、植生として、コミュニティとして見ることで、パターンのみを読み取るのです。実際には非常に複雑な混合物が、部分の総和を超え統一された全体として理解されます。この「全体」の中では、個々の配置は重要ではなく、ランダム化がほかの方法と同様に機能します。長期的に見てうまく機能することが確認できれば、ミックス植栽のスタイルの大空間での適用には大いに期待がもてそうです。一方、狭い空間や私的な空間では、ミックス植栽はそのランダムさゆえにうまくいきません。スケールが小さくなるにつれ、視界に入る限られた主要な空間の重要性が増します。その空間を占めるものが何であるかは重要で、偶然に任せるべきではありません。品種をブレンドしたり混合したりすることは可能ですが、より正確に配置する必要があります。個々の植物の配置に関しては、正確な位置のコントロールは、植栽の規模が小さいほど重要になります。このレベルでは、大規模な場合と比べて、レイヤー化が重要です。植栽の中にさまざまな習性（直立、群生、匍匐性、広がるなど）をもつ、異なった高さの植物があれば、豊かな視覚的興味を生み出す大いなる余地があります。

どれぐらいの距離から植栽を見るかによって、そのスケールの感じ方は大きく変わります。ワイルドフラワーの牧草地を上空から見たことはありますか？ 答えは「ノー」ですよね。なぜなら、その高さでは花が草の中に溶け込んでかすみ、草原全体が緑になるからです。庭では、ある距離からでは目立たなくなる植物がありますが、これは単に小さいからというだけでなく、際立った色や形がないためです。遠くからでもインパクトを与えられる植物もありますが、それはグループになっている場合か、個体として目立っている場合です。

◀ シカゴのルーリーガーデンにあるサルビア・リバーの一部。初夏に咲く宿根サルビアの園芸種の混植がドラマチックな効果をもたらすよう使われている。サルビア×シルベストリス'メイナイト'、'ブルーヒル'、'リューゲン'、そしてサルビア・ネモローサ'ウエスウィ'。グラスはほとんどがスポロボルス・ヘテロレピス。

▶▶ 60-61ページ
スティパ・ギガンテアは、真価が十分に評価されるよう、ほかのグラス以上に正しく配置されるべきだ。緯度が高ければ高いほど、側面や背後からの光線がスティパ・ギガンテアより効果的に照らすため、成功しやすいといえる。左側の深い青はアガスターシェ'ブルー・フォーチュン'。この庭はアイルランド西部にある。

第一章　植栽──全体像を俯瞰する

植栽と持続可能性

持続可能性は重要な概念となっていますが、一方ではとても政治的に使われ、他方ではほぼ常套句と化していることもあり、乱用されている言葉でもあります。それは一般に、再生不可能な資源の投入と有害物の産出を減らすことだと理解されています。ほかの多くの物事と同様に、持続可能性はグラデーションの一部として考えるべきでしょう。消極的な持続可能性は、汚染や二酸化炭素の排出、資源の過剰開発などといった、実害を及ぼさないこととして理解できます。

積極的な持続可能性とは、単に環境への害を最小限に抑えるだけでなく、屋上緑化、雨庭(レインガーデン)、生物による環境浄化など、序論で説明した方法を通じて、環境をより積極的に管理し、改善することを意味します。これらの分野はすべて非常に専門的ですが、ここで取り上げた多様な種類の草本植物を効果的に利用できます。ガーデナーやデザイナーがこのような積極的なシステムに参入することで、美的側面を強化できます。植物の選抜は基本的に、植物生理学の知識に基づいて特定の機能を果たす必要があり、適切な専門家によって行われるべきです。しかし、植物の選抜を完全に技術者に任せても、最高に美しい結果が得られることはめったにありません。ガーデナーやデザイナーが専門家の提供する植物リストを使用して作業することで、その役割を果たすのです。

生物多様性と自然のニーズ

かつての植栽計画においては、野生生物が必要としているものが考慮されてはいませんでしたが、現代では、植栽が自然の網の目の一部を支えるべきだと期待されています。幸い、生物多様性を提供することは難しくありません。実際、多くのガーデナーはこの言葉が発明されるずっと前からこの取り組みを行っていました。この問題に関する科学研究のいくつかをまとめると、生物多様性のための植栽設計で最も重要な側面は、生育環境に幅があること、例えば樹木、低木、多年草、グラウンドカバーが組み合わされていることで、とりわけ重要なのはそれぞれの生育地の間のつながりです。

長い季節にわたって生き続ける、多様な多年草植生を促進させることはよい手始めです。木本植物や木陰も重要な役割を果たします。地域固有の植物を使うことも有効ですが絶対不可欠というわけではありません。

自然は多様性によって繁栄するので、混合植栽によるアプローチは生物多様性を支える大きな可能性を秘めているはずです。従来のブロック植栽が必ずしも有害であるというわけではありませんが、より多様な混合植栽により、生物多様性のための資源を改善する可能性は大幅に向上します。

未来の予測
気候変動と多様性

私たちは気候変動の影響が脅威を与える雷雲のように覆っている時代に生きています。庭園と景観の世界は、農業とともに、気候変動への対応だけでなく、その緩和に貢献する役割を担っています。気候変動はしばしば「地球温暖化」と誤って説明されます。ヨーロッパ北西部では20年にわたって温暖な冬が続いたため、この時期はのんきに温暖な気候に適した種の植栽が大幅に行われるようになりました。一部のガーデナーの間には、より暖かい新しい気候を愛でて、自分たち自身のオリーブやザクロを収穫できることに喜びを感じてさえいるような雰囲気がありました。これを執筆している現在、この地域は寒い冬が続いており、専門家は現在、気候変動がこの地域の冬をさらに寒くする可能性があると述べています。英国中部の庭園では、枯れたユーカリ、コルディリネ、ニューサイランでいっぱいです。気候変動について唯一確かなこと、それは気候変動がさらに不確かになっていきそうだということであり、つまり、さらに極端な異常気象が起こるということなのです。私たちには回復力のある植物が必要になります。

幸いなことに、回復力のある植物は数多くあり、すでにかなりの数の植物がガーデニングに採用されています。野生から新たに導入するだけではなく、すでに栽培されている種のより幅広い遺伝子プールからも導入の余地があります。私たちが頼りにしている多くの

▶ 都市の中の野原──10月のハイラインの一角。さまざまなシードヘッドが鳥や小型の哺乳類に食料を提供している。また、在来種の割合が高いことが、特定の植物しか食べない無脊椎動物をサポートするのに役立っている。右側の茶色いグラスはカスマンティウム・ラティフォリウムで、比較的日陰に耐える北米の種。

品種は、一つの導入種から派生したものであり、種全体を代表するものではないかもしれません。視覚的な特徴だけでなく、別の、あるいはより過激な環境ストレスに対応できる性質を見逃しているかもしれないのです。アストランチア・マヨールは中央ヨーロッパで一般的な植物なので、新しい種子のコレクション、つまり栽培のための新しい遺伝子物質は、極端な話、オーストリアで路肩に車を停めて、車の窓から身を乗り出して採取することだってありえます。そして、驚くことではありませんが、それらの採取した植物の色や生命力にはかなりのバリエーションがあります。フロミス・ルッセリアナは、とりわけローメンテナンスな植栽には非常に有用な植物ですが、園芸種のバリエーションがほとんどない多年草です。野生から新しい遺伝子物質を導入するには、より多くの計画と労力が必要となりますし、その植物が利用される可能性が最も高くなるだろう地域から、遠く離れたところまで行かないといけません。フロミスの故郷であるトルコの新進気鋭の生産者が、いつかはコレクションをつくるかもしれません。私たちは、自然の恵みである多様性をより効果的に利用して、気候変化に強い植栽を行う必要があります。

栽培植物の遺伝的多様性の大切さには、さらにもう一つの側面があります。多様性は自家播種を通じて、動的に自己複製する植物コミュニティの回復力を高めることができます。現在、プロの植栽デザインの世界では、使われる植物が永続的であることを前提としています。一方、個人のガーデナーは、短命な多年草や二年草のこぼれダネからの発芽も、植栽の魅力にとって大切だということを自覚しています。大規模な植栽や公共の植栽での動的な要素を受け入れることは、自家播種と植物の交代の自然なプロセスを受け入れることを意味します。これらはランダムにミックスされた植栽で特に望ましいといえるでしょう。自家播種が起きている植栽では、遺伝子の入れ代わりが行われるため、親とはわずかに異なる苗が現れます。苗のなかに

は、親よりも天候の異常事態にうまく対応できるものもあり、そのため植栽は動的であることで、自然の植物コミュニティと同じように、時間の経過とともに適応することができるようになります（理論的には！）。実際には遺伝子の入れ代わりが意味をもつまでには非常に長い時間がかかります。しかし、この時間の経過に伴う適応のプロセス（ちなみにこれはダーウィンの進化論を見事に説明しています）は、短命種や容易に自家播種する種に大きな影響を与える可能性があります。

ダーウィンの自然淘汰が庭園に有意義な影響を与える可能性を示す好例は、南アフリカ原産の属であるディエラマです。とても美しいアヤメ科の植物で、北西ヨーロッパの大西洋沿岸の庭園で、よくこぼれダネをまきながらふえます。本来は乾燥した冬の気候でも生育する植物ですが、耐寒性に幅があるため、寒さへの反応も複雑になります。寒い冬が続くと、植物の生態群に本当の選別効果をもたらし、生き残った植物は繁殖し、生き残らなかった植物（とその遺伝子）は堆肥へと向かうことになります。その結果、庭の中は、美しくエレガントな植物の、確実に耐寒性と回復力のある、個体群になるのです。

これまでの植栽デザインの実践の多くは、遺伝子的に同一の植物、つまり園芸種に依存していました。園芸種はその一貫性からガーデナーやデザイナーに好まれていますが、欠点もあります。クローンや狭い遺伝子プールで広範囲に栽培された品種が病気の蔓延の影響を受けやすいことは、特に米国が 1968 年にトウモロコシ作物のほとんどを失って〔このころ病害による大規模な不作に見舞われた〕以来、農業界でよく知られています。さらに園芸種によっては、多くの多年草に見られる自然の傾向として「異系交配〔遺伝的に近縁なものとではなく、遠縁のものと交雑すること〕」しますので、「自家結実」しません。両親の間に遺伝子的差異がないかぎり、自家播種は行われないのです。たとえそれらが生存可能な種子を生み出したとしても、その品種

◀ 気候変動に備えるためには、複数のストレスに耐えられる植物を選ぶことが重要だということは議論の余地がない。その参考となる生息地は東ヨーロッパと中央アジアのステップで、寒い冬と乾燥した夏が特徴。背の低いグラスの大平原やセージブラッシュ・カントリー（北米西部の乾燥した草原地域）と似ている。多くのステップの種やそのほかの乾燥に強い種がもつ魅力は、例えばこの場所のアルテミシア・ポンティカなどのシルバーグレーの葉。黄色い花はユーフォルビア・セギエリアナ・ニキキアナ。黄緑色のグラスはセスレリア・オータムナリスで、淡色の穂を出しているグラスはメリカ・キリアタ、非常に長い銀色のグラスの穂はスティパ・プルケリマ。この魔法のような効果は残念ながら長くは続かない。初夏の風景。

から生み出された苗の集団の遺伝子プールは限定されてしまいます。より「自然」で多様な植物群は、その中にはるかに幅広い遺伝子をもち、適応性が高くなります。繰り返しますが、ディエラマはその好例で、いくつかの種が栽培されており、非常によく交雑します。その結果、さまざまな遺伝的多様性が生まれ、その中から、寒い冬を通して、長期的に生き残ることができる株が選択されることになるのです。

資源について考える　持続可能性の問題

持続可能性が提起するもう一つの大きな問題は資源の利用の問題です。基本的には、エネルギー生産のための資源を含む再生不可能な資源の利用と、庭園やランドスケープの建設・維持に関わる輸送や、その他のエネルギー消費活動による、二酸化炭素やその他の汚染物質の排出からなる複合的な問題です。多年草の植栽は、その定義から明らかなとおり、長期的なものであるため、従来の季節的な花壇植栽に比べて資源の消費が少なくなります。精査はされていませんが、芝生を短く保つための芝刈り機の使用は、多年草植栽を維持するよりも資源の消費と二酸化炭素排出量が多いでしょう。一方、多年草の植栽も、一からつくるのにはかなりの資源が必要となる場合もあり、それはつまり私たち全員が持続可能性の問題に注意深く取り組む必要がある、ということ

なのです。持続可能性やその他の環境問題は、本来は客観的に、エビデンスに基づいて議論されるべきものですが、周知のとおり政治的であり、民間の個人や団体による意思決定の多くは、感情的、イデオロギー的な意見によって曇らされたなかで行われます。英国での、鉢植え用の園芸用土における泥炭（ビートモス）の使用をめぐる議論は、このよい例です。

　園芸業界はかつて、資源の使用に対して著しく鈍感でした。リサイクルできないプラスチック製のポットや容器。暖房や照明などの種苗生産施設のためのエネルギー。培養土は資源を食い尽くし、生産と輸送に物理的な材料とエネルギーを必要とします。リユースまたはリサイクル可能な容器、鉢植えや土壌改良用の堆肥化した植物残渣（ざんき）の使用の普及、肥料分の無駄使いを減らす緩効性肥料の広範囲の使用など、ここ数年で大きな進歩が見られました。しかし、まだ問うべきものが一つあります。それは、新しいプロジェクトにおける植物のサイズです。通常、小さな植物は大きな植物よりも、成績よく、かつ早く定着することが認められています。しかし、官民問わず、非常に多くの新しい植栽計画には、従来使用されていたものよりもはるかに大きなコンテナで育てられた園芸植物が購入されています。さらにこれらの植物はナーセリーから現場まで長距離を移動することが多々あります。つまり、2つの問題が一緒になることで、商業的に栽培された多くの植物が含有するエネルギーが大幅に増加しています。2リットルの鉢に植えられた多年草は、0.5リットルの鉢に植えられた場合と比べて4倍の重さになり、配送トラックの約4倍のスペースを占めます。400キロメートル離れたナーセリーからの配達は、100キロメートル離れたナーセリーからの配達に比べて4倍の燃料を使用します。計算してみましょう！

　小さな植物を使うことは、成長が早い傾向にある多年草では簡単ですが、樹木ではそう簡単にはいきません。多くのデザインのプロフェッショナルは、クライアントから迅速な結果を求められるプレッシャーにさらされており（この傾向は、民間資金を使う場合よりも、公的資金を使う場合によりひどくなります）、それにあらがうのは難しいでしょう。説得するには、小さな樹木には新しい状況に対して非常に高い適応能力があり、数年以内に大きな樹木に追いつくことが多いという指摘をすることです。また、大型の（したがって高価な）植物はリスクが高いことも覚えておくとよいでしょう。風害や乾燥の影響を受けやすく、そのため、多額の初期投資が失われるリスクが、小さな植物よりも大きくなります。小さな植物はより持続可能であるだけでなく、より安全な投資でもあるのです！

在来種か外来種か 議論は続く

在来種と外来（導入）種の役割についての議論は長年続いており、ある国（米国など）では考え方が確立されてきた一方で、ほかの国（日本など）ではほとんど関心をもたれていないという残念な傾向があります。重要なのは、庭園やデザインされた景観における植物の役割であり、それは、昆虫、鳥、その他の野生生物の食物連鎖の網をサポートすることで生物多様性に貢献する、ということです。第一線で植栽デザインに携わる実務家たちがどのような立場をとっているのかは注目に値します。特定の環境、特に農村部や、地域固有の自生種の生物多様性の保全が優先されるような環境では、在来種のみを使用することが完全に適切である、というコンセンサスが得られているようです。その他の多くの状況では、植栽は以前、ほとんど外来種ばかり、あるいは完全に外来種だけを使っていたものですが、今では、在来種の割合がふえています。

　厳格な在来種主義者（ネイティヴィスト）たちは、地域の在来種を排他的に使うことを信条としていますが、彼らの活動は、ガーデンやランドスケープ・コミュニティの内部から生じたものではなく、むしろ外から、つまりエコロジーという言葉が使われる環境保全主義の世界から持

◀ ハイラインでは、地域の自生種たちがインパクトを与えている。中央の細いブルーグレーのグラスはスキザクリウム・スコパリウム'ザ・ブルース'で、片側に種子のある細いグラスはブーテルーア・クルティペンデュラ、黄色い花はルドベキア・サブトメントーサで、後ろにはバーノニア・ノベボラセンシスが見える。これらすべては現在、植栽の中でしっかりと定着している。

◀ 枯れた宿根草を秋に無条件に刈り取る時代はとうに過ぎ去った。現在では、多くのガーデナーや植物の管理に携わる人々が、シードヘッドが鳥の餌になり、さまざまな無脊椎動物の避難所になる可能性があるという考えに親しんでいる。都市が生息地となりうるという考えは、工業化社会では広く受け入れられている。また、ロッテルダムのヴェスターカーデにあるこのアンジェリカ・ギガスのような背の高い多年草を使った組み合わせに、ドラマチックな効果を加える霧深い天気の価値も指摘するに値する。

67

▶ 初秋のフンメロは、茂った多年草とグラスがこの季節独特の空気を生み出している。モリニア・カエルレア'トランスペアレント'、ピンク色のユーパトリウム・マクラタム'リーゼンシルム'、小さな赤い花のサンギソルバ'バリー・コート'、白のペルシカリア・アンプレクシカウリス'アルバ'、黄色はソリダゴ ×ルテウス'レモレ'。

◀◀ **70-71ページ**
地域の自生種は、初秋のハイラインに自然と野性味をもたらす。ルス・ティフィナはすでに色づき始めており、ユーパトリウム・ヒソッピフォリウムの花穂が道沿いに連なっている。アスター・オブロンギフォリウス'レイドンズ・フェイバリット'（自生種を園芸種化して品種名をつけるトレンドの一例）も見える。

▼ デザインされた景観の中の植物は、自然保護に役立つこともある。このプライベートガーデン（ウェールズのペンブロークシャーにあるディフリン・ファーナント）では、たくさんの細い葉の中で視覚的な重みを生み出す、ロイヤルファーン（オスムンダ・レガリス）のグラフィックな質感が使われている。この種は野生では希少だが、非常に長命であるため、景観植物として優れている。

ち込まれたものです。この場合の「エコロジー」とは、根拠に基づいた科学的なものと、感情的でイデオロギー的なものとの間を、危なっかしく進んでいます。しかし残念なことに、一部の地域では、在来植物の推進団体が、造園プロジェクトに在来植物の使用を義務づけるほどに政治的な支持を獲得することがあり、その結果、視覚効果が台なしになり、一般市民からも支持されなくなってしまうことがあります。

　シカゴのルーリーガーデンとニューヨークのハイラインでのピート・アウドルフの作品は、専門家の多くが認める統合（シンセサイズ）の例です。彼が選ぶ植物は、機能し、かつ特定の視覚的な基準を満たしているからです。これら2つのプロジェクトでは、使用される植物の半数以上がその地域の在来種です。両方の任務に共通する条件の一つは、植栽が地域の自然環境を何らかの形で反映している必要があるということでした。ハイラインの場合、地域の自然環境とは修復前に高架線路上にでき上がっていた植物群落（コミュニティ）です。したがって、在来種が大半を占めることが不可欠でした。しかし重要なことは、このときに選ばれた植物、すなわちこれらの地域の植物相に含まれる植物の多くが、デザインの観点からいかに優れているかを明らかにしたことです。庭園やランドスケープで用いられる可能性を秘めた多数の種は、これまでほとんど見過ごされてきました。ここでおそらく最も重要な点は、在来植物に対する現在の関心が起こる前に、ナーセリー産業が使いやすく、繁殖しやすい植物を世界中で生産・販売していたということです。造園産業で使用される植物の場合、気候によって異なる可能性がありますが、その効果は同じであり、建築も植栽も同じようなものになる可能性が高すぎます。地域に自生する植物を一部使用することで、プロジェクトにははっきりと異なるシグニチャーを加えることができるのです。

　在来種と外来種の議論は複雑であり、ここではさまざまな点を検討しますが、そのうちのいくつかは一部の地域にとりわけ強く関連するものです。

・問題は、場所によって大きく異なることがありえます。2つの諸島を取り上げてみましょう。イギリス諸島とニュージーランドです。イギリスの植物相は非常に限られており、最後の氷河期のあと、陸続きだった本土が海面上昇で浸水し分離する前になんとか渡った植物で構成されています。しかし食物連鎖の底辺に位置する、草食の無脊椎動物相の大部分は、幅広い植物を食すジェネラリストで、在来植物に完全に依存しているものは比較的少数です。また、地元のグラスの植物相は優占する傾向が強く、外来種の拡散を大きく抑制しています。一方、ニュージーランドにも、限られた動植物相がありますが、孤立して進化したものであり、その多くが侵略的になりがちな外来植物に対しては非常に脆弱です（在来の植物相には、生命力の強い先駆種（パイオニア）が欠けている可能性があります）。

・在来植物はデザインリソースとしてほとんど有効に活用されていません。前述したグローバル化された植物相のもとでは、庭園と景観植物の選択肢は限られています。自生地を歩いてみれば、観賞用やアメニティの可能性を秘めた植物を見つけることができますが、それらを栽培し、視覚的・商業的可能性を評価するには時間と労力がかかります。ガーデナー、ナーセリー、デザイナーがこのことに気づいて、「自宅のそば」でのプラントハンティングに取り組み始めています。限られた植物相と長い庭園の歴史をもつ英国でさえ、私たちはワイルドフラワーの装飾的な可能性の活用について学んでいる最中なのです。スタキス・オフィシナリスもその一例です。20年前には観賞用としてはほとんど知られていませんでした。

・在来植物はその地域の独自性を高めます。文化は、ときに「文明化された」植物を利用することで、自分たちの優位性を強調したがることがあります。それゆえ、1945年、ロベルト・ブール・マルクスがブラジル

第一章　植栽——全体像を俯瞰する

73

▼マサチューセッツ州ナンタケット島の庭には、米国原産のグラス、スポロボルス・ヘテロレピスの牧草地がある。この牧草地の中には、自生種推進の象徴的な存在となっているエキナセア・プルプレアもある。生物多様性のための植栽計画では、単に見た目がよく、かつ「自生種」のチェック欄に印がつく植物だけでなく、実際に野生生物を有効にサポートする種を組み合わせることが重要。

のレシフェの広場に地元の植物を植えたときには、庭園と景観史上まれに見る象徴的なスキャンダルになりました。今日、時代の流れは地元の、地域特有のものを評価する方向に変化しています。世界の中でその場所を際立たせ、そのアイデンティティを与えるものとして、地元に自生する植物がここで重要な役割を果たしているのは明らかです。

・外来種だから侵略的であるだろう、という考えには事実に基づく根拠がありません。植物を侵略的外来植物とするものは何かという問題は、生態学者が議論し続けていることです。現実には、ある国から別の国に持ち込まれたすべての植物のうち、野生化して拡散するのはほんのわずかです。独善的な在来種主義者ほど、外来種を一様にだめだと決めつける傾向にあります。そうはいっても、ナーセリー業界には新しい植物の蔓延する能力を見極める責任があるでしょう。

・一部の在来植物は地域の生物多様性網において重要な役割を果たしますが、これは外来植物に野生生物としての価値がないという意味ではありません。より大きな動物（主に鳥類）を支える食物網は、無脊椎動物、主に昆虫に基づいています。多くの場合、その幼虫は特定の植物を食べるスペシャリストで占められています。そのため移入された種を植えた庭ではそうした昆虫のうちほんのわずかしか養うことができず、食物網を大幅に貧しくしてしまいます。しかし、ほかの生き物はよりジェネラリストです。ミツバチなどの蜜を吸う昆虫やベリーを食べる鳥たちは、このような形で在来種にひもづいていません。一方で、植栽で新たな種を導入すると、在来の植物相がほとんど蜜を提供していない時期にミツバチに蜜源を提供することになり、食物網を豊かにする可能性があります。

・植栽デザインは、生物多様性を維持するうえで、品種の選択と同じくらい重要です。英国で行われた研究のBUGSプロジェクト（都市庭園の生物多様性）では、Biodiversity in Urban Gardens

生物多様性を改善するうえで最も重要な要素は使用される種ではなく、生息地の多様性であることが示されました。樹木、低木類、多年草、グラウンドカバー、そして異なる植物レイヤーの接続性が重要です。最後に種の多様性がきます。

・植栽デザインは、基本的に人間のためのものです。都市部で、個人の庭や公共スペースに植物を植えることは、人々に生息地を提供することなのです。公園内に手入れの行き届いていない「野生生物エリア」を設けた地方自治体がその代償を痛感するように、人々を喜ばせることができないものは、そっぽを向かれるでしょう。もしも、毒グモや毒ヘビがよく見られる地域だとしたら、そんな「野生生物エリア」には怖くて行けないですよね！ 自然のためのエリアは、人々にとって魅力的であるか、何らかの価値があると思われないといけません。そうすることで、政策的な後押しを受けられるのです。景観ユーザーとしての人間に興味を与えるために導入種を使うことも手段の一つです。ガーデニングをしない人が公共のスペースを利用するとき、見慣れた園芸植物がいくつか植えられているだけで、植栽を理解しやすくなることがあります。

・在来種と外来種のどちらにも広大なスペースがあります。庭園、公園、オフィス、ショッピングモール、空港、道路の周囲の土地は、この混雑した地球上での多くのスペースを占めています。そのうえに、現在刈り込まれている、実際には20ミリの芝生でなくてもよいスペースをすべて加算すると、膨大な土地になります。世界的に見れば、おそらくヨーロッパのそれなりの規模の国の国土に相当するでしょう。在来種と外来種の双方にとって十分なスペースです。

75

◀ ロンドンにある公共公園、ポッターズフィールズ。

第2章

植物を
グループ化する

植物がどのようにグループ化されるかは、その植物がどのように観賞されるかということに大きな影響をもたらします。まずは自然界で起こっていることを見ていき、次に植物たちが歴史的に庭園でどのようにグループ化されてきたかをたどるのがよいでしょう。最後に、ピート・アウドルフが2000年代半ばから作品に用いている、植物のグループ化システムについて考察します。

自然環境

私たちが自然環境を見るとき、それはある時点でのスナップショットにすぎず、10年後に戻ってきたら、まったくの別物になっているかもしれません。多くの自然環境は時間を超越しているように感じるかもしれませんが、すべて絶え間ない変化と流動の中にあります。生態学の言葉でいうと、「自然界には均衡状態はなく、種の絶え間ない盛衰だけがある」ということです。このことは特に、私たちが慣れ親しんできた、本当は自然というより半自然と呼ぶべき環境において当てはまります。例えば、毎年干し草を刈るために木や低木

が育たない牧草地（メドウ）や、その多くが歴史的にアメリカ先住民の野焼きによって維持されていた大平原（プレーリー）などです〔日本でも山野の野焼きとして実践されているところがある。奈良の若草山、熊本の阿蘇山、渡良瀬遊水地の葦焼きなどが有名〕。このような環境は本質的に不安定であり、人間の絶え間ない介入によってのみ維持することができます。

　まずは観察実験から始めてみましょう。牧草地（または実際には草地として管理されている草原）や大平原を見て、庭園の多年草植栽と比較してみましょう。どのような違いがあるでしょう？

庭園の多年草植栽	牧草地や大平原
1平米あたり10本以下	1平米あたり数百本の植物
1平米あたり1~5種類	1平米あたり最大50種類くらいまで
ときにグループで植えられている	個体も見られるが、密に混在している
ほぼすべての植物が、明確に美的観点から選ばれている	植物コミュニティは通常、優占的な種（通常はグラスかグラスに似たような植物）をもとに形成されている。これらの優占種はマトリックス（母材）植物として振る舞い、その他の数量の少ない植物とともにコミュニティを形成する
裸土か覆土マルチングが見えることがある	裸土はほぼ見えない

　ここで指摘しておかなければならないのは、牧草地や大平原は広範囲にわたって維持管理され、全域を一つとして扱わなければならず、個別に植物を管理するのは不可能だということです。一方、従来の庭園や景観の植栽では、植物が個別に扱われることは普通です。これらの違いを純粋にデザインの観点から考えた場合、どのような意味があるのでしょうか。

・牧草地や大平原は無秩序で、植物はしばしばランダムに分布しているように見える。
・牧草地はグラフィックな特質や構造を欠き、ぼんやりと広がっているように見えるが、大平原や乾燥した牧草地の中には、個体として強力で長期的な構造をもつ種の生育環境になっていることがある。
・植物を個別に管理することがほとんど不可能なため、牧草地の花が終わると、乱雑に見えることがある。
・庭園の多年草植栽は、単位面積あたりの量が限られているため、継続的な季節の見どころを保つことが難しい場合がある。
・庭園の多年草植栽は、反復の余地がほとんどなく、制限されたキャンバスのように見えることがある。

　明らかに、牧草地／大平原の見た目には長所と短所

があります。伝統的にガーデンデザインの世界では、牧草地の観賞価値を軽んじてきましたが、最近の思潮により、多くの人にその美的利点がより認識されるようになりました。このことが新たな世代のガーデナーやデザイナーに、牧草地や草原のような、広がりをもつ美しさについて見直させているのです。

　牧草地や大平原は、多くの生物の生育環境（ハビタット）のうちの一つで、単一種（もしくは、通常は一つのカテゴリーに分類される種。大抵はグラスかグラスのような植物）が優占している中に、ほかの多くの種が、ずっと少ない数で存在しています。全体として豊かな植物コミュニティを形成していますが、私たちの多くは背景として現れる優占的なグラスのマトリックス（母材）よりも、特定の少数の要素（花の咲いている多年草や、ときには低木など）に目が留まりがちです。このタイプの生育環境は、実際にはとても複雑で、多くの種が高密度に混ざり合いながら全体的に分布しています。

　ほかの自然環境を思い浮かべてみましょう。どのような植物のグループ化があるでしょうか。牧草地の景色と対極にあるのが、単一種がほぼ完全に支配的であるかのように見える環境です。よい例はヨシやアシ類

◀ ニューヨーク市、ハイラインの混植ミックスの要素の一つ、アスチルベ'ビジョンズ・イン・ピンク'。その他の植物によるマトリックスの中での繰り返しが、野生の生息地における植物の繰り返しを想起させる。

(北米のガマ)が育っている湿地の植生で、ちょうどトウモロコシや小麦の単一栽培のようです。中間として、植物が目立つパッチ(小区画)をより小型な品種と混ざり合って形成している場合があります。例えば、ヒースランドにおけるカルーナやビルベリーなどです。

庭園史における植物のグループ化

19世紀の間は、夏の一年草花壇は複雑な、ときに幾何学的あるいは規則的な模様で植栽されていました。19世紀と20世紀の変わり目に、このスタイルは多年草にも適用され始め、植物が帯状に入り交じって植栽され、それぞれの帯が一定の間隔で繰り返されるスタイルが開発されました。現在、多年草でこのスタイルが用いられることはほとんどありませんが、フランスとドイツでは、一年草が主体の夏花壇で一時的に復活しています。

20世紀の植栽の主流は、同じ種や園芸種を個体群（グループ）として植栽することでした。ここではこれをブロック植栽と呼ぶことにします。英国のデザイナー、ガートルード・ジーキルは、「ドリフト」と呼ばれる細長いブロック植栽を推奨しました。このやり方には、花壇に沿って歩くと植物の見え方が変わる効果がありました。ブラジル人のロベルト・ブール・マルクスは、美術教育を受けた画家として、強いコントラストで大きな植物のブロックを並べ、広大かつドラマチックなスケールで植栽を「描き」ました。米国でパートナーを組むジェームス・ヴァン・スウェーデンとヴォルフガング・エーメらも、彼の影響を受け、単一種による大きなブロック植栽を効果的に使いました。しかし20世紀のほとんどの間、冴えないブロック植栽が当たり前のように主流を占めていて、数えきれないほどのランドスケープ・プロジェクトで、多年草も低木も同じようなサイズのブロックで植栽されていました。個人庭（プライベートガーデン）であっても、スペースが許すのであれば、ブロック植栽が主流でした。

ナチュラリスティックな植栽への関心が高まるにつれて、植物のグループ化をより厳密に行うために2つの動きが見られます。一つはランダム化のアプローチで、ワイルドフラワーの牧草地にタネをまくことではぼランダムな効果が得られることに由来しています。もう一つは、ドイツの研究者リヒャルト・ハンセンと

第2章 植物をグループ化する

79

フリードリッヒ・シュタールの研究で、彼らは1960年以降、自然の植物コミュニティを定型化して表現することを目的とした、高度に体系化されたアプローチを開発しました。ハンセンとシュタールは、構造的な観点とグループ化のレベルに基づいて、5つのカテゴリーを設けました。テーマ植物、コンパニオン植物、孤立植物、グラウンドカバー、スキャッター・プランツです。

ピート・アウドルフの植栽スタイルにおける植物選びは、ハンセンやシュタールのスタイルと似ている部分があります。とりわけ、両者とも植栽の70パーセントを 構 造 植物（生育期間中、はっきりとした視覚的な構造を維持する植物）と30パーセントのフィラー植物（しっかりとした形のないものが多く、主に春の彩りとして植栽される植物）で構成することを推奨しています。ハンセンとシュタールのアプローチは非常に便利ですが、月並みになるおそれがあります。アウドルフのデザイン・スタイルは、常に進化していることが特徴であり、今、その核心となっているのは、品種の入り交じり方です。

単一種のブロック植栽に対する反動は20世紀の終わりごろに始まりました。生物多様性のための植栽を目指す動きは、野草ミックスの播種やより一般的なエコロジーへの興味を通じて現れました。英国、オランダ、ドイツでは、より洗練された自然主義的なアプローチでの多年草の組み合わせが確立されました。ルールを破るとしたら、最初に破られるのは、それぞれの品種の個体をブロックにまとめなければならないというルールです。

木本植物

従来の植栽は木本植物に大きく依存してきました。これは驚くべきことではありません。木本植物は景観に大きく影響し、そのほとんどが非常に長命であるからです。多年草と組み合わせると、必然的にその下の生育条件を変えてしまい、地上部は耐陰性の強い植物にしか適さない環境となります。英国のアマチュア園芸家に愛されているミックス・ボーダー花壇〔建物や敷地の境界に沿った細長い花壇。全方角から観賞できる一般的な花壇と違い、背面に壁やフェンスなどが立ち、前面・側面から観賞することが多いのが特徴〕は低木と多年草（実際には一年草、球根植物、つる性植物も含みます）の組み合わせの可能性を示す小規模な例ですが、これらの規模の小ささや、実際にはボーダーには背景があることが多いことからも、低木が、視覚的にも生態学的にも支配的になる傾向があります。灌木あるいは低木と、多年草

再 生 能 力

広がらない　→　限定的　→　徐々に多産に　→　吸枝や地下茎で急速に広がる

ピセア	クエルカス	サリックス	コリルス・アベラナ	アエスクルス・バルビフローラ	ルス
（トウヒ）	（カシ）	（ヤナギ）	（ヘーゼル）	（ブラシトチノキ）	（ウルシ）

▲ 木本植物の剪定からの再生能力にはグラデーションがある。一方の端では、根元まで剪定されると再生能力がないが、もう一方の端では、主幹を剪定しなくてもひこばえが出芽することが多い。

による、より大きな規模の、視覚的にも斬新な組み合わせにすれば、多年草のためのスペースをより多く確保できるかもしれません。

さまざまな規模において影響力をもつシンプルな革新の一つは、生け垣の整形です。生け垣を直線状に刈るのではなく、個々の植物にカーブをつけることで、それぞれの植物が個として際立つようになります。この方法は特に混植の生け垣に有効で、植物をそれぞれ別々にカットすることで与えられた独自性が、ほかの植物と比べたときのサイズや、特徴的な葉の色や質感によって、強められるのです。このようにカットされた生け垣は、その生け垣やその中にある庭園をより広い田園風景に（実際には樹木がより広い景色の一部となっているあらゆる風景に）溶け込ませるのに役立ちます。

再生伐採

樹木や低木の再生能力は千差万別で、管理やデザインに影響を及ぼします。例えば、木を伐採してもその木が終わりとは限りません。針葉樹はほぼすべて枯れてしまいますが、ほとんどの落葉樹はいくつもの腋芽を出して再び成長します。これはコピシングという伝統的な森林管理において利用されている技術です。多くの灌木は根元から絶えず再生します。古い幹が衰え劣化すると、勢いのある新芽が出て、まっすぐに成長し、最終的には前の世代に取って代わります。その結果、しっかりとした形のない、もつれた塊になることが多いのですが、根元まで切り戻すと、よりすっきりとして直立した形になります。

木本植物のなかには、多くの多年草と同様に地下茎を伸ばして広がるものがあります。その一例が北アメリカのアエスクルス・パルビフローラ〔ブラシトチノキ〕で、大きな塊になります。ルス（ウルシ）の仲間は吸枝〔地下茎から出てくる小株〕を多数出すことでガーデナーの間では悪名高い植物ですが、それは一見おとなしく見える、単幹の樹木として存在したあとに限ります。ウルシは毎年または隔年で剪定することで、樹形を比較的小さく保つことができ、不規則な吸枝を出して、若い木が多年草やグラウンドカバーと融合した林縁の植生のような印象をつくり出します。

◀ 大きな低木は、時折基部まで切り戻すこと（コピシング〔深いこぶ仕立て〕）で、適度なサイズを維持することができる。頻繁な切り戻しは吸枝を刺激し、面白みをもたらす。このテクニックは、スモークツリー（コティヌス・コッギグリア）（この写真で示されている）やルス・ティフィナなどのよく知られた植物に使うことができ、植物の高さを抑え、吸枝を発達させる。いずれにせよ、引き抜くのは簡単で、木々をさまざまなサイズの個体で構成された小さな群落に保つのは容易。この植物はハイラインで使用されている。北米の高速道路の路肩など、半自然の林縁の生息地で非常になじみ深い植物で、ニューヨークの2階建ての高さでも「自然」を非常に効果的に表現している。

植栽の階層

プライマリー・プランツ、プランツ、マトリックス・プランツ、スキャッター・プランツ

草原などの野生の植物コミュニティをさっと見渡したとき、実際には植物を見ているわけではないことにすぐに気づきます。私たちの目は、まず鮮やかな色の花に、次に強い構造に引き寄せられる傾向があります。長く見れば見るほど、ほのかな色彩、興味深い形、並置や組み合わせなど、多くものが見えてきます。重要な要素の繰り返しは大きなインパクトを与えます。控えめな事物でも、広範囲に繰り返されることで、私たちの意識に入り込んできやすくなります。野原に一輪の白いデージーがあることに誰が気づくでしょうか？ しかし、それが10万回繰り返されると、ほかのすべてのものを圧倒します。これは植栽における「即効性のある」種、つまり目立っていて、強いインパクトを与える種の重要性を認識する好例です。

初夏から真夏にかけて、この植物コミュニティを見続けているとしましょう。最も目につきやすい植物をあえて除外したとすると、何が見えるでしょうか。そこにはクリーム色や黄褐色の花などのおとなしい色合いの種があり、強い色や、グラスのようにはっきりとした構造をもっていない植物もあります。最後に、私たちが見ているものの大半は葉群、つまり平凡な緑色の背景である、という避けられない事実があります。

自然の植物コミュニティと庭の植栽を比較してみましょう。後者のほうが必然的に、凝縮されたインパクトをもつことになります。しかし、それはどの程度でしょうか。またこの視覚的なインパクトはどのように分布し、その背景とどのように関係しているのでしょうか。時代を超えて庭園（公園や広い景観を除く）のデザインを見てみると、彩度の強いものから弱いものへと

長期的に推移傾向があるように見えますが、同時に視覚への影響も、より細かく段階的に区切られたものに変化しています。ビクトリア朝時代の花壇デザインを現代に再現すると、頭痛を覚える人もいるかもしれません。そこにあるすべてがインパクトを与えるためにあり、急速に視覚疲労が進むのです。それに続く20世紀初頭の多年草のボーダー花壇も、強烈な色と印象的な配置で満ちあふれていました。時代が進むにつれて、一部のガーデナーはより繊細な植物の使用を提唱するようになりました。ドイツではカール・フォースター（1874-1940）がグラスやシダを使い始め、英国では画家のセドリック・モリス（1889-1982）が彼の庭に植えられた多様で「型破りな」植物で来訪者を驚かせました。モリスのサークルの一人に、若きベス・チャトー（1923-2018）がいました。彼女は1960年代に、クリーム色のアストランチア、緑色のユーフォルビア、広い葉をもつブルンネラなど、人目を引く色よりも、形やライン、自然な優雅さで選んだ植物の選択で、園芸界のお歴々を困惑させ、それ以外の人たちにはインスピレーションを与えました。

現代的な植栽のセンスはチャトーのようなパイオニアに負うところが大きいものの、同時にワイルドフラワーの牧草地、大平原、カジュアルな田舎のヘッジロウなど、美しく価値のある庭園の見どころとして自然あるいは半自然の植生の創造を推進した人々にも負うところがあります。ワイルドフラワー愛好家の影響を強く受けて、現在、ガーデナーやデザイナーが以前よりも受け入れるようになったのは、インパクトの強い植物がインパクトの弱い植物のマトリックスの中に配置されているという植栽です。例えば、優占的な植物であるグラスのマトリックスの小さな部分にすぎない草原のワイルドフラワーのように。

インパクトの観点から植物の階層を考えてみるのがよいでしょう。

プライマリー・プランツとはかなりのインパクトをもつ植物です。従来の植栽では、すべての植物がプライマリー・プランツと見なされえます。もっとも、それぞれがもつインパクトについては明確な階層ができるのですが。例えば、伝統的な英国スタイルのボーダー花壇では、強い色と強い構造をもつ高インパクトの植物が選ばれ、淡いライムグリーンのアルケミラ・モリスのような低インパクトの植物に対比させて配置されます。インパクトの強い植物を、インパクトの弱い植物からなる背景に置いて対照させる、という新しいスタイルの植栽に関連して、このような静的な要素〔植物〕を「マトリックス・プランツ」と呼びます。

マトリックス植栽とは、単独または限られた品種数の植物をひとまとめに植え、その中に、視覚的に目立つ種の個体あるいは小〜中規模のグループを埋め込む植栽のことです。

プライマリー・プランツとマトリックス・プランツの関係は、フルーツケーキに例えられます。ナッツとフルーツが生地の母材（マトリックス）にちりばめられているようです。プライマリー・プランツが、視覚的なインパクトの弱い植物のマトリックスの中に分散されると、より自然で、明らかなわざとらしさがない効果が生まれます。それはたとえ心理的なものにすぎなくても、インパクトの弱い植物の集団の中に、より強いインパクトのある植物の塊や個体がちりばめられることで、野生の植生を見ているような感覚を呼び起こすのです。

スキャッター・プランツとは、その呼び方どおりランダムにばらまくことが一番効果的な、追加の植物です〔scatter は「ばらまく」の意〕。その役割は主に自然と自然発生性を加えることであり、全体に散らすことで視覚的な一体感をもたらします。

以下に、これらのカテゴリーの植物が植栽デザインにおいてどのような役割を果たすのか、またどのような種類の植物が使われるのかを詳しく見ていきます。特に言及があるものを除き、ピート・アウドルフの事例です。

プライマリー・プランツ グループ

長年にわたり、個人のボーダー花壇より大きな規模の植栽デザインでは、植物をグループで植栽してきました。これらのグループは3株ほどの小さなものから、数百本の植物のブロックになるものもありますが、重要な点は、そのグループが1種類の植物だけでつくられることです。単一種

◀ 8月のノーフォーク州のペンズソープ自然保護区（1996年）では、それぞれの品種が数株で塊となって生育しているグループ植栽によってインパクトが生み出されている。赤い花の植物はヘレニウム'ルビンツヴェルク'。点在する淡いピンク色のペルシカリア・アンプレクシカウリス'ロゼア'も目立つ。

▶▶ 84-85ページ
オランダのアウドルフガーデンの一部がナーセリーだったときに撮影されたこの写真は、構造的な植栽に対する2つのアプローチを非常にわかりやすく表している。一つは、幾何学的に剪定された形で整然と配置されたもの——この場合ではピルス・サリシフォリア'ペンデュラ'（シルバーピア）——であり、もう一つはグラスであるカラマグロスティス'カール・フォースター'の散在である。このグラスは観賞期間が長く、さまざまな方法で植栽に落とし込むことができ、そのすべてが効果的になる。ここでは、それがランダムに散らされた要素スキャッター・プランツとして使われている。手前の小さな木はルス・ティフィナで、数年ごとにコピシングしてそのサイズを抑えている。

▶ スタキス・オフィシナリス'フンメロ'の紫の小さな塊が、淡い緑色のセスレリア・オータムナリスを背景にドラマチックな斑点模様をつくり出す。この写真はニューヨークのハイラインの7月で、セスレリアはマトリックス・プランツとして使われている。スタキスがどのように繰り返されているかに注目。

の多年草のグループを使うことには利点もあり、大規模な公共の植栽などでは有効ですが、小さな個人庭では当てはまりません。利点の一つは、スタッフの熟練度が低く、適切な監督が行き届かない場合に、メンテナンスを単純化できることです。もう一つは、ぼんやりとした植栽では失われがちな葉の質感をはっきりと表現できることです。

公共のスペースでは、ブロック植栽には教育的な理由もあります。多種多様な多年草を公園や公共の庭園に植栽すれば、多年草植栽の歴史が浅いところでは特に、庭に多年草を使ってみようという一般の人々の冒険心を刺激する役割を果たすことは間違いありません。人々にインスピレーションを与えるには、植物がどのように見えるかを示す必要があります。その際、単一種のグループにするのが最も簡単です。植物の色や形のインパクトが見てすぐわかるので、どの花がどの植物のものか、また地面とどうつながっているかなどを理解するのに苦労しないのです。植物の特徴、つまり習性、葉の形、花の色など言葉に表すのが難しいものは、単一種のブロックで育てられたときが一番わかりやすいのです。しかし、その植物が一番美しいときに茎が間延びしたように見えたりする場合は、隣の植物と絡み合わせたほうがうまくいくでしょう。開花後やストレス下の状態、病害虫の被害にあった姿など、魅

力的でない様子を見せることも、全体的にはデメリットになりますが、教育的かもしれません。グループ植栽は、その植物の特徴に厳しいスポットライトを当て、その欠点をあらわにする場合もあるのです。

グループを基本とした植栽を、さらに面白くする方法があります。

- 大小サイズの違ったグループを使う。
- 重要なグループは、リズム感を生み出すために繰り返し使う。
- ドリフトの考え方のように、形の違ったグループも使う。
- 大きなグループの中に、個々のもしくは小さなグループの植物を散在させていく。
- 2種以上の植物を組み合わせて一つのグループをつくる。その際、相性のよい植物をさまざまな比率で組み合わせてみたり、グループの一部を花期が早いものや遅いものに替えてみたりする。

最後の方法は、単一栽培の教義に対する挑戦ともいえる革新的な方法であり、一方で、ミックス植栽の考え方への、慎重ながらも最初の一歩となるものです。

最小級の個人庭以外のすべてで、繰り返しがリズム

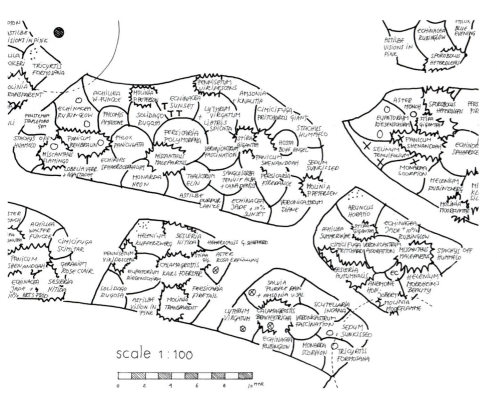

▼ スタッフォードシャーのトレンサムにある「フローラル・ラビリンス（花の迷宮）」(2004–2007年)。この植栽は、かつては有名な屋敷庭園で、現在はイングランド中部の観光地となっている場所の敷地内にあり、広い芝生の小道と2つの中央の芝生エリアも含め、約120メートルの長さと50メートルの幅がある。ここはアウドルフの植栽スタイルの発展を知るうえで興味深い場所で、ノーフォークのペンズソープ自然保護区（1996年）やスウェーデンのエンシェーピングのドリーム・パーク（2003年）など、それまでの大規模プロジェクトで使用した、ほぼ同じサイズのグループが基本になっているが、その後のプロジェクトで発展させ始めた、複雑さのレベルを追加する兆しを見ることができる。

ここに掲載した植栽図の一部では、圧倒的に優勢な多年草のグループが、例えばリスラム・ヴィルガタムとリアトリス・スピカタ（どちらも深いピンク色の細長い花穂）をミックスしたグループ〔図中央上部〕によってやや崩されている。この図面に示されている比較的小さな抜粋では見えないが、バプティシア'パープル・スモーク'（5月から10月まで、茂みのような枝葉が非常によい構造になる）やアストランチア・マヨール'ローマ'（ピンク色の花が長く咲く）などのリピート・プランツの小さなグループも散在している。

トレンサムの「花の迷宮」の季節の見どころ

	夏（初期）	夏（中期）	夏（後期）	秋（初期）	秋（後期）	冬
アストランチア'ローマ'						
バプティシア'パープル・スモーク'						
エキナセア'ルビングロウ'						
ユーパトリウム'リーゼンシルム'						
リスラム・ヴィルガタム						
モリニア'トランスペアレント'						
ペルシカリア'ファイヤーダンス'					あるいは初霜	
フロミス'アマゾン'						
セスレリア・ニティダ						
スティパ・ギガンテア						
ベロニカストラム'ファシネーション'						

開花期

葉の見どころ

構造的な見どころ：シードヘッド、茎、グラスの花

第2章　植物をグループ化する

◀ トレンサムでの、歴史的な景観（レバノンシダー、セドラス・リバニは18世紀から19世紀初頭の年代のもの）の中でのブロック植栽。この写真は9月で、現在では、グループ化された植物の境界が一部崩れてきて、その部分はより自然な見た目になってきている。オレンジ色の花はヘレニウム'ルピンツヴェルク'で、右側のグラスはモリニア'トランスペアレント'。右手前にある濃い色のドレッドヘアのような風変わりなシードヘッドは、ベロニカストラム・ヴィルジニカム'ファシネーション'。

と統一感をもたらします。多かれ少なかれ同じ大きさのグループを使う大規模な景観植栽においても、明確な繰り返しが必要です。繰り返しがなければ、グループ植栽は統一感に欠けます。あらゆる植物を1つずつ揃えた個人庭が「植物コレクション」——英国のオープンガーデンのガイドブックの礼儀正しい表現でいい換えれば「植物収集家の庭」——になってしまうのと同様のことが起こりうるのです。繰り返し植えられる植物のグループは、長期間にわたって非常に優れた構造をもつ品種で構成されている場合、もしくは、開花期が長く、かつ開花後の見栄えもそれなりに優れている品種で構成されている場合に最も効果的です。トレンサムの植栽を例にとると（87ページを参照）、品種の数は約120種類で、驚くほど多くあるように見えますが、これらの多くは非常に近縁であるため、実際に特徴的である植物の数は70種類ほどになります。

トレンサムの「花の迷宮」で最も頻繁に使用されている11種類の植物（87ページの表を参照）は、長期間楽しむことができる植物を繰り返すことの重要性と、花を咲かせることだけが唯一の（または主要な）楽しみ方ではない、ということを示しています。

<u>ブロック植栽における繰り返し</u>
トレンサムのような大規模な公園は、大きな花壇の中に多年草のブロックが不定形な形状で植栽され、その間を蛇行して散策できるようになっています。それは小さなグループの植物でできた小規模な個人庭で用いることも可能で、原理はまったく同じです。よどみのない流れるような感覚が必要です。歩くときに多様性（数多くの違う植物）が現れるだけではなく、同じ植物

89

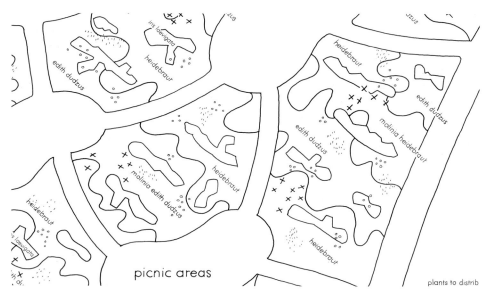

▶ トレンサムでは、グラスのモリニア・カエルレアの2品種が、実質的にはマトリックスを形成するために使われ、その中に多年草や低灌木が埋め込まれている。しかし、グラスが非常に優勢であるため、全体的な効果としては様式化された牧草地のような形になる。ここで重要なのは、使用されている2つのモリニアの栽培品種（'ハイデブラウト'と'エディス・ダッチェス'）が、モノカルチャーブロックで植えられてはいるが、複雑なドリフトの形になっている点。もしこの2つの品種が単に混ぜ合わされていた場合、それらはあまりにも似ているために簡単には区別がつかず、様式化の効果がぼやけてしまっただろう。別々のドリフトとして植えられることで、2つの品種の違いが明確に認識され、一方ではドリフトの効果で両者は混じり合い、よく合わされ、それらが自然の草地のさりげないパターンを想起させる。

の繰り返しによって親近感を得るのです。繰り返しは規則的でもよいこともありますが、不定形な植栽のときにはほとんど意味がないため、ランダムを目指したほうがよいでしょう。ランダムな反復は潜在意識にも作用します。わざとらしいほど頻繁でなくても、潜在意識に浸透するのに十分な頻度であれば、歩いているうちに自然に同じ植物が目に入るようになってきます。

　繰り返しの効果は、個体の植物でも、ブロック植栽においても、季節の移り変わりとともに大きく異なります。高さ0.5メートル以下の多年草が大半の時期である春や初夏には、すべてが一度に見渡せるため、反復効果は明瞭であり、庭に統一感をもたせ、すっきりと見せるためには不可欠です。その後の夏の盛り以降、多年草が成長して高くなるにつれて、繰り返しの明瞭さはだいぶ薄れてきます。植物の丈が非常に高く成長し、植栽の観賞が見渡すというより探索の旅のようになったときは、視野が周囲に生えているものに限定され、まったく異なった体験となります。繰り返しは、同じ植物や同じ組み合わせを見ることによって認識されます。いい換えれば、空間的な繰り返しではなく、時間的な繰り返しとして評価され、潜在意識的に知覚されるものといえるでしょう。

プライマリー・プランツ ドリフト

　ガートルード・ジーキルが好んだドリフトは、ブロック植栽に頼りすぎることによって起きる、植栽の単調さのリスクから逃れる簡単な方法です。ドリフトは長くて細く、曲がりくねらせたり蛇行させたりできるため、さまざまな植物を接近させます。多くの多年草には、広がったり、這ったり、伸びたりして絡み合う性質があるので、混ざり合っている印象を与えることもあります。しかし、より基本的には、ドリフトでは植物のグループの見え方が、正面からと側面からでは違うため、通り過ぎる観賞者は風景が展開する感覚を抱く、ということなのです。ジーキルのドリフトは、20世紀初頭の英国の庭園建築家が好んだ、幅の広い長方形のボーダー花壇に合わせてデザインされました。

　ドリフトを進化させたものが、大きなドリフトの中に最大5～6種類の植物をシンプルに組み合わせる方法です。これは2001年にサリー州のRHS〔Royal Horticultural Society。英国王立園芸協会〕ウィズリーガーデンにつくられたダブルボーダーで広範囲にわたって

▲ モリニア・カエルレアの品種によるドリフト。9月のトレンサム。

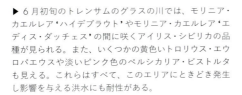

▶ 6月初旬のトレンサムのグラスの川では、モリニア・カエルレア'ハイデブラウト'やモリニア・カエルレア'エディス・ダッチェス'の間に咲くアイリス・シビリカの品種が見られる。また、いくつかの黄色いトロリウス・エウロパエウスや淡いピンク色のペルシカリア・ビストルタも見える。これらはすべて、このエリアにときどき発生し影響を与える洪水にも耐性がある。

◀ サリー州ウィズリーの王立園芸協会の庭園（2001年）の長方形のドリフト植栽は、訪問者が中央の芝生の通路を歩くと、その長辺から4〜6種類の植物の組み合わせが帯状に配置されているのが見えるようになっている。このプランの幾何学的な形状は、力強く、混ざり合って生い茂った植物によって隠れている。アガスターシェ'ブルー・フォーチュン'の深い青の花穂が、白いエリンジウム・ユッキフォリウムと混ざり合っている。後方には、別の帯の紫色のベロニカストラム・ヴィルジニカム'ファシネーション'が見える。右側の低木は、特徴的なシードヘッドのスモークツリー（コティヌス・コッギグリア）。

第2章 植物をグループ化する

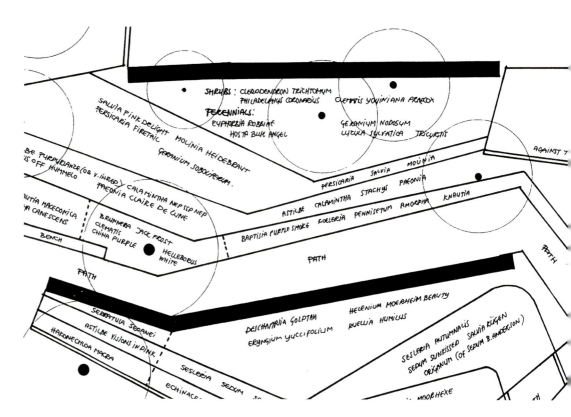

▶ ロンドンのポッターズ・フィールズパーク（2007年）の図面の詳細。折れ曲がったドリフトは、シンプルなミックス植栽の組み合わせをつくり出す効果的な方法の一つ。

▲ ロンドンのポッターズ・フィールド・パーク（2007年）では、グラスと多年草を組み合わせたドリフトが、秩序のある、しかしダイナミックな効果を生み出している。手前はエキナセア・プルプレアと不規則に広がる白い花のカラミンサ・ネペタのミックス。後方のグラスはデスカンプシア・セスピトサ 'ゴールドタウ'。

▲ 手前にはセスレリア・オータムナリスのドリフトがあり、後ろには赤いヘレニウム 'モーハイム・ビューティー' とデスカンプシアが見える。ほかの多年草も各ドリフトに含まれているが、ここでは見えない。この公園でのドリフトの使用は、力強い動的な感覚を生み出し、比較的シンプルで手入れが容易な植栽と、視覚的な複雑さの、相反する要素を両立させている。

使われ、それぞれのドリフトはまったく同じサイズで厳密に幾何学的な形状をしていました。実際の現場では、植物の葉が図案上の直線からはみ出したり、それぞれのドリフトの中で植物が混ざったりしているため、規則正しい印象を受けることはありません。

ドリフトは、従来のブロック植栽から脱却したいけれども、より複雑な混合植栽を試みるための経験が足りないと感じているガーデナーやデザイナーにとって、優れた折衷様式にもなります。混ざり合っているような錯覚を与えることができ、ミックス植栽よりも継続的な管理がしやすいという利点もあります。シーズン半ばに整理のための切り戻しや剪定が必要な植物がある場合、アクセスがしやすく、追加の植栽も容易なのです。既存の多年草植栽に追加するのが難しいことで知られる球根などでです。そしておそらく一番の利点は、複雑さを抑え、比較的予測しやすくすることで、植物の知識が乏しいメンテナンススタッフでも、除草や植栽管理が容易に行えることです。

リピート・プランツ

ごく一般的に、植物の繰り返しは単体でも小グループでも、一定の間隔で植栽すれば、ブロック植栽にリズムと多様性を加え、ブロックの肥大した感じを壊すことができます。根本的には、リピートの目的は一体感を生み出すことです。個人庭でも大きな公共の植栽でも、数種類の明確にそれとわかる観賞期間の長い植物を繰り返し使うことで、「ここは一つの場所で、一つのデザインと一つのビジョンがある」という感覚を生み、視線を引きつけ観賞者を誘導するのです。

小規模な場合は、ある特定のエリアにリピート・プランツを配置することで統一感をもたせることができ、この場合、庭のほかの部分との関連のなかで、そのエリアに明確な個性を印象づけることができます。こうしたリピート・プランツの使用例は、ルーヴェホフ

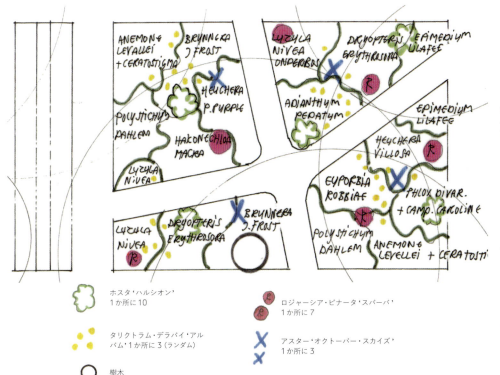

◀ オランダのファン・フェッホー庭園の日陰エリア（2011年）。大きな鉛筆描きの弧は樹木の樹冠の輪郭を表している。この、ずっと大きな図面からの抜粋は、耐陰性のある植物のグループ植栽にリピート・プランツが散らされている様子が示されている。下（左）の記号はリピート・プランツのためのもの。リピート・プランツについてはマークごとに植える本数が指定されていて、タリクトラム・デラバイ'アルバム'については「散らす」よう注釈を加えてある。使用されるリピート・プランツはいずれもかなりしっかりとした塊を形成するが、タリクトラムは例外。その高い茎とふわふわした花房はわりと地味なので、大きなインパクトを与えるために、小さなグループを繰り返す必要がある。ブロックの縁が波状になっていることに注目。これが植物グループ間の境界をぼかしている。

Ⓜ	マグノリア×ソウランギアナ'ソリテア'	㊹	ハマメリス×インターメディア'パリダ'
㊎	コルヌス・コウサ	㊺	ハマメリス×インターメディア'オレンジ・ピール'
㊸	エイサー・グリセウム	㊻	ビバーナム×リティドフィロイデス'アレガニー'
		㉠	ハイドランジア・クエルキフォリア'フレミジア'

 アイリス・シビリカ'ペリーズ・ブルー'
ⓔ ユーパトリウム・マクラタム'パープル・ブッシュ'
✛ アスター×フリカルティ'メンヒ'
• アネモネ×ハイブリダ'パミナ'
• ペウセダナム・バーティシラレ

以下で充填
モリニア'エディス・ダッチェス'

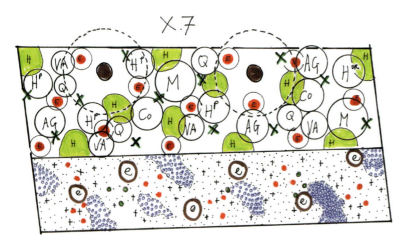

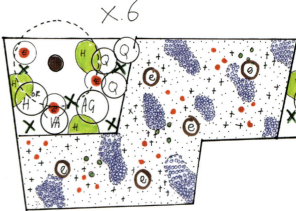

クライアント：DS＋Vゲメーンテ・ロッテルダム
プランティング・デザイン・ヴェスターカーデ
スケール：1：100
日付：2010年1月30日
デザイン：ピート・アウドルフ、フンメロ

Ⓗ ハコネクロア・マクラ
ⓔ エピメディウム×ペラルキカム'フローンライテン' X.5, X.6, X.7
　　E.グランディフロラム'リラフィー' X.4
✕ ポリスティクム・セティフェルム'ヘレンハウゼン'

以下で充填
ゲラニウム×オクソニアナム'クラリッジ・ドルース' 60%
ヒューケラ・ビローサ'ブラウニーズ' 30%
アスペルラ・オドラタ 10%

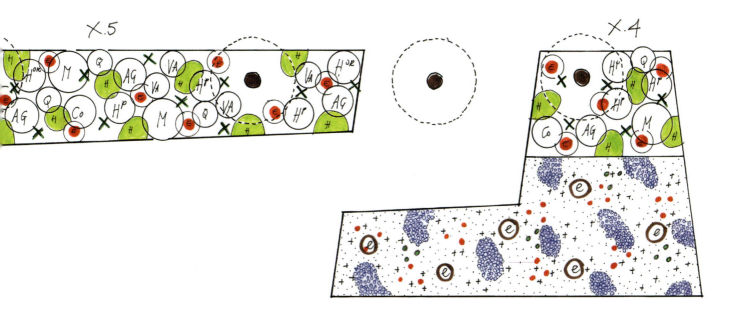

▲ ヴェスターカーデの公共植栽はロッテルダムのマース川にある埠頭だった場所で、ここではさまざまなサイズの花壇が数百メートルにわたって続いている。植栽には2つの組み合わせがある。一つは既存のニレの木の樹冠の周りで、ビバーナムやアジサイなどの低木や灌木類と、魅力的な葉の多年草を樹下に植えるもの。もう一つはより開けたエリアで、グラスのモリニアと限られた種類の多年草のマトリックスを使用するもの。その中で、背が高く自家播種するセリ科のペウセダナム・パーティシラレで、予測不可能な要素と冬の印象的な景観を加えようとした。しかし、ペウセダナムが十分に揃わなかったため、代わりとしてペウセダナムより背が低く濃い花色のアンジェリカ・ギガスも使用された。

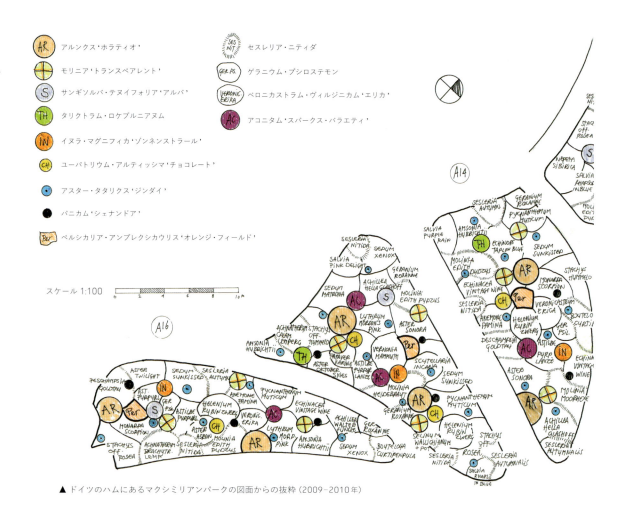

▲ ドイツのハムにあるマクシミリアンパークの図面からの抜粋（2009–2010年）

トの植栽プランに見ることができます（107～109ページ参照）。

　優れたリピート・プランツは、93ページにあるオランダのファン・フェッホー庭園のプランのように、明確な個性と長い観賞期間をもつべきです。あるいは、少なくともきれいに姿を消すか、目立たなく枯れるような特徴が必要です。

・ホスタ（タルディアナ系）'ハルシオン'――春から秋まで見栄えする。
・アスター・オブロンギフォリウス'オクトーバー・スカイズ'――整然とした株立ちで遅咲き。
・ポリスティクム・セティフェルム'ヘレンハウゼン'――春から秋まで見栄えがする。

・ポリゴナタム×ハイブリダム（アマドコロ）'ヴァイエンシュテファン'――春に花を咲かせ草姿が構造的で、早期に休眠に入るがきちんとしている。
・ホトトギス――開花が遅く、花が咲くまでは目立たない。
・サルビア・プラテンシス'ピンク・デライト'――色と構造を兼ね備えており、開花後もきちんとしているように見える。
・タリクトラム・デラバイ'アルバム'――開花の前と後は比較的目立たない。透け感が周囲のグループの堅苦しさから目をそらしてくれる。

　ドイツのマクシミリアンパークでは、ほぼ同じ大きさのグループの中に、リピート・プランツがちりばめ

ドイツ、マクシミリアンパークの季節の見どころ

	夏（初期）	夏（中期）	夏（後期）	秋（初期）	秋（後期）	冬
アコニタム'スパークス・バラエティ'		開花	開花			
アルンクス'ホラティオ'	開花	葉	構造	構造	構造	構造
アスター・タタリクス'ジンダイ'				葉	開花	構造
ユーパトリウム'チョコレート'	葉	開花	開花	開花	開花	構造
ゲラニウム・プシロステモン		開花				
イヌラ・マグニフィカ'ゾンネンストラール'		葉	葉	構造	構造	構造
モリニア'トランスペアレント'			葉	構造	構造	
パニカム'シェナンドア'			葉	構造	構造	構造
ペルシカリア・アンプレクシカウリス'オレンジ・フィールド'			開花	開花	開花	構造
サンギソルバ・テヌイフォリア'アルバ'	葉	葉	構造	構造	構造	
タリクトラム・ロケブルニアヌム	開花	開花	構造	構造	構造	構造
ベロニカストラム・ヴィルジニカム'アルバム'	開花	開花	構造	構造	構造	構造

凡例
- 開花期
- 葉の見どころ
- 構造的な見どころ：シードヘッド、茎、グラスの花

られています。リピート・プランツには、長いシーズン楽しめる色や構造、あるいは魅力的な葉をもつ遅咲きの植物を選んでいます。例外はゲラニウム・プシロステモンです。ほかのゲラニウムと同様に、構造が弱く、開花後あばれた感じになりますが、シーズン後半には背の高い植物の中に消えてしまいます。しかし、初夏に咲く色鮮やかな花は注目を集め、植栽にまとまりのある個性を付け加える貴重なものです。植栽図の中のリピート・プランツの数に注意を向けてみましょう。最も頻繁に使用される種のグループの数はほかの2倍あります。つまり、特定の植物が視覚的に支配的になるように使われているのです。使用されている数が多いグループには、構造的であると同時に比較的控えめな2種類のグラス（モリニア'トランスペアレント'とパニカム'シェナンドア'）と、アスターとしては珍しく直立して整った構造をもち、晩生で色鮮やかなアスター・タタリクス'ジンダイ'が含まれます。出現頻度が最も低いリピート・プランツには、物理的に大きくかさばるもの（ペルシカリア・アンプレクシカウリス'オレンジ・フィールド'やイヌラ・マグニフィカ'ゾンネンストラール'など）が多数あり、インパクトを与えるのにそれほど多くの数を必要としません。

使用されるリピート・プランツの数は次のとおりです（上の表を参照）。

・サークルにつき3本のユーパトリウム'チョコレート'、ゲラニウム・プシロステモン、イヌラ・マグニフィカ'ゾンネンストラール'、モリニア'トランスペアレン

▼ 8月、黄色のルドベキア・サブトメントーサが、主にスポロボルス・ヘテロレピスとパニカム'シェナンドア'のグラスのマトリックスの中に配置され、長く伸びたハイラインの中で繰り返されている。この効果は、多くの米国の高速道路沿いや大平原の残存地で見られる、グラスが優勢で多年草の花が点在する半自然の生息地に驚くほど似ている。

ト'、パニカム'シェナンドア'、サンギソルバ・テヌイフォリア'アルバ'。
・サークルにつき3〜5本のアルンクス'ホラティオ'、ペルシカリア'オレンジ・フィールド'、ベロニカストラム・ヴィルジニカム'アルバム'。
・サークルにつき7〜9本のアコニタム'スパークス・バラエティ'、アスター'ジンダイ'、タリクトラム・ロケブルニアヌム。

マトリックス植栽

マトリックス植栽という概念は、以前から存在していますが、植栽デザインにおける多くの用語と同様に、さまざまな人によってさまざまな意味で使われてきたという残念な歴史があります。その要因の一つは「マトリックス」という言葉の解釈の違いです。「マトリックス」という言葉は、『アメリカン・ヘリテージ英語辞典』によると、「ほかの何かが発生する、発展する、または含まれるときの周囲の物質」と定義されており、これを念頭に置いて、私たちはこの用語を使用します。「マトリックス」を説明するためのフルーツケーキの例えは前述したとおりです。

「マトリックス」とは少数の種が生体量〔バイオマス〕の大部分を形成し、はるかに少数ではあるけれど視覚的に重要な要素である多様な種がちりばめられている状態です。多くの自然生息地の状況を想起させるものです。それゆえ、優れたマトリックス・プランツは視覚的におとなしく、色合いも柔らかく、印象的な形ではありません。それらは空間を物理的に埋めるのに効果的でなくてはならず、機能の一部はグラウンドカバーとなること（少なくとも地表を隠すこと）なのです。したがって、うまく調和している必要があります。常に見栄えがよくなっているか、少なくとも受け入れられる程度には整然としていることが大切です。そうすれば、たとえ

メインの観賞期を終えたあとでも、構造をしっかりと維持し、倒れたり、ぼろぼろになって残念に見えたりしないようにできます。

グラス類は、マトリックス植栽に使うのに最良と思える植物であり、特にふさふさとした形状のグラス（つまり株立ち型の種）、もしくは密度が高く成長の遅い茂みを形成する種が適しています。生理学的な効率に関するさまざまな理由から、グラス類はほとんどの温帯地域の開けた生育環境で優占的です。ジェームズ・ヒッチモウやカシアン・シュミットのような研究者や実践者は、株立ちのグラスの使用は、ローメンテナンスの植栽をつくるよい方法であろうと示唆しています。このようなグラスの多くは非常に長生きで安定しており、「閉じた栄養サイクル」をもっています。つまり、古い葉が落葉して、株の周りで腐るときに、その古い葉から栄養素を再利用するのです。グラス類がつくり出す環境は競争的なものであり、それによって雑草の成長を抑えるという望ましい効果もあるでしょう。しかし、ランナー〔親株からつるを横に伸ばして子株をつくる植物の、つるのこと〕を形成しないため、芝生もしくはミスカンサスやカラマグロスティス'カール・フォースター'のようなゆっくり広がる植物と同様で、完璧な樹冠を形成しない（したがって、周囲の植物の邪魔をしない）ので、花を咲かせる多年草と激しく競合してそれらを排除する危険はありません。長生きする多年草、または同様の生育形態をもつほかの種は、長期的に安定した植物の仲間と見てよいでしょう。初期のアウドルフのマトリックスタイプの植栽では、優勢なグラスとしてデスカンプシア・セスピトサが使われました。肥沃な土壌で栽培する場合、比較的短命ですが、自家播種能力が高いため、長期的にはデスカンプシアが消えるか多すぎるかのどちらかになる可能性が高くなります。よい点は、ほかの多くの植物と共存し、完全に競合して勝つわけではないことです。長命な種であるモリニア・カエルレアの品種も、植栽の安定性の向上が期待できますが、モリニアの多くの品種は密集した

▼ ハンプシャーのバリー・コートでのシンプルなマトリックス植栽。モリニア・カエルレアが草原のような大きな群落を形成し、その中で、ジギタリス・フェルギネア（短命ながら自家播種するフォックスグローブ）とアリウム・スファエロセファロン〔アリウム'丹頂'〕が7月に花を咲かせている。

群落をつくるため、間に多くの裸地ができます。カラミンサのような丈が低く横に広がる多年草などと組み合わせるのがよいでしょう。スポロボロス・ヘテロレピスは、デスカンプシアのようなふわっとした魅力をもち、自然界に存在する重要なマトリックス・プランツであるため、大きな可能性を秘めています。本来の乾燥したプレーリーでは数十年生きることが知られています。ヨーロッパの涼しい気候では定着に時間がかかります。

カレックスやその他の植物は、生態学的にも（それがもともと優勢であるという点で）、あるいは視覚的にも（細くて長い葉をもつという点で）、グラスの代わりとなり、マトリックス・プランツとして機能する可能性が大いにあります。これらの植物は長命で、大抵の場合常緑で、ストレスに強く、回復力があり、葉の表面にはほとんどかすり傷がついていないような気がします。常緑で同じように使えるほかの属の植物としては、涼しく湿潤な気候ではルズラ、暖かく湿度が高い夏の気候ではヤブランとリュウノヒゲなどがあります。後者は米国南東部、中国東部と日本の多くでよく使われています。よく広がるものから密集するものまで、さまざまな振る舞いがあり、その地域のガーデナーやランドスケープデザイナーにとって大きな可能性があります。これらすべての植物は、一般に「グラスのような植物」として知られています。グラスのように見えるかもしれませんが、実際はそうではないことを理解することが大切です。グラスは異なる生理機能をもち、

▼ アガスターシェ'ブルー・フォーチュン'、エキナセア・プルプレアの園芸種、後方のベロニカストラム・ヴィルジニカムのマトリックスとなっている、セスレリア・オータムナリス。セスレリアは雑草を排除するマットを形成する利点がありながら、侵略的な広がり方はしない。また、このセスレリアの品種は花の色を非常によく引き立てる前景となっている。アイルランドのウェストコークにある庭園、7月。

▼ 9月下旬のニューヨークのハイライン。カラマグロスティス・ブラキトリカがマトリックスを形成し、その中でアキレア・フィリペンデュリナ'パーカーズ・バラエティ'のシードヘッドとコレオプシス・バーティシラータの黄色い花が彩りと輪郭を添えている。

光と栄養素をより欲しがる傾向があります。

マトリックス・プランツのほかの候補としては、ヒューケラ、テリマ、イカリソウの品種や森林種のユキノシタなど、主に葉を観賞目的として栽培される群落を形成する種があります。このような植物、あるいは同様の半常緑の葉をもち、かつ広がる習性をもつ植物は、しばしば林床の植物相の主要な構成要素を形成します。アイリス・シビリカは、マトリックス植栽の中の少ない構成要素として使うことが可能です。アイリスの開花期は非常に短いため、その帯状の葉はほとんどグラスのように機能し、常にきれいに見え、非常に長命でシードヘッドも美しいのです。しかし、腐りにくい葉が地表を覆い尽くすことで競争相手をやっつける習性があるため、同じくらい丈夫な植物と組み合わせるか、管理計画の中で葉の除去を指示する必要があります。

最後に、遅咲きの多年草の一部でマトリックスの構成要素になりえるものを挙げておきます。リモニウム・プラティフィルム、セダム・スペクタビレまたはセダム・テレフィウムから派生した品種、およびエリンジウム・ブルガティのいくつかの品種などは非常に長命で、ストレス（特に干ばつ）耐性があり、決して乱雑に見えません〔高温多湿の日本では、いずれもマトリックス・プランツとしての利用は難しいと思われる〕。シカゴのルーリーガーデンでは、リモニウム・プラティフィルムの何千もの小さな花でできた花序が、霞のように広がり、ほかの花が混ざり合ってぼかしたり、溶け込んだりする柔らかなもやを形成して、マトリックスのビジュアル面での可能性を示しています。

マトリックス植栽で使用される植物が限られていることに関して留意するべき点は、それらが比較的安定していて、長期間にわたって同じ空間を占有し続けられるということです。これは多くの株立ち型のグラスに当てはまりますが、セダムの品種やリモニウム・プラティフィルムのような花の咲く多年草にも当てはまります。アイリス・シビリカやテリマのような背の低い小さめの群落を形成する植物は広がるのはゆっくりですが、適切な条件下では長期間にわたって空間を占有し、保持する能力が証明されています。

株立ち性のグラスやスゲ属の利用は、自然界でよく見られるものの明らかな応用ではありますが、茂みを

第2章　植物をグループ化する

つくるグラス以外の植物の利用についても、光やその他の条件が許せば、林床の生育環境でこれらの植物が優占しているという点で、自然がモデルになっています。一方、群落を形成する多年草のなかには、同じ属内の品種であっても、中長期的なパフォーマンスにかなりのばらつきがあります。このことを強調するのは、地表を覆うという仕事をきちんとこなす植物を選ぶことが重要だからです。例えば、ヒューケラの場合、いくつかの品種はうまくいきますが、ほかの品種はそこまででもなく、わずか数年で完全に枯れてしまい、隙間ができてしまうことがあります。

マトリックス植栽のさらなる可能性としては、草丈が低く広がり、効果的なグラウンドカバーとして空間をよく埋めてくれる植物があります。一般的にこれらは、グラスが育ちにくい日陰、または部分的に日陰の生育環境が適しています。例としては、フロックス・ストロニフェラやアジアンタム・ペダタムのように低く広がるように成長するシダなどが挙げられます。開けた生育環境に適したいくつかの種、例えばユーフォルビア・キパリッシアスは、自然界ではグラスやほかの植物との隙間を急速に埋めて密集した群落を形成しますが、栽培においては、より大きな植物に圧迫されてすぐに追い出されてしまいます。しかし、スロバキアでの最近の研究では、ユーフォルビアの一部やほかのある植物にはアレロパシー（周囲のほかの種の成長を抑制する有毒化合物を放出する効果）があるかもしれないと指摘されています。

多くのガーデナーやデザイナーたちはマトリックスの概念をシンプルにすることで満足するでしょう。つまり、広い範囲にランダムに配置される数種類の植物の組み合わせは一つとし、そこに少量のほかの植物が

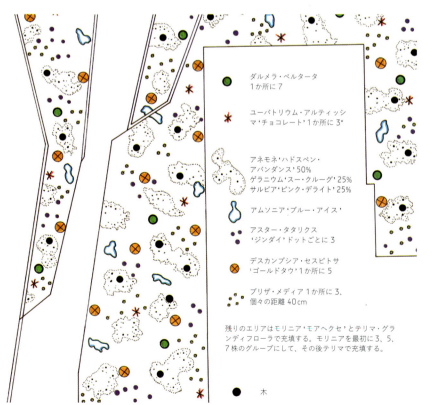

◀ ロッテルダム市議会のプロジェクトであるイヒトゥショフの植栽図の抜粋（2011年）。オフィスビルが北向きになっている場所。リバーバーチ（ベツラ・ニグラ'ヘリテージ'）の若木の株立ちが黒い点で示されている。若い木であるため、周囲の多年草の植栽に対して木の根の影響はほとんどなく、比較的明るい日陰をつくる。一方で、時間の経過とともに一部の多年草種が失われることが予想される。木の根元周りが、日陰や木の根があっても問題ない植物を組み合わせたグループになっていることに注目。この植栽は、非常に実用的ではあるがあまり自然ではない。モリニア'モアヘクセ'とテリマ・グランディフローラ'プルプレア'のマトリックスの中に、プライマリー・プランツの小さなグループが繰り返されている。使用される種は反対側（103ページ）の表に示されている。

追加されます。個人邸や狭いスペースにおいては、均一なマトリックス、という考えを維持するのは重要でしょう。なぜなら、マトリックスのコンセプトの一部になっているのは、そのシンプルさなのですから。しかし自然はそんなことはありません! 北米の大平原や中央ヨーロッパの牧草地など、植物相が豊かな草原の生息地を歩くと、観察者はこれらの場所がいかに複雑であるかに気づかされます。最初は均一なグラスや多年草の群落に見えているものが、複雑なパターンと絶え間ない変化へと、徐々に姿を変えていくのです。マイナーな要素、特に装飾的で目立つ多年草の分布はとてもさまざまで、それは見てすぐにわかることです。しかし、自然におけるマトリックスの大多数の(メジャーな)構成要素(通常はグラス)も、ときに変化しています。自然の生息地を散策してみれば、単一の種が集中しているエリアが、別の種がより優勢である別の

エリアへと移り変わっていくことがわかります。

より広大な景観の植栽の場合、同一のマトリックスを広範囲に広げないことによって、より興味深い、よりナチュラリスティックな効果が得られるでしょう。自然の中である種の植物から別の植物へと移り変わっていく様子は、トランジション・エフェクト〔移行効果〕を使って模倣できます。あるいは、大きなブロックをさまざまなマトリックス植栽にして植えることもできます。ここで認識されることになるのは、あるパターンが別のパターンと重なることです。基礎となるマトリックスは変化していきますが、そこに点在する多年草は、小さな群落であれ個体であれ、基礎となるマトリックスのグループをつなげる別のパターンをもつことになります。

イヒトゥショフ植栽の季節の見どころ

	春	夏(初期)	夏(中期)	夏(後期)	秋(初期)	秋(後期)	冬
プライマリー（リピート）・プランツ							
ダルメラ・ペルタータ							
ユーパトリウム‘チョコレート’							
アネモネ‘ハドスペン・アバンダンス’							
ゲラニウム‘スー・クルーグ’							
サルビア‘ピンク・デライト’							
アムソニア‘ブルー・アイス’							
アスター・タタリクス‘ジンダイ’							
デスカンプシア‘ゴールドタウ’							
ブリザ・メディア							
マトリックス・プランツ							
モリニア‘モアヘクセ’							
テリマ・グランディフローラ‘プルプレア’							

開花期

葉の見どころ

構造的な見どころ：
シードヘッド、茎、
グラスの花

第2章　植物をグループ化する

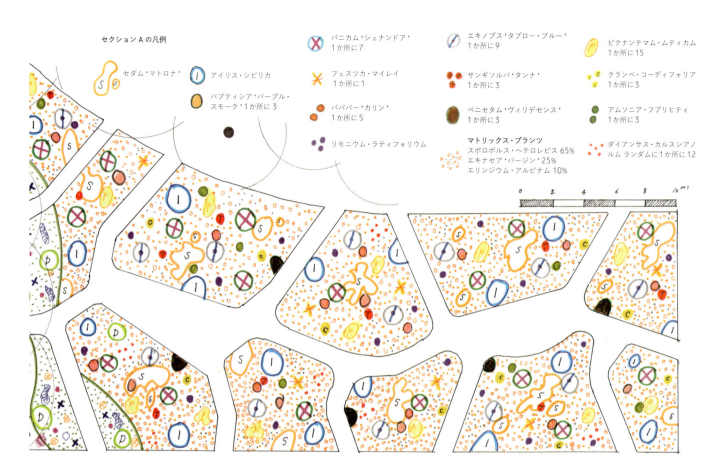

▲ オランダのファン・フェッホー庭園の図面からの抜粋（2011年）。日当たりのよい場所に適したプライマリー・プランツが繰り返されるマトリックス。このマトリックスは、スポロボルス・ヘテロレピス（65％）、エキナセア・プルプレア'バージン'（25％）、およびエリンジウム・アルピナム（10％）で構成されている。

マトリックスとリピート・プランツ

マトリックス植栽のデザインは、基本的に2段階の植栽といえます。1段階目は、視覚的に支配的でない植物が埋める広いエリアで、2段階目は、視覚的に優勢な要素（ここまでプライマリー・プランツと呼んでいたもの）です。視覚的に優勢な要素は、繰り返すことで最も効果的になります。マトリックスはすき間埋めであり、背景であり、それ自体に視覚的な利点があるとすれば、プライマリー・プランツをより引き立てるようにして、その特別な価値を強調するものです。また、プライマリー・プランツとマトリックス・プランツを明確に区別することで、牧草地やそれらを模倣した植栽で見られるような、すべての要素が純粋にランダムに分布しているものよりも、視覚的な面白さの多様性が広がると、私はいいたいのです。フルーツケーキの例えを続けるなら、フルーツケーキを食べる楽しみというのは、フルーツと周囲のケーキの食感や味の違いがわかるということになります。

マトリックス植栽の最も純粋で自然な形態は、単にグラスの牧草地をつくって、その全体に限られた数の多年草を繰り返し植える、というものです。株立ち性のグラスを使用することにより、植栽は少なくとも長期間の生存（グラスの存在によるところが大きい）と装飾効果（花の咲く多年草）の間で妥協点を得ることでしょう。

103ページの表は、イヒトゥショフの植栽エリアにおけるマトリックス・プランツとプライマリー・プランツの年間を通じての見どころの分布を示しています。

ファン・フェッホー庭園の季節の見どころ

	春	夏(初期)	夏(中期)	夏(後期)	秋(初期)	秋(後期)	冬
プライマリー（リピート）・プランツ							
アムソニア・フブリヒティ							
バプティシア'パープル・スモーク'							
クランベ・コーディフォリア							
ダイアンサス・カルスシアノルム							
エキノプス'タブロー・ブルー'							
フェスツカ・マイレイ							
アイリス・シビリカ							
リモニウム・ラティフォリウム							
パパバー'カリン'							
パニカム'シェナンドア'							
ペニセタム'ヴィリデセンス'							
ピクナンテマム・ムティカム							
セダム'マトロナ'							
マトリックス・プランツ							
スポロボルス・ヘテロレピス							
エキナセア・プルプレア'バージン'							
エリンジウム・アルピナム							

開花期

葉の見どころ

構造的な見どころ：
シードヘッド、茎、
グラスの花

ダルメラとアムソニアは、多年草の中では比較的珍しく、美しく紅葉することは注目すべき点です。イヒトゥショフの植栽では、マトリックスはグラスのモリニア'モアヘクセ'と多年草のテリマ・グランディフローラ'プルプレア'で構成されていて、平方メートルあたりの本数は次のとおりです。

- モリニア：5〜7本
- テリマ：5〜9本

テリマは草丈が低く、株立ちになる半常緑の多年草で、直立するモリニアの葉の間に植え込んで、裸地を最小限にするのを助けます。ほとんどの場合、プライマリー・プランツは、小グループの形で敷地内を一定の間隔で、繰り返し植えつけられます。また、この植栽では植物を配置する順序の重要性も示しています。

（イヒトゥショフでの植物配置の順番）
シラカバの周りの植物
1. ゲラニウムとサルビア、1平方メートルあたり7〜9本
2. アネモネ'ハドスペン・アバンダンス'で周りの隙間を埋める
- 次の順序で配置する
1. アムソニア'ブルー・アイス'
2. ユーパトリウム'チョコレート'
3. ダルメラ・ペルタータ
4. デスカンプシア'ゴールドタウ'
5. アスター・タタリクス'ジンダイ'
6. ブリザ・メディア
- モリニアを1つにつき3、5、7本ずつのグループ

第2章 植物をグループ化する

105

マトリックス植物になり得るもの

多年草
アカエナの原種と園芸種
アサルム・エウロパエウム
アスペルラ・オドラタ（ガリウム・オドラタム）
カラミンサ・ネペタ
カンパニュラ・グロメラータ
コレオプシス・バーティシラータ
エピメディウムの原種と園芸種
ユーフォルビア・アミグダロイデス
ユーフォルビア・キパリッシアス
ゲラニウム・ノドサム
ゲラニウム・サンギネウムと園芸種
ゲラニウム・ソボリフェルム
ゲラニウム・ワリキアヌム
ヒューケラの原種と園芸種
アイリス・シビリカ
ラミウム・マクラタム

ヤブランの原種とそれに近い属の植物
　オフィオポゴン、レイネッキアなど
リモニウム・プラティフィルム
オレガノの原種と園芸種
フロックス・ストロニフェラとその他の這い
性フロックス
サルビア×スーパーバ、サルビア・ネモローサ
　サルビア×シルベストリス
サポナリア・レンペルギー'マックス・フレイ'
サキシフラガの茂みになる森林の植物
セダム'バートラム・アンダーソン'や、
　その他の背の低い品種
スタキス・ビザンチナ
テリマ・グランディフローラ

グラスとグラス風の植物
カレックス・ブロモイデス
カレックス・ペンシルバニカとその他多くの
　可能性のあるカレックス
デスカンプシア・セスピトサ
ハコネクロア・マクラ
ルズラ各種
モリニア・カエルレアの背の低い品種
ナセラ・テヌイッシマ（スティパ・テヌイッシマ）
スキザクリウム・スコパリウム
セスレリア各種
スポロボルス・ヘテロレピス

シダ類
アジアンタム・ペダタム

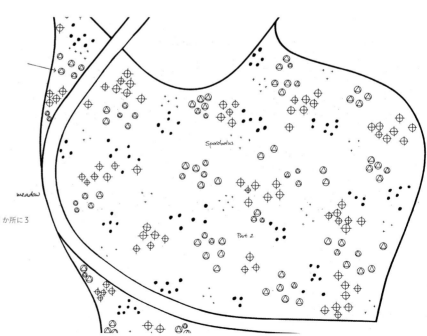

▶ マサチューセッツ州ナンタケットにある庭園でのスポロボルス・ヘテロレピスのメドウの植栽図（2007年以降）。ゆるくグループ化されているリピート・プランツとして、春の終わりから初夏にかけてのアリウム・クリストフィーと、夏の中ごろに見られる他の植物がある。砂質で乾燥した大平原の土壌に適した植物として、ダレア・プルプレアとアスクレピアス・チュベローサはスポロボルスの自然な組み合わせ相手となる。

スポロボルス・ヘテロレピス
　• エキナセア・プルプレア'ヴィンテージ・ワイン'1か所に3
　⊕ ダレア・プルプレア 1か所に3
　△ アリウム・クリストフィー 1か所に1
　+ アスクレピアス・チュベローサ 1か所に1

◀ オランダ、ロッテルダムのルーヴェホーフトは、最近の公共植栽の例（2009年）で、多年草のグループ植栽、マトリックス植栽、そして反復が使われている。デスカンプシア・セスピトサ'ゴールドシュライアー'の帯による中央の統一感が印象的。
グループの中での多年草のより複雑な組み合わせが、植栽の魅力を長続きさせている。この例では、デスカンプシアのマトリックスには、高い割合のセダム・テレフィウム'サンキスド'が含まれ、時折低い割合のリモニウム・プラティフィルムが植えられている。
リピート・プランツには、シーズン後半の色彩と濃い色のシードヘッドを加えるためのもの（例：ヘレニウム'モーハイム・ビューティー'）と、モリニア・カエルレア（シーズン後半のグラスで、直立する草姿がデスカンプシアのマウンドとコントラストとなる）が使われている。重要なのは、ヘレニウムとモリニアの2つのリピート・プランツは、植栽全体にも使用されていて、それが機能している期間中は全体をまとめているということ。
また、ここではほかに2つのリピート・プランツが使用されているが、それらは外側のグループ植栽エリアのみにある。フェスツカ・マイレイ（中型で非常に丈夫なグラスで、花穂とシードヘッドの期間が長い）と、アガスターシェ・フォエニカラム（夏の中ごろに咲く直立した宿根草で、シードヘッドがよい）。

にし、残りの空間に配置する。
・最後にテリマで、隙間を埋める。

　105ページの表は、ファン・フェッホー庭園で植栽されているプライマリー・プランツとマトリックス・プランツのリストです。

マトリックスとブロック植栽を組み合わせる

マトリックス植栽を、従来のブロック植栽に組み合わせることで、多年草植栽に対するこの2つの異なるアプローチを効果的に対比させることができます。マトリックス・ミックスを機能させるために必要な品種の数を制限するには、規律がなければなりません。しかしその規律は、観賞者を魅了するために多種多様な植物が求められる多くの場所にとっては、おそらく厳しすぎるのです。またマトリックス植栽はある意味の大量植栽であり、うまくいくかどうかは、その選んだ場所に植えられたマトリックス・プランツが生い茂り、繁茂しているかどうかに大きく依存していることも事実です。大規模な景観では、失敗の危険を冒すことはできないため、安定した生育が実証済みの品種に頼らなければならない傾向にあります。このことはイノベーションや新奇性の創出の制限を意味します。大量植栽に向いたマトリックス植栽のマスの効果と、ブロック植栽を併用することで、ガーデナーやデザイナーにあまり理解されていない植物を小グループ内で用いるといった折衷案が可能になります。ブロック植栽は、栽培上の特別なケアを必要とする植物にも対応することができます。マトリックス植栽の中に入っていって、特定のマトリックス・プランツをすべて切り戻すことはあまり現実的とはいえません。しかし、単一の品種のグループであれば簡単に処理でき、花後が「残念な感じ」になる品種や、季節半ばに剪定をしたほうがよい品種の世話をするのに役立ちます。

　ブロック植栽をグラス（またはグラスのような植物）のマトリックスと対比させるということは、本質的には、古典的な植栽形式と、多くの見物人が牧草地と見なすような植物のミックスを組み合わせるということです。古くて伝統的なものと新しくて自然主義的なものが一つにまとめられ、そのコントラストは印象的で有益な情報に富んだものとなるでしょう。このデザインは、質感の異なる植物を対比させるというシンプルな芸術的発想をきっかけとすることもあります。観賞

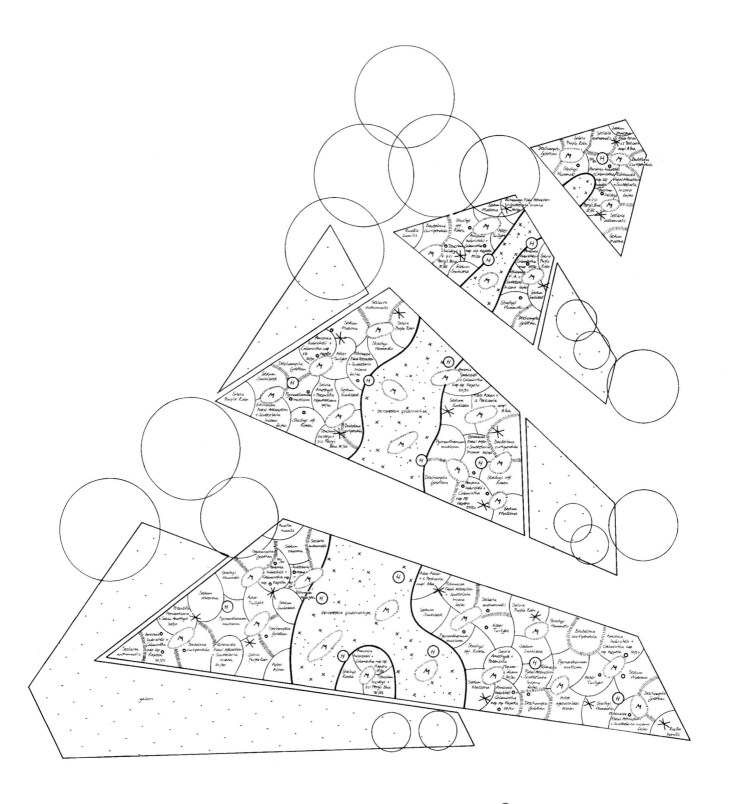

- ㋪ ヘレニウム'モーハイム・ビューティー' 1 か所に 7
- ㋰ モリニア'モアヘクセ'
- ✱ フェスツカ・マイレイ 1 か所に 1
- ∘∘ アガスターシェ・フォエニカラム 1 か所に 1
- ×× リモニウム・ラティフォリウム 1 か所に 3
- ∴ セダム'サンキスド'

残りのエリア デスカンプシア・セスピトサ'ゴールドシュライアー'

◀ ルーヴェホーフトのウォーターフロントでの植栽図（2009年）は、マトリックス植栽とブロック植栽を組み合わせている。
図面では、ドラマチックな形状の6つの花壇が示されている。このマスタープランは、市のランドスケープアーキテクトたちによって設計された。
3つの異なる植栽方法が使用されている：
右側には、細長い花壇（約55メートルの長さで最大10メートル幅）があり、カラマグロスティス・ブラキトリカのグラスのマトリックスと数種の多年草やグラスがリピート・プランツとして使われている。
左側の4つの花壇では、中央のコアとしてデスカンプシア・セスピトサ'ゴールドシュライアー'（最大10メートルの幅）のグラスのマトリックスがあり、少数の種による多年草やグラスがリピート・プランツとして使われている。
デスカンプシアのコアの両側には、リピート・プランツをもとにしたグループ植栽の帯がある（最大幅20メートル）。

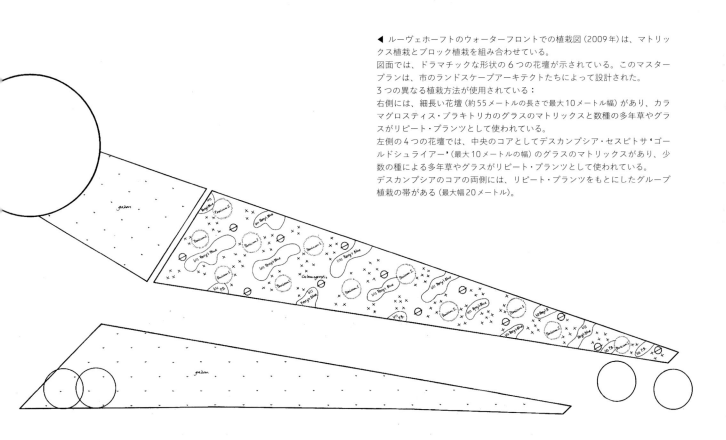

アイリス・シビリカ'ベリーズ・ブルー'
パニカム'シェナンドア'
ペロブスキア・アトリプリシフォリア'リトル・スパイア' 1か所に1
ペルシカリア・アンプレクシカウリス'オレンジ・フィールド' 1か所に1
残りのエリア カラマグロスティス・ブラキトリカ
芝生

クライアント：ロッテルダム市
ウォーターフロント・ルーヴェホーフトの植栽デザイン
スケール　1：100
日付：2009年9月
デザイン：ピート・アウドルフ、フンメロ

109

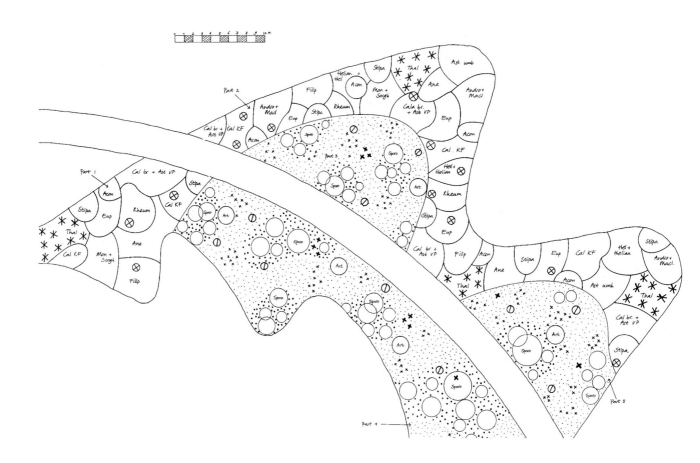

Acon	アコニタム・カルミカエリイ'バーカーズ・バラエティ'
Andro	アンドロポゴン・ゲラルディ
Ane	アネモネ×ハイブリダ'ロブスティッシマ'
Ast VP	アスチルベ'ビジョンズ・イン・ピンク'
Ast umb	アスター・アンベラータス
Cal br	カラマグロスティス・ブラキトリカ
Cal KF	カラマグロスティス'カール・フォースター'
Eup	ユーパトリウム・マクラタム'ゲートウェイ'
Filip	フィリペンデュラ・マグニフィカ
Hel	ヘレニウム'ルビンズヴェルク'90%
Helian	ヘリアンサス・サリシフォリウス 10%
Macl	マクレイヤ・コルダタ
Mon	モナルダ・フィスツローサ
Rheum	レウム・パルマタム
Sorgh	ソルガストラム・ヌタンス
Stipa	スティパ・ギガンテア
Thal	タリクトラム・ロケブルニアヌム
⊗	アスクレピアス・インカルナタ
✳	ミスカンサス・シネンシス'マレバルタス'

× ×	アムソニア・フブリヒティ 1か所に1
(Art)	アルテミシア・ルドビキアナ
⊘	バプティシア・レウカンサ 1か所に1
× ×	エキナセア・プルプレア'ルビンシュテルン'、エキナセア・プルプレア'フェイタル・アトラクション'90%、10
⋯	モリニア'モアヘクセ'、エラグロスティス・スペクタビリス 50%、50%
⋯	アナファリス・マルガリタセア、エラグロスティス・スペクタビリス 50%、50%
(Sporo)	スポロボルス・ヘテロレピス

▲ マトリックス植栽とグループ植栽の図。ここ、ナンタケットの庭では、中央の牧草地のようなマトリックスのエリアが、周縁のグループ植栽と対照的。マトリックス植栽は基本的にエラグロスティス・スペクタビリス、モリニア'モアヘクセ'、アナファリス・マルガリタセアで構成されていて、その他の種によるゆるやかなグループが記号で表されている(右側)。

者は新しい植栽方法を開拓する可能性に直面するとともに、植物は整然としたブロックとして自然に育つわけではないことに気づかされるのです。もちろん、同じような効果は、播種してつくられたワイルドフラワーの牧草地あるいは大平原に、グループ化された植栽のボーダー花壇を隣接させることでも得ることができます。

スキャッター・プランツ

植栽のあちこちに多少ランダムに出現する植物はスキャッター・プランツと呼べます。それらは単体として植えられ、ゆるやかなグループに属しているわけですらなく、自発性と自然さの感覚を生み出します。そして、マトリックス・ミックスを含む、ほかの種類のグループの中にもランダムに分散させることができますが、大切なことは、それらを繰り返して自然なリズム感を出すことです。

このテクニックは、季節的な色のはじける様子や、長期間にわたるしっかりとした構造を通して植栽を強調するさまざまな植物の形態で役に立ちます。大事なことは、それらが植栽の中でほかの植物とはっきりと見分けられることです。大規模な植栽では、バプティシア・アルバ・マクロフィラなど大柄な植物もスキャッター・プランツになれます。事実、これはよい植物で、白い花が終わったあとは、葉の質感、低木のような形、そして丈夫で濃い色のシードポッドが、はっきりそれとわかる特徴になります。より小規模な場合には、あまり目立たない、花が咲いていないときには気づかれないようなものが最適でしょう。よい例としては、ほかの大きな植物の間を縫うように立ち上がる細い茎の先端で咲く明るいピンクの花が、本体の大きさとは不釣り合いなほどに目立つ、ダイアンサス・カルスシアノルムが挙げられます。花が咲いていないときには、この植物はほとんど姿が見えません。

植物を重ねる

自然を読みデザインを書く

自然環境を見ることはときに、混乱してしまうような経験になりえます。ある植物コミュニティは、わかりやすくかつグラフィカルであり（一年のうちの一定期間のみのこともありますが）、一方で、ある植物コミュニティはもつれたクモの巣のように難解です。大量の植物を目の前にすると、何が起こっているのか把握するのが難しくなりがちです。植物コミュニティをレイヤー化されたものとして理解することは、大きな助けになります。植物は、コミュニティの中で、いくつかある物理的なレイヤーをそれぞれ占有していると考えることができます。これらのレイヤーは目視ではっきりと区別できるときもありますが、そうでないときもあり、判別が難しいこともあります。場合によっては「レイヤー」という言葉は比喩にすぎなかったりもしますが、それでも、目の前にある葉や茎の入り乱れた状態を理解することができます。

野生または半自然の植物コミュニティにおけるレイヤー化、という考え方が理解できれば、デザインされた植栽に応用することができます。これはガーデナーとデザイナーが空間を構成する手段としてだけではなく、植栽の計画、視覚化、実施をシンプルにする方法としても機能します。

温帯の成熟した森林は非常にはっきりとしたレイヤーになっています。成熟した樹木は密集した樹冠を形成し、その下には下層木や低木があり、通常それらの密度は低くなっています。北米とアジアでは、カエデ、ハナミズキ、そしてシャクナゲなどの灌木や大きな低木が、栽培されたものに比べれば成長した姿は密

▶ ピンクと白のエキナセア・プルプレアの園芸種がハイラインのグラスのマトリックスにちりばめられている。グラスのシードヘッドの中に時折見えるピンクと白の閃光は、自然の植生を強く想起させる。低木はコティヌス・コッギグリア〔スモークツリー〕で、数年ごとに根元まで伐採（コピシング）して、旺盛な成長と、より目立つ葉の再生を促している。

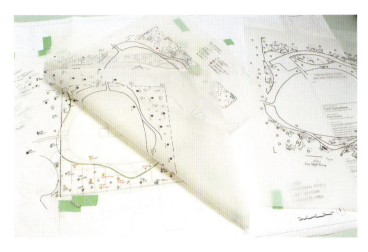

◀ 植栽におけるレイヤーの使用例。トレーシングペーパーを使うことで、複雑な植栽計画をいくつかのシンプルなプロセスに分解することができる。

度が低くばらけてはいますが、このゾーンを占めています。ヨーロッパでは、ヒイラギとコリルスなどがこのレイヤーを占めています。その下には地上部のレイヤーがあり、草本の多年草、シダ、ときには地下茎を出す小さな低木、しばしばマホニアやスノキのような常緑樹で構成されています。さらに下にはより小さな多年草、苔、菌類があります。つる性植物（地面に根を張り、ほかの植物を支柱に利用する植物）は、別のレイヤーとして捉えることもできますが、このレイヤーはどちらかというと概念的なもので、人間の目にレイヤーの外観をぼやけさせる役割をもちます。

牧草地や大平原などの草地もまた複数のレイヤーからなりますが、それらが物理的にはっきりと区別されることはほとんどありません。グラスが他を圧倒して一つのレイヤーを形成する傾向があります。大平原ではバプティシアのような長命の直立した多年草が別のレイヤーを形成します。その下は、数は少ないものの視覚的には目立つ補助的な草本が、花を咲かせ、ほか

の植物に寄りかかって育つ多年草とともにレイヤーを形成します。ヨーロッパの牧草地には、ゲラニウムやクナウティアなどの、後者のカテゴリーに含まれるものが多くあります。さらに、変化に富んだ植物群の一つであるマメ科のクサフジなどのつる性草本植物もあります。

デザイン的には、そのような複雑さや曖昧さは、なるべく排除されるべきです。レイヤー化とは、植物を分けて扱うことで、視覚的な効果が明確で首尾一貫したものになるようにすることであり、デザイン工程をわかりやすくし、植栽の際の植物配置を容易にすることです。植栽計画のために必要なのは2層か3層のレイヤーですが、その中にいくつかの植物カテゴリーを含めることもできます。

ニューヨークのハイラインがその一例です。ここではレイヤーが1つ欠落しています。もちろん高木がありません（そうでないと、沿線のアパートの所有者から苦情がたくさん出るでしょう）。ハイラインの一部では、低

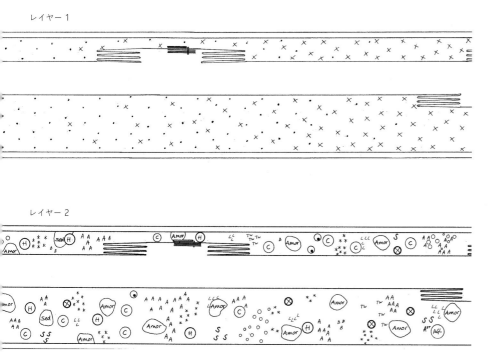

▶ ハイラインのセクション28-29の図面からの抜粋。これはウェスト28番通のちょうどダウンタウンの部分。それぞれの図面の中央の水平な隙間が歩道。
レイヤー1は、シンプルで比較的開けたマトリックスで、パニカム'ハイリガー・ハイン'（左から入ってくる点で示されている）とカラマグロスティス・ブラキトリカ（右の×印で示されている）の2つの種の間で入れ代わりが起きている。これらのグラスは約1〜1.5メートル間隔で配置されている。
レイヤー2では、マトリックスのグラスと混ざり合いながら小さな塊として存在するさまざまな多年草が示されている。約20種類の多年草（多くはシーズン後半に開花）が含まれている。
混ざり合いの効果を出すために、塊の中での多年草の植栽密度は通常の50％にして、グラスとの融合を可能にしている。残りのスペースは、スポロボルス・ヘテロレピスとブーテルーア・クルティペンデュラというほかの2つよりも背の低いグラスで埋められている。背の高いカラマグロスティスとパニカムの密度を低く保つことで、多年草の視認性が向上する。ハイラインの視覚的な体験としての成功は、開花する多年草がグラスの間から顔を出す様子に負うところが大きい。

　木のレイヤーと、グラス／スゲ、多年草による地上部のレイヤーという、明確に分かれた2つのレイヤーがあります。ほかのエリアでは植栽は物理的というより概念的に分かれています。すなわちマトリックスのレイヤーと、群落またはグループになった多年草のレイヤーに分かれます。スキャッター・プランツは第3のレイヤーともいえます。

　トレーシングペーパーを使用して植栽をレイヤーごとにデザインするのは比較的簡単です。それぞれを個別に見ることも、すべてを重ねて全体を把握することもできます。施工時も各レイヤーを個別に扱うことができるため、植物を配置するプロセスが大幅に簡素化されます。

　レイヤー化の技法について、樹木のレイヤーとその下の多年草のグラウンドカバーレイヤーの場合は、容易にイメージすることができますが、グラスと多年草の場合はそれほど簡単ではありません。各レイヤーでは、植物がどのように存在しているかで、扱い方が違ってきます。あるレイヤーは単純なマトリックスなのかもしれませんし、別のレイヤーは、グループやスキャッター・プランツを伴っているかもしれません。実際には植物の間に高さの違いがない場合も、あるレイヤーが別のレイヤーに重なっていると考えるとよいでしょう。

　一般的に、最初にデザインされるレイヤーは最も単純なものであり、マトリックスまたは広範囲なブロックかグループのいずれかを扱うレイヤーです。その上に重ねる第2層目はより細かい質感の植栽、つまりより小さなグループや複雑なパターンを扱います。生態学者は、「粗い質感」と「細かい質感」と植物コミュニティを分けて呼んでいて、前者は大きな群落から構成され、後者は密に入り組んだものです。この概念を応用すると、最初に粗い質感をデザインし、その上に2番目の細かい質感のレイヤーを重ねるということになります。

第2章　植物をグループ化する

レイヤー1

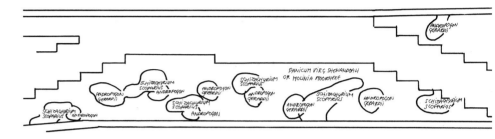

▶ ハイラインのセクション35-39の図面からの抜粋。ウェスト18番通(左側)とウェスト19番通(右側)の間。レイヤー1では、パニカム'シェナンドア'とモリニア'モアヘクセ'がマトリックスとして使用され、それらの間にほかのグラスのブロックが散在する。レイヤー2では、アルファベットの略号で示されるさまざまな多年草がゆるい塊で散在していて、略号それぞれが1株の植物を表している。

レイヤー2

レイヤー1

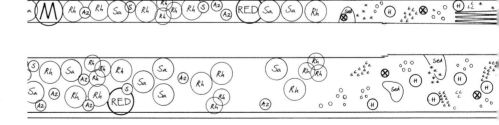

▶ ハイラインのセクション26-27の図面からの抜粋。ウェスト27番通のちょうどダウンタウンの部分。この図面は、右側の多年草とグラスが優勢な開放的なエリアから、左側の森の多年草が下草として植えられている低木地帯への移行を示している。これは、2つのレイヤーによる図面で、2つのまったく異なる種類の植生を表現できることを示している。

レイヤー1では、左側の円が樹木と灌木の予想される枝張りを示していて、右側の輪郭は多年草の塊を示している。いずれの場合も、これらが主に即時の視覚的インパクトとなる。レイヤー2では、左側にグラウンドカバーとウッドランドの多年草を植えるエリアが示されており、右側には草のマトリックス(パニカム'ハイリガー・ハイン')がある。どの隙間も別のグラスの種で埋められている。後者のエリア(樹木の下のエリア)では、球根植物と春に咲く多年草も同様にランダムに植えられている。

レイヤー2

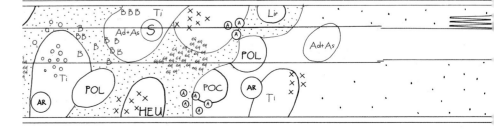

植物の数を計算する

植栽図は通常、1:100スケールで作成されます。十分なディテールが示されるので多年草にはこの縮尺が適しています。個別の植物を表示することが重要でない、あるいは必要ではないような植栽ミックスを伴う広いエリアの場合は、もっと小さな縮尺を使うこともあります。

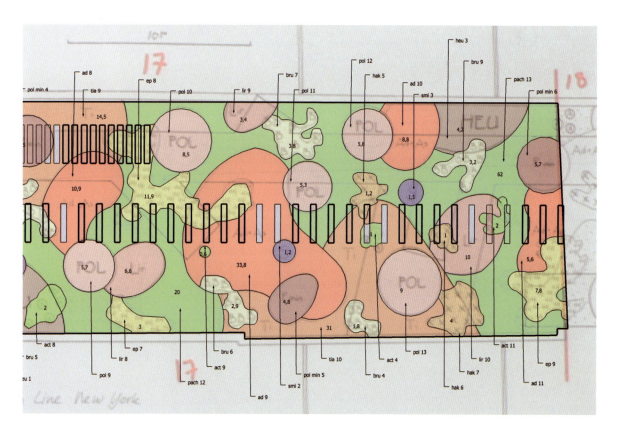

▲ これは、ハイラインのセクション26-27における耐陰性植栽エリアの図面 (116ページの一番下の図) からの抜粋。示されているのは、植栽図面の上に重ねたもの (オーバーレイ) で、それぞれの植物グループや組み合わせが示されている。
・各グループには、植物 (または植物の一つ) の頭文字と数字を組み合わせたコードがつけられている。
・Google SketchUp、AutoCAD、InDesignなどのプログラムを使用すると、それぞれの塊の面積 (平方メートル) を計算することができる。
・その後、各グループはスプレッドシートに一覧表示できる。
・使用された種のサンプルが、添付の表 (118ページ) に示されている。このスプレッドシートは、この計画で使う3つの植物グループの植物数を計算するために、細かく当てはめたものの抜粋。
・平方メートルあたりの使用植物数に関するガイダンスは、本書最後の「植物一覧」に記載されている。ただし、ここでは早急に成果を上げる必要があったため、より高い密度が使用されていることに注意。
・混合植物の組み合わせが使用される場合、混合の割合が示される。
・混合植物は5株もしくは7株のグループとして配置される。
・植物のグループがマトリックスのレイヤーに重ねられる場合、植栽密度は減らされる。

ハイラインのベッド17における森林（ウッドランド）の下草の一例

	コード	平方メートル	平方メートル あたりの植物数	グループごとの 植物数
ベッド17		974.3		
鉄道の枕木 すなわち植えられていない部分		97.8		
森林（ウッドランド）の下草		876.5		
パキサンドラ・プロカンベンス＋ フロックス・ストロニフェラ80/20%	pach 1	36	12	432
	pach 2	6	12	72
	pach 3	8.3	12	100
	pach 4	5	12	60
	pach 5	34.8	12	418
	pach 6	0.5	12	6
アジアンタム・ペダタム＋ アサルム・カナデンセ60/40%	ad 1	1.4	10	14
	ad 2	8.5	10	85
	ad 3	57	10	570
	ad 4	8.2	10	82
	ad 5	6	10	60
	ad 6	41.5	10	415
ポリスティクム・セティフェルム 'ヘレンハウゼン'	pol 1	6.7	9	60
	pol 2	5	9	45
	pol 3	5.5	9	50
	pol 4	6.2	9	56
	pol 5	6.6	9	59
	pol 6	5.4	9	49

◀ 植物の配置：
・植栽図上の2メートル間隔配置グリッドを植栽工現場へ転写。
・グリッドをガイドとして使用し、植栽ブロックを分割または植栽ミックスの境界となる線を引く。複雑な図面では、各植栽ブロックのコードに対応させた番号をつけてマークすることもできる（117ページの計画図を参照）。
・隣接するエリアでは、植物をそれぞれのブロックのコード番号に従ってグループ化する。
・各ブロックに植物を配置することができる。

◀ さあ、植えつけを始めよう！

◀ エキナセア・プルプレアのシードヘッドとアガスターシェ'ブルー・ワンダー'。

第
3
章

植 物
の
組 み 合 わ せ

組み合わせは植栽デザインの基本的な構成
要素です。効果的な組み合わせを行うには、
扱う植物の視覚的特徴を理解する必要があ
ります。色彩についてはこれまで何度も分
析されてきましたが、長いシーズンを共に
するものですから、構造のほうがより重要
です。焦点を当てて見ていきます。

　　涼しく穏やかな気候の北西ヨーロッパの国々は、庭
園についての多くの著作や思考、夢に強い影響を与え
てきました。なぜならこの場所では、さまざまな種類
の花を長期間にわたって咲かせることができるからで
す。厳しい気候ではこれが不可能であるため、葉、形、
構造がより重要視されてきました。色彩は基本的に花
に関するものであり、花の寿命は比較的短いことを考
えると、気候に関係なく、構　造こそが観賞用植物の

基本的な側面であると見なされることは理にかなって
います。色彩はご褒美、さらなる喜び、季節の贈り物、
心理的なボーナスのようなものだと考えるのが一番で
しょう。ここではまず、植物の形状についてきわめて
分析的に見ていきます。そして、構造、調和、コント
ラスト、季節、最後に効果的な組み合わせの例につい
て見ていきます。

121

多年草の建築様式

多年草にはいろいろな形状があります。効果的な植栽は、生育期のできるだけ長い期間、見どころをつくり、ある程度しっかり樹冠をつくるように形を組み合わせるものです。これまでのところ、これを行うための方法の説明で最も理路整然としているのは、ドイツで開発されたナチュラリスティックなミックス植栽のシステムです（第5章で説明します）。構造植物は、あまりはっきりしない構造のコンパニオン植物〔本著では、構造植物ほどではないがある程度の骨格をもつ植物を指す。互いの生育に好影響を与えるような「コンパニオン・プランツ」と呼ばれるものとは異なる〕や、わかりやすいグラウンドカバーやフィラー植物と組み合わされています。フィラー植物とは、植栽したての時期に空間を埋める短命の種です。私たちの最初の共著（『Designing with Plants』、1999年）では、ピートと私はいわゆる構造植物とフィラー植物を単純に分けました。しかし、植物の構造についてより詳しく観察して、この重要なトピックのための用語の開発を検討するべきでしょう。

多年草は、茎と葉の関係によって定義される特定の形状（プラントアーキテクチャ〔植物建築〕と呼ばれることがふえている）を形成します。これらの形状は、構造をデザイン・ツールとして使う際の議論の出発点となるべきものです。私たちの形状の認識は、規模や周囲のほかの形状の影響を受けます。大きなボーダー花壇では適切な構造植物であっても、狭い中庭の中では少し窮屈に感じられるかもしれません。植物の建築様式を定義する基本的な部分に注目することで、建築的な構成要素、すなわちビルディングブロックとしての性質について考えることができます。植栽のねらいによっては、使うべき植物の形は違ってきます。植物のアーキテクチャは、季節ごとの植物の見た目にも密接に関連します。

多年草のもつ視覚的特徴をより深く理解することが、植栽するときの判断材料になります。また、初めて栽培する植物をより深く理解することにも役立ちます。このことは、これまで庭園やデザインされた景観で使われたことのない、その土地の在来種を試している人にとっては、特に重要な点です。さらに、新品種の育種に携わる人々は、このような植物の構造の基本をより深く理解することで、多くを学ぶことができます。

根出葉

線状の根出葉

植物学者は線状の葉をもつ植物を単子葉植物と呼びます。ただし、イネ科、スゲ類、そのほかのグラスに似た植物は特別な性質をもつので、あとで取り上げます。単子葉植物の葉は、例えばヤブランのように群生して植物の根元から（A）、またはアイリスのように匍匐根から（B）

A

B

立ち上がります。

例えば一部のニフォフィアのように、かなり堂々としたロゼットを形成する植物を除けば、この葉と茎のコンビネーションをもつ丈夫な多年草は、見た目はおとなしく目立たず、葉があふれることはほとんどないという利点があります。花やシードヘッドの形はしっかりしていますが、葉それ自体が構造的な要素になることは、ほとんどありません。ただし、直線的であるという点ではほとんどの広葉多年草の形状とは一線を画していて、有用です。多くはやや耐寒性の弱い南半球の植物で、冬の気候が厳しくないところにのみ適しています。

その他の例：クロコスミア、ディエラマ、リベルティア、ヘメロカリス。

広葉の根出葉

これらには、ヘレボルス（C）のように株元から密に出葉する植物、ベルゲニア（D）のように、ランナーや地面に接するほど低い位置の茎から直接生える葉、またはロジャーシア（E）のように太い茎葉の上に高く保持され、地上の葉として認識される植物があります。これらの植物の視覚的なインパクトは、茎が最小限あるいは地上の高さにあるため、もっぱら葉と花／シードヘッドが視覚的インパクトを担います。背が高く、より構造的な植物の間に植えるフィラーとして役立つものもあります。多くは春に開花する林床の植物です。Eタイプのなかには、とても湿った環境で育つ見事で大きな葉の植物があり（例えば、アスチルボイデス、ダルメラ、フキ、ロジャーシア）、明確に視覚的な役割をもっています。しかしデザイン的には、茎がなく、高さや冬期の構造体としての有用性には限界があります。しかし、春と初夏にはそれらの植物の葉が、多くの植栽において重要な役割を果たします。

その他の例：ヒューケラ、ホスタ（ギボウシ）、トラキステモン、イカリソウ。

茎葉

ほとんどの多年草は茎に葉がついていますが、植物に近づいて観察しないとよくわからない場合もあります。茎への葉のつき方については、段階的なものと考えるとわかりやすくなります。バーバスカム（F）のように株元に葉がはっきりと集まっているものから始まり、フロミス・チュベローサ（G）のように下部の葉が優勢なもの、そしてタケニグサ（I）のように茎の中央の葉が優勢なものを経て、ユーパトリウム（J）のように、太い茎の上から下まで、ほぼ同じサイズの小さな葉が多数ついているものなどに至るのです。一方、ゲラニウムの多くの種（H）のように、茎の存在感が弱く、植物の見た目が大きく違う場合もあります。

エマージェンツ（花茎が立ち上がる植物）
―― 下部の茎の葉が優勢で、太い茎のもの

植物の株元に葉が集中し、尖塔状の花穂が立ち上がるこれらの植物は、花や種子がないときはあまり構造的ではありませんが、塔立ちの花が現れると劇的に構造

C

D

E

的になります。とにかく視覚的に鮮明であることが多く、低めから中程度の高さの葉が求められる一方で、花／シードヘッドが浮かぶような植栽計画で持ち味を発揮します。花／シードヘッドと葉の大部分が物理的に分離していることが、このグループをきわめて特徴的にします。プレーリーに育つある種のシルフィウムは、約3メートルの高さになり、この効果を劇的に表現しています。一方、バーバスカム（F）とジギタリスは、地面近くに形成されるロゼットと上に突き出た太い垂直の花茎が特徴です。特にバーバスカム・ニグルムやジギタリス・フェルギネアのような細い花穂やシードヘッドをもつものは、ゆるやかなグループやドリフトを繰り返して使用することで、ガーデナーやデザイナーにすばらしい垂直の要素を与えてくれます。これらの二年草や短命の多年草は、物理的に太い茎をもっているからです。より低めの目線では、ペルシカリア・ビストータとフロミス・チュベローサ（G）の複数の花穂が同様の効果を生み出すでしょう。シュウメイギク、オダマキやワレモコウらは、高い位置で花やシードヘッドの霞（ヘイズ）を作ることができます。ただ、遠くからグループになっているものを見ると効果的ですが、近くで見ると透けてしまうこともあります。

　アストランチアは、このカテゴリーと、次に紹介するカテゴリーの中間のグレーゾーンにあります。はっきりとした形で見栄えのよい花房は、開花後に乱れてしまったり、強い競争相手と一緒に育てられた場合に草負けしてしまったりすることがあります。事実、逆説的ではありますが、このような多年草は、短命の種よりも茎が細い傾向があります（短命の種は種子の分配と遺伝子の存続のために、物理的に太い茎に投資する必要があるのです）。イヌラ属は、壮麗に見えることもあれば、風の強い場所かつ肥沃すぎる土壌で育つと、無惨に倒れることもあります。

　このグループの葉のことは忘れてはなりません。一部のバーバスカムやエリンジウムのロゼットは、それそのものがシーズン序盤に立派な特徴となることがありますし、アカンサスやキナラは、海洋性気候・地中海性気候地域の早春において、とてもよい葉と構造をもった植物です。これらの種は葉が低い位置に集まることで土の表面を隠すため、デザイナーやガーデナーにとって、非常に役立ちます。視覚効果と雑草抑制の両方にとってとても重要です。

　その他の例：セファラリア、アザミ、エキノプス、ゲラニウム・シルバティカム、多くのタリクトラム。

<u>マウンド状に茂った葉</u>　──下部の茎葉が優勢で茎は細い

葉と茎の配置は図GやIのものと似ていますが、茎が弛緩していたり、垂れ下がったり、さらには倒伏してしまう傾向があり、花が咲いていないときにも葉の

F

G

多さで強い印象を与えます。図Hがその例で、1本の茎だけを取り上げたものです。ほとんどが競争が激しい牧草地や林縁に生える植物です。自然の中、あるいは高い密度のナチュラリスティックな植栽の中では、これらの植物は驚くほど柔軟に生育します。すなわち、非常に長く伸びた茎葉が周囲の植物の間に入り込み、それを支えにします。葉身は、茎の根元から数十センチ離れたところ、光の当たるところで、ようやく現れます。これは特に、ゲラニウムやときにはアストランチアで顕著です。まるで定まった形がないかのように、隣人や競争相手がつくり出す環境に合わせて、自分自身を形づくる植物といえます。

ガーデンにおいてはほとんど競争相手がいないため、きれいなマウンド状になりますが、開花後に劣化することが多いため、プロのデザイナーが大規模な景観を設計する際は避ける傾向にあります。茎の下のほうの葉が視覚的に支配的な場合が非常に多いのは、葉のサイズがより大きいからです。このような植物は古典的なフィラー植物でもあります。プロのデザイナーは花の色や特徴ある葉を構造全体に利用するのではなく、植栽の限られた部分に利用します。花後に個別に切り戻して管理する時間があるアマチュアのガーデナーにとっては、理想的な植物です。これらの多くが牧草地または草原に生えている植物であり、グラスと激しく混ざり合うことに慣れているという事実は、ローメンテナンスのグラスを主体とした植栽に大きな可能性があることを示唆しています。

その他の例：アルケミラ、ブルンネラ・マクロフィラ、以下の種や園芸種を含む多くのゲラニウム（アスフォデロイデス、エンドレッシー、ファエウム、レナルディ、サンギネウム、×オクソニアナム）、そして青紫の花をつける園芸種の多くなど。オニゲシ、プルモナリア、シンフィタム。

庭で使われている多年草には、直立した太い茎をもち、上から下までほぼ等間隔に葉を広げるものが多くあります。なかには、数少ない葉が茎の中腹に向かって大きくなる傾向の植物もありますが、少数なので個別に検討するほどではありません。この少数派のうちの一つが、雄大な灰色の葉をもつタケニグサです（I）。Jのようにまっすぐなものから、アーチ状、そして垂れ下がるものまで、さまざまな段階の茎があるようです。

直立型 —— 複数の茎・葉をもち直立

夏の終わりから秋にかけての多年草の植栽を見渡すと、多くの遅咲きの種が草丈を伸ばし、直立していることがわかります。ほとんどの植物は茎に比較的小さな葉を多数つけていますが、多くの場合は、植物が開花するまで生きているのは上部の葉だけです。これらの直

H

I

J

125

株立ち型
アーチ形または横向きの茎のある葉をもつ、複数の茎の株立ち

ガーデンで使われる多年草の多くは複数の茎をもち、その上に多数の葉が散らばっています。私たちが見がちなのは全体の形だけであり、おそらく葉が特徴的であれば、見栄えのよい葉の塊として目に焼きつけるでしょう。これらの植物は単独で劇的に目立つことはめったにありませんが、グループではそうなることもあります。これらは通常、茎があるため「茂った葉のマウンド」として分類されるものよりも弾力性があり、明確なデザインパーツとしてシーズン中、長もちします。

よい例は、いわゆるメドウセージと呼ばれるサルビア属の一群（ネモローサ、プラテンシス、シルベストリス交配種、スーパバ交配種など）で、乾燥に耐える必要のある植栽において、とても重要な植物になります。色もさることながら、何本も立ち上がる花穂が特徴的で、マウンドの形も常に整っています。種小名スペクタビレとテレフィウムの子孫として知られているセダムの園芸種のグループは、サイズと生息地の耐性は似ていますが、傘形花序（K）です。これらも、生育期に整然とした状態を保つための手入れはほとんど必要ありません。

立した植物には、大きな利点がいくつかありますが、重大な弱点もあります。利点は、開花が比較的遅いため、生育期間を通じて見栄えがすること、茎が真の意味でのしっかりとした構造を担保していて、大抵の場合、冬の間も持ちこたえることです。存在感が強いものが多く、ガーデナーやデザイナーが大いに活用できます。ただし、下部の茎がむき出しになって、見栄えが悪いこともあるので、草丈が低くコンパクトなフィラー植物と組み合わせるとよいでしょう。

植栽される種の多くは北米原産で、大平原（プレーリー）に見られることが多く、その多くはアスターやフジバカマ（J）の種など、アスター／デージーの仲間（キク科）に属します。多くは肥沃な土壌の競争が激しい環境の植物であり、すなわち、そこでは草丈の高さが生き残りを意味しています。ユーラシア大陸には、いわゆる「背の高い草本植物相」があり、そこも水分と栄養素が豊富な環境下で、トリカブトやフィリペンデュラなどの、背の高い植物が生息しています。

その他の例：アムソニア、アルテミシア・ラクティフローラ、カンパニュラ・ラティフォリア、ユーパトリウム、ユーフォルビアの多くの種（例えばシリンジーなど）、ヒマワリ、レウカンセメラ・セロティナ、リシマキア、モナルダ、フロックス・パニキュラータとその関連種、ソリダゴやバーノニア。

K

L

アコノゴノン'ヨハニスヴォルケ'やアルンクスの変種など、このグループの一部の植物は灌木と間違われるほど大きいものもあります。それらの有用な点は、まさにこの灌木性と堅固さであり、しっかりとした根元の塊から放射状に広がる複数の茎と葉の均等な分布に由来します。一方で、クナウティア・マケドニカのように、茎が脆弱なものもあり、そして、近くを囲むように生える植物の支えがなければ、四方八方に広がってしまう傾向があります。実際のところは、これらのなかの多くの種は枝分かれし、複数の花をつけるため（アコノゴノンやクナウティアを含む）、次のグループ（枝分かれ型）に分類します。

　その他の例、アスター・アメルス、カラミンサ、セントーレア、種小名がパルストリスやポリクロマを含むユーフォルビア、オレガノ、タナセタム・マクロフィルム。

枝分かれ型
分岐した茎

　多年草のなかには、枝分かれする茎をもつものや、直立した茎から側枝を伸ばし花を咲かせて成長を終えるものがあります。しかしほかの種では、花がつくられる箇所で茎が枝分かれし、花が咲くと再び枝分かれする、というように増殖し続ける習性のものもあります。結果として、ほかの多年草とはまったく異なる、ふさふさした、または枝分かれした形になります (L)。

　ミソハギ類のように、茎の伸びる方向が上向きの場合は、垂直感とボリュームが合わさって、しっかりとした草姿になり、十分な存在感を与えます。枝が垂直だけでなく水平にも伸びる場合には、バプティシア・アウストラリスに見られるような、幅の広い灌木状の樹形となります。ほぼグレーの端正な葉のこの植物は、ほかにはなかなかない価値のある葉をもつ多年草です。

　これまで挙げた種はどれも茎がとても太いので、冬の間もよく持ちこたえます。ユーフォルビア・キパリッシアスや多くのネペタのように、とても茎が細いものの、その習性から草丈の低い植物として役に立つものもあります。最後にペルシカリア・アンプレクシカウリスがあります。夏の長期間にわたって色鮮やかなことと、枝分かれする習性のおかげでどの角度からも美しく見えるというまれな能力の組み合わせが、この植物をとても有用にしています。しかし最初の厳しい霜で、焦茶色のドロドロに崩れて、だめになってしまいます！ たぶん完璧な植物など存在しないのでしょう。

グラス類

　グラス類〔イネ科植物〕と、同様の方法で植栽されるほかのさまざまな植物（カレックス、ルズラ、ヤブラン、リュウノヒゲ、レイネッキアのグループ）の構造は、単純なグラデーションで説明できます。

芝生型 (1)

マット型 (2)

株立ち型 (3)

127

◀◀ 128–129 ページ

9月のノーフォーク州ペンズソープ自然保護区の植物は、さまざまな色彩と形の多様性が融合するように組み合わせられている。手前では、細いピンクの花穂のペルシカリア・アンプレクシカウリスが、後ろのヘレニウム'モーハイム・ビューティー'の堅さとは対照的に揺れている。この景色の重要な要素は、後方のデスカンプシア・セスピトサの大きなブロックである。このブロックは植栽と広い田園風景とを結びつけているだけでなく、比較的複雑な多年草植栽のシンプルな引き立て役としても機能している。

芝生型 (1) は、横に走る茎や根が、個体が絡み合った連結マットを急速に形成します。芝生をつくるのには理想的ですが、ほかの植物を覆い隠す傾向があるため、観賞用にはあまり向きません。

マット型 (2) は着実に、しかし大抵の場合はゆっくりと広がり、主に少数のスターターとなる個体によって、密なマットを形成します。このような広がり方をするカレックスの種は、グラウンドカバーや芝生の代用として人気が高まってきています。セスレリアも同様です。カラマグロスティス'カール・フォースター'やススキなど、私たちが「塊」と呼ぶ大型種も、まったく異なるスケールでマットを形成しますが、そうなるまでには何年もかかることがあります。成長パターンは似ています。

株立ち型 (3) は、米国ではよく bunch grass (束草) と呼ばれるものです。とてもしっかりとした塊を形成し、ある程度の大きさに達すると成長が止まる傾向がありますが、生きている新芽はしばしば上方に移動して草むらを形成します。株元が狭まっていて、葉がアーチ状に広がる独特の形をしているため、デザイン的にも役立ちます。モリニア・カエルレアやスポロボルス・ヘテロレピスなどです。

組み合わせをつくる

どのような植栽も、組み合わせに大きく左右されます。組み合わせとは、少なくとも2種類の植物の品種が一緒に (通常は隣接して) 見られることを指します。よくいわれるデザインの格言、「less is more (より少ないことは、より豊かである)」は、デザインのあらゆる分野における基本 (真実だという人もいるかもしれません) を示しています。すなわち、シンプルさは、複雑さや多様性よりも大きな感情的インパクトを与えることが多い、ということです。しかし私たちは、そのようなシンプルさにはすぐに飽きてしまいがちであり、興味を引き続けるためには、ある程度の複雑さが必要なのです。いうまでもなく、この単純さから複雑さへのグラデーションの中では、人それぞれ立場は異なります。美学の問題に関するすべての立場は、非常に個人的かつ主観的なものであり、文化的な要素ももっています。例えば、メキシコ人のお気に入りである、鮮やかな黄色の隣に鮮やかなピンクの配色は、多くのヨーロッパ人の好みではありません。

意識的に表現することはできなくても、私たちはみんな、好き嫌いをもっています。ガーデニングをしたり、植物を扱う仕事をしたりする人は、自分の好きな品種を集めて個人的な植物相をつくり上げる傾向があります。そして、自分のお気に入りのリストにある種と何らかの点で似た、しかし見たことのない品種に惹かれることがよくあります。つまり、私たちはほとんど無意識のうちに、ある基準に沿って植物を選択しているということです。植物を使ってデザインを行いたい人は、このことを意識する必要があります。自分のお気に入りリストを分析してみれば、どのような基準かわかるはずです。これは、組み合わせに関する効果的なデザイン決定を行うための第一歩です。

自分自身の個人的なデザイン基準を理解することで、ガーデナーやデザイナーは、視覚的に魅力ある植栽をどのようにしてつくり出すのか、容易に考えられるようになります。植物を繰り返して植えることは、リズムと統一感を生み出すための手軽な一歩です。組み合わせを繰り返すと、これが強化されます。特定の季節に目立つ方法で花を咲かせたり、何らかの方法で印象的な働きをする植物を繰り返して配置することは、力強い印象を生み出すために、とても効果的な方法です。ハイナー・ルスの「季節のテーマ植栽」の原則は、こ

▼ スクテラリア・インカナの青色は独特で、非常に特別である。夏の中ごろから後半にかけて開花し、後ろのアネモネ×ハイブリダ(シュウメイギク)'パミナ'のようなピンク色とすばらしい調和を生み出す。朝日がこれらの花々に特別な輝きを与えているとはいえ、左側にあるサンギソルバ'タンナ'との組み合わせは、さらに魅力的だ。

▼ 柔らかく、淡く、うっすらとしたグラス(ここではデスカンプシア・セスピトサとはまた別種のデスカンプシアと、その後方のススキ)と、堅くて色濃く、はっきりとした形状(ここではエキノプス・バナティクスの球体)を合わせるのは、古典的な秋から初冬の技巧。この効果は何か月も持続し、さまざまな種に対応できる。多くの晩秋効果とは異なり、日照にも左右されない。

のアイディアを活用しています。第5章で詳しく説明します。

色彩

植栽デザインの、特に多年草に関する議論では、色彩に関することが支配的になりがちです。たくさんの本が書かれており、なかには本当に優れたものもあります。だからこそ、ここで詳しく論じることは避けたいと思います！

私たち、特にピートは、色彩に対する強いこだわりを捨てたいと考えています。

色彩は全体の一部として捉えられるべきです。ピートいわく、それは「構造の上にあるレイヤーであり…感情の一つの要素であり…別個のものではありません」だそうです。ルールの中には科学的に裏づけられたものもありますし、庭の色彩に関する書籍のほとんどに掲載されている、有名なカラーホイール(色相環)は、ある特定の色の組み合わせが効果的な理由を示しています。とはいえ、色彩は特に主観的なものです。天気や光の状態にも大きく左右されます。一日のうちのある時間帯でよく見えても、別の時間帯ではほとんどくすんで見える場合もあります。

実際に、一年のうちのある時期は、あまり選択肢がない場合があります。温帯気候の春と秋は、黄色と青紫が主流になる傾向がありますが、これはおそらく光の波長に対する昆虫の知覚に関わるもので、非常に妥当な理由によるものです。ガーデナーは、季節のために自然が提案してくれるものを利用するのがベストかもしれません。

植物の組み合わせを開発するために色を使うことは、以前ほど重要ではなくなってきています。19世紀後半から20世紀の大部分を支配した園芸は、大きくて色とりどりの花を咲かせるために品種改良された植物のハイブリッドや選抜種に大きく依存してきました。これらを並べることで、印象的な効果を生み出し、「愛されるか憎まれるか」の強い反応を引き起こすことができました。これに反応してほかの人たちは、調和のとれた色の組み合わせをつくり出すことに取り組みました。しかし、現在のトレンドでは、色彩は軽視される傾向にあります。今やガーデナーは、構造や質感をより意識して、葉やフォルムがよい植物をより多く取り入れるようになっていて、そのなかには色彩の強いものはあまり多くはないのです。植物のそのよ

第3章 植物の組み合わせ

うな側面を定義するのは難しいかもしれませんが、ピートは次のように述べています。「あなたがある植物を見て、その植物が特徴的だとわかるけれども、なぜそう思うのかを説明できないのは、好きな人に出会ったときに、なぜ好きかいえないのと同じです」。

ナチュラリスティックな植栽では、野生種またはそれに非常によく似た品種の使用を勧めています。これらは花の大きさが植物全体に対してそれほど大きくありません。全体として、以前のスタイルと比較して、このタイプの植栽はより緑が多く、より柔らかい子鹿色の色合い、より自然な感じのクリーミーホワイトが含まれます。このような色は、全体により柔らかな効果をもたらすだけでなく、強い色の影響をより効果的に分断して、そのインパクトを打ち消しています。

構造 多年草を使ったデザインは、歴史的に色彩に焦点を当てる傾向がありましたが、庭園とランドスケープデザインにおける木本植物の植栽では、第一に、機能的な理由から不可欠なサイズと形状、そして第二に、構造と視覚的な質感を重視してきました。しかし多年草の場合、デザイナーが色彩を強調したせいで、多年草は個人庭や、丁寧に管理される庭だけに適した植物である、という認識を人々に抱かせてしまったかもしれません。このことが、公共の庭園で多年草の価値を十分に活用する機会を逃す結果につながりました。この状況は現在変わりつつあります。その一因は、冬やオフシーズンにも魅力的になる多年草の潜在能力に対する評価が高まっているためで、この場合、色よりも構造／質感がはるかに重要なのです。

食べ物と比べてみるのも面白いかもしれません。ほとんどの人の食べ物に対する美的体験、つまり空腹を満たすという単なる機能的な欲求を超えて食事をどれだけ楽しむかは、風味によるところがきわめて大きいのです。しかし、世界で最も複雑で洗練された料理の一つである中国料理は、むしろ、質感や食感の体験のほうに重点が置かれているように思います。味に重きを置いた料理には、おそらくここでの決め手が欠けています。植栽のデザインにおいて、色彩に過剰に依存することと、似てはいないでしょうか？

実際のところ、色彩に重きを置くことは、灰色の空と比較的涼しい気候の北西ヨーロッパを中心とした庭園の伝統芸です。これはおそらく、世界中の庭園づくりにインスピレーションを与えた英国庭園の歴史的役割と、それを可能にするために多くの植物を供給したオランダのナーセリー業界の功績が反映されたものです（フランス、ベルギー、ドイツのガーデナーとナーセリーも貢献しています）。長い生育期間と柔らかな光のおかげで、北欧の人々は何か月もの間、庭で色彩を使う機会をもち、繊細さを堪能できます。加えて、涼しい気候では、暑い気候よりも花がずっと長もちします。長く寒い季節や長い乾燥した季節に対処しなければならないガーデナーにとって、そのような機会ははるかに限られています。ほかの気候帯には、色彩よりも構造や質感の面白さを提供するかもしれない植物相もあります。

構造と質感を使ったデザインは、ルールに縛られていません。議論をまきおこしたり、初心者に最初の一歩を提供したりする、カラーホイールもありません。多年草植栽デザインへの構造的アプローチの基本は、私たちの最初の本、『*Designing with Perennials*』（1999年）で概説されていますが、この主題のほかのトピックは、ほかの場所で扱われています。ここでは、いくつかの基本原則と見解を簡単に概説します。

70パーセントの法則

植栽設計には一般的なルールはほとんどありませんが、これはそのうちの一つであり、独立して取り組んでいる複数人の実践者がこのルールに到達したという事実から、信頼性を得ています。前述したように、多年草

◀ ゲラニウム'ディリス'は、フィラー植物が得意とすることを凝縮したような植物である。この、特によく広がる夏咲きのゲラニウムは、自分よりはっきりとした形の構造的な植物の隙間をまるで液体のように満たす。そのままにしておくと、ほぼ不定形になる。

◀ 多くの自然環境において、グラスは非常に重要な役割を果たしており、生息地によってはシグニチャー植物になっている。この役割は庭園や公園でも取り入れられ、周囲の景観とのつながりをつくり出すと同時に、より目立つ植物と組み合わせることができる。ここ、フンメロの庭園では、紫のベロニカ'エヴェリン'とフィリペンデュラ・ルブラの羽毛状の花穂がデスカンプシア・セスピトサの中から浮かび上がっている。

▶▶ 134-135ページ
オランダ、フンメロのアウドルフ庭園の9月。植物は少し乱れ始めているように見えるが、それぞれが明確な構造をもっているので、見応えが保たれる。オレンジ色のヘレニウム'モーハイム・ビューティー'と紫色のアスター・ノバエ-アングリアエ'ビオレッタ'は直立して成長する。一方、サンギソルバ'サンダーストーム'は、多くの枝分かれした長い茎がさまざまな角度に伸び、暗赤色の花房が散って見える。後ろでは、グラスのモリニア'トランスペアレント'の茎の集まりが、どことなく、堅さと同時に霞のような雰囲気を感じさせる。

は明確な構造上の特徴をもつものと、そうでないもの（フィラー植物と呼ばれたりします）に分類できます。この2つを、フィラー植物3本に対して、約7本の構造(ストラクチャー)植物の割合で植栽するのが、最もよい植栽です。

• 構造(ストラクチャー)植物：少なくとも秋までは、花や葉の色に依存しない、はっきりとした視覚的特徴をもちます。
• フィラー植物：花、あるいは葉の色のためだけに植栽されます。シーズン初期には構造的な見どころはありますが、真夏を過ぎると形がなくなったり、乱雑になったりします。

本著の最後にある植物図鑑の中で、ピートはどの植物が構造にどれほど効果があるかを示しています。

植生に導かれて

ガーデナーやデザイナーが無限の可能性をもって仕事をすることは決してありません。この理想的な状態に一番近いのは、幅広い気候帯の植物を組み合わせて使うことのできる、穏やかな西海岸の気候帯にいる人々でしょう。そのような幸運な人々は、ヨーロッパの北西、大西洋に面した沿岸部や、一年中ほぼ同じ気温のサンフランシスコ湾周辺に住み、ガーデニングをしています。それぞれの異なる環境は特定の植物の生育を

▼ カラーホイールを見ると、青／紫と黄色が補色であることがすぐにわかる。これらの色は一緒に見えると印象的だが、植栽で繰り返し使うにはやや強すぎるかもしれない。これは8月の景色で、ソリダゴ'ゴールデンモサ'がアスター'トワイライト'と隣り合っている。現在の位置から見た場合では、右側でピンクのリスラム・ヴィルガタムがアスターと調和している。左に回り込んで背後から見た場合、リスルムが黄色のソリダゴの隣にあると、かなりどぎつく不人気な組み合わせになりそうだ。このようにブロック植栽では、ブロックの並置による色の組み合わせが強調されるが、それがどのように見えるかは視点により大きく左右される。

▼ 夏の後半、クリーム色のエリンジウム・ユッキフォリウムと紫青色のロベリア'ヴェドラリエンシス'、ピンクのモナルダ'スコーピオン'が調和のとれた組み合わせを見せている。これらの植物はすべて同じくらいの高さであるため、さまざまなブレンドやミックスの可能性が生まれる。

示唆していて、特定の環境でよく育つ植物は、特定の構造的および質感（実際には葉の色も）の特徴を共有しているでしょう。ある特定の場所に植栽をしたければ、その場所特有の環境と、それが示唆する視覚的なテーマに気づいたうえで、それを実施する必要があります。気候やその他の環境要因によって、植栽可能な植物の範囲が絞られるのはとてもよくあることで、特定の構造タイプの類型全体が排除されることもあります。例えば、風の強い状況では、大きくて柔らかい葉が排除されます。その土地固有の植物を使うことを重視するのであれば、このことによって、あるレベルの構造上の特徴を決定するかもしれません。南半球では、はっきりとしたロゼット状になる植物が幅広く見られることを思い浮かべてください。生息環境には、進化的適応という正当な理由から、独特の植物の形や質感を特徴とする傾向があります。例えば、北欧の風にさらされた場所や、大陸南部の容赦ない夏の日差しなど、乾燥が大きな問題となる環境に典型的な、細かい質感のボコボコした葉の形などです。

ナチュラリスティックを意識した美学も、ある種の構造を決定づけます。特にグラスやグラスに似た植物が温帯地域の開放的な生息地の多くを占めているという事実は、'ナチュラリスティック'を試みるには、それらの植物を採用しなければならないことを意味します。ニューヨークのハイラインのような、グラスが植物ミックスの中で重要な役割を果たしているプロジェクトでは、このことが特に明確になります。

<u>ハーモニー対コントラスト</u>
この対立は植栽デザインにおける根本的な緊張関係ですが、しばしば、緊張は創造的なものになりえます！デザイナーやガーデナーのなかには、コントラストの表現に偏る人もいれば、ハーモニーを生み出すことに向かう人もいます。この相違点は通常、色彩について語る際に表現されることですが、構造においても両方の原則を説明することができます。

温帯のユーラシアと北米の種では、植物の形状のパ

レットが非常に類似する傾向があるため、「振り切った」構造をもつことは難しくなります。灌木はかなり不定形になる傾向があり、非常に多くの木本植物と多年草は小さな葉をもち、冗長で強調されるところのない見た目をつくり出します。その他の気候帯では、季節的に乾燥する北米の気候や、多くの南半球の温帯の生息地に見られるロゼットやとげのある形状など、より広範囲の形状が含まれることがあります。熱帯、および亜熱帯に近い気候では、植物の形、葉の形、サイズの選択肢が桁違いに多くなります。実際、温暖な気候での植栽設計は必然的に構造から始まり、色彩は二の次になります。温帯のガーデナーやデザイナーの間では、エキゾチックな楽器をオーケストラに加えるように、植栽を派手にしたいという渇望が常にありました。そうすることは、植物の耐寒性について危険な賭けを行うということになりかねません。また、そのような実験的な試みが奨励される気候の場所では、必然的に、ガーデナーやデザイナーがかなり多くの植物構造の組み合わせに取り組むことになります。その場合の欠点は、多種多様な形状によって、目が疲れてしまう植栽になるケースです。特にギザギザ、トゲトゲ、または直立した形状が多く使われる場合、そうなります。

温帯でのグラスの構造は多様ですが、その形状は目立ちすぎるものではありません。したがって、「プリンに卵を入れすぎる（必要以上のことをして台なしにする）」ことを恐れずに、灌木や花の咲く多年草の間に見どころをつくり出すために安心して使用できます。事実、ヨーロッパや北米など温帯のガーデナーたちが、多年草を使った植栽デザインの中心的な要素として、色彩の代わりに構造を探求できるようになったのは、オーナメンタルグラスのおかげです。グラスなしで植栽をデザインすることを想像してみるとよいでしょう。それらが普及する前、構造上の選択肢がいかに限られていたかを理解できます。グラス以外で最も重要な構造の要素は、垂直に突き出した1本の茎です。同一の強い垂直線の繰り返しは、花に続いて立派なシード

ヘッドが出る時間的な連続性があり、植栽に統一感を打ち出すための、強力な手段となりえます。

さまざまな植物の形があれば、多かれ少なかれ、コントラストを表現できることは容易に理解できます。ハーモニーを表現するにはもう少し想像力が必要です。おそらく、ここで鍵となるのは形の繰り返し（特にグラス類において）でしょう。庭や景観に点在するグラスには、何か落ち着きとやすらぎを感じます。柔らかい形が繰り返されることによる共鳴や、ススキのように、そよ風の風下で同じ方向を向いているグラスの穂によって生み出される一体感などです。ハーモニーは、ラベンダー、ヘーベ、ヨモギなどの塊を形成する亜低木によっても、力強く表現できます。

光

現代の植栽は、光と遊ぶ可能性を大きく広げました。従来のボーダー花壇は主に正面からの光で照らされており、平面的な色のブロックの役割を強調していました。最も美しく見せるために後ろからの光を必要とする植物、特に草丈が中～高程度のグラスにとっては、とても不利な状況でした。

光の質は、緯度や季節によって大きく異なります。ある場所は光の質で有名であっても、大抵の場合はその土地の地理的、気候的な条件の組み合わせによるものであり、分析するのは困難です。場所についての具体的な言及なしに光について語ることは不可能な場合もあります。

スコットランドやスカンジナビア、もちろん同様の緯度のほかの場所でも、夏の夜明け後や夕暮れ前に見られる特別な光があります。その強さはほとんど幻覚的で、あらゆるものを黄金の輝きに変えます。これは、地球に到達する太陽光の角度が低く、暖色系の波長が集中するためです。冬でも、このような現象を、北欧全域で午後半ばから遅い時間帯に見ることができます。日が短く、重苦しい灰色になりがちなこの時期に、こ

▶ 夏の終わりごろの、早朝や夕方の赤みがかった陽光は、赤の色調を引き立てるのに最適である。ペルシカリア・アンプレクシカウリスのような赤い花穂だけではなく、特に膨大な色のバリエーションがあるススキの園芸種などといった、グラスの微妙な色の違いも際立たせる。

のような効果を生み出す太陽の光が差し込む瞬間は魔法のようです——しかし、それは光を捉えて最大限に活用するために、適切な植物が適切な場所に存在する場合に限られます。高緯度の夏の光は柔らかく、空が灰色になりがちな海洋性気候帯では、とても控えめな光になり、限りなく微妙な色のバリエーションを表現するのに完璧です。

さらに南、または低緯度では、強い太陽光がまったく異なる効果を生み出します。夏の光は特に厳しいものです。早朝と夕方には柔らかなバラ色になることがありますが、長くは続きません。晴れた空の下では、冬の光は驚くほど強いことがあります。北米では、雪の後の冬の風景は、グラスが茶色くなり、完全に色があせて見えることがあります。非常に濃い青空の下では、子鹿色と茶色(ブラウン)だけが見え、針葉樹の葉さえも緑とは思えないほどに濃く見えます。同じような緯度の地中海性気候でも、冬の光は澄んでいますが、こちらは緑が多く、夏の厳しい光とは異なり、花の色が輝いて見えたり、緑やグレーの葉色の微妙な変化を楽しむことができます。この緯度での夏の光は、直射日光下では非常に強く、花の色に濃度がないように見えることがあります。日陰や曇り空のほうが、植物を観賞するのに向いています。しかし、植物の構造は、このような厳しい光の条件下で、より正しく評価しやすくなります。構造は頼りになる、という強力な根拠です。

霧や霞はネガティブに見られることが多いものですが、地上が雲に覆われたような状態は、感情を呼び起こすすばらしい視覚効果をもたらすことがあります。このことはときに認識されていて、中国中部の沿岸部に位置する杭州のように、西湖とその周辺の霧は、千年以上にわたって詩人や画家によって称賛され、それはまた森林や森林の植物相にとっても最適なのです。風に舞う霧は、とりわけ背の高い植物が視界に現れたり消えたりすることで、庭に神秘やドラマをもたらすことができます。霧の中に差し込む弱い日差しは、その美観をさらに美しくし、最終的に霧が晴れると、葉や茎に残った小さな水滴の集まりが光を捉えてきらめき、蒸発するまで輝き続けます。

四季を通じての植物

生命の春
球根植物とその代替品

多くの人々にとって、庭の春といえば基本的に色彩のことであり、それは、冬がもたらす数か月間の寒い期間と色あせた景色のあとに待ち望むものなのです。しかし実際には、インパクトを与えるために必要な色彩はごくわずかで、微妙な要素ながらも、構造や質感など植物のほかの側面も寄与することができます。一年のうちのこの時期には、信じられないほどのダイナミズムが感じられ、ボーダー花壇はほぼ毎日変化します。このダイナミズムとエネルギーを捉えることが、春を最大限に楽しみ、活用する鍵です。展開する葉、地面から突き出てくるギボウシやシャクヤクなどの多年草の芽吹き、若葉の新鮮な色合い、多年草の茂みの整った形が大きくなっていく様子などがその例です。すべて明確なエネルギーであり、ガーデナーやデザイナーの任務は、これを捉えることです。

国際的な植物の商取引によって、庭園の春は、世界中で驚くほど似通った風景となっています。場所によって大きく異なるのはその期間の長さです。海洋性気候では、春が数か月続き、その間、冷気と暖気が出たり入ったりします。一方、大陸性気候の春は、気温が上がって春の花が急速に終わるまでの数週間しかないかもしれませんが、その後すぐに初夏の球根や多年草が次々と現れます。スイセンがシャクヤクと一緒に咲くなど、ほかでは見られない組み合わせが、春と初

◀4月、シカゴのルーリーガーデンのスイセン'レモンドロップス'。多年草がまだほとんど冬眠から目覚めていない時期に、球根植物は華やかな見せ場をつくれることの好例である。植物の散らばり具合に注目してほしい。これは通常行われるようなグループ植栽ではない。
なぜなら、(1) グループになったスイセンの葉が開花後数週間にわたって、大きくてあまり魅力的ではない印象を与え、(2) それでも時間が経てばいずれスイセンはグループを形成するから、である。

139

夏が重なることで起きることもあります。

　木本植物は、生命を肯定する色彩の重要な源となりえますが、当然ながら多年草や球根よりも多くのスペースを必要とします。下草を樹木の下に植えることができますが、下草のためのスペースを占領しないように灌木の低い枝をこまめに手入れする必要があります。

　春の植栽は、ほぼ必然的に球根を意味します。より専門的な言葉でいうと、球根、球茎、塊茎などの「袋に入れて売りやすい」植物も含む地中植物 (geophytes) のことです。球根植物は、とても簡単で、即効性があり、安価なので、よすぎて信じられないほどです。その結果、球根は春を彩るその他の植物の可能性を覆い隠す危険性があります。

　ガーデナー向けに販売されている球根のほとんどは、温帯または地中海性気候の森林や草原が生息地の植物です。これらは大抵の場合、毎年繰り返し花を咲かせます。例外は主にチューリップで、その祖先はさらに東の厳しい気候帯にあります。チューリップが翌年の花芽の形成を開始するためには暑い夏でなければならず、短期間の活発な成長期には多くの肥料分が必要です。

　ほとんどの球根は、ある程度ランダムに配植しても、よい結果が得られます。球根植物の配置に気を配る必要があるとすれば、年の後半の作業で球根植物を阻害してしまうリスクを減らすため、または、多年草との競合を最小限に抑えるためです。ほかに、スイセンやカマシアに関連した理由もあります。これらの植物は、開花期のあとに、何週間もかけて荒れていくだらしない葉をもっていますが、来年の花を失うおそれがあることから、これらの葉を刈り込んではいけないことは、優れたガーデナーはみんな知っています。だらしないスイセンの葉は、春の終わりから初夏にかけて勢いよく成長する多年草の塊の後ろに簡単に隠すことができますが、注意深く計画しておくことが必要です。この問題を最小限に抑えるもう一つの方法は、球根をよくあるグループ植栽にするのではなく、葉が目立つ塊に

ならないように、分散させて植えることです。

　多くの球根がほかの植物との間に簡単に追加できること、そして、多年草が活躍し始めるころには球根が枯れていっているということを考慮すると、春の植栽を、夏の植栽とはまったく異なるデザインコンセプトとして考えることができます。2つの計画（一つは球根用の透明なレイヤーを、もう一つは多年草のレイヤーを用いること）は、このことを理解する一つの方法であり、スイセンやカマシアのような葉の多い球根があとから出てくる多年草を覆い隠さないようにすることも可能になります。また、若い多年草が、早く成長する必要があるアリウムの葉を覆わないようにすることも重要です（アリウムの葉は開花時期になると枯れてしまいます）。

　より小さな球根（チオノドクサ、クロッカス、スノードロップ、シラーなど）は、特に多年草と組み合わせやすい植物です。なぜなら、これらの球根の活発な成長時期（光、栄養素、水分が必要な時期）が多年草とは異なるため、競争が最小限に抑えられるからです。その結果、これらは多年草のすぐそばで、あるいは多年草の塊の中でさえ、育つことができます。

　球根と同じような芸当、つまり、早く開花して、すぐ近くで育つことができる植物はほかにもあります。

夏に休眠する多年草

森林または林縁の多年草の多くは、地面を這うように育ち、早く開花して早く枯れる傾向があります。それらが夏にどの程度休眠するかは、しばしば気候に大きく左右されます。北西ヨーロッパでおなじみのサクラソウ、プリムラ・ブルガリスは、夏の間ずっと緑の葉を保つことができますが、暑い夏や乾燥した夏には、ほぼ完全に枯れてしまいます。このプリムラは進化の結果、この地域の穏やかな冬と春の間に生育のほとんどを行うようになりました。プルモナリアやオンファロデスなどは、中央ヨーロッパからコーカサスにかけての大陸性気候の植物ですが、これらも春に成長のほ

◀ 森林とは、木だけのことではない。ニューヨーク市のハイラインでは、小さな木々（主にシラカバ）のレイヤーの足元が、自然界で特に栄養の少ない土壌の場所で見られるのと同様に、セッジ〔スゲ属〕で覆われている。緻密で細い葉の塊はカレックス・エブルネアで、北米中西部原産の丈夫な種である。広がりはするが成長が非常に遅いため、こぎれいな房状の構造が長もちする。この写真の中の大きな塊のグラスはカレックス・ペンシルバニカで、日陰での芝生の代替として知られるようになってきた。次ページの写真のグラスはセスレリア・オータムナリスで、より多くの光量が必要である。

◀

▶▶ 142-143 ページ
さまざまな多年草が灌木や低木の下でも開花する。ここでは、左から右へ、ウブラリア・グランディフロラと、その後ろはクリーム色の花を咲かせるアネモネ×リプシエンシスのカーペット、ヘレボルス×ハイブリダスと、その手前は青いメルテンシア・ヴィルジニカ、さらにその前にはピンクのディセントラ・フォルモサ、銅葉のパエオニア・エモディ、そして木の幹のすぐ下には、ポリゴナタム×ハイブリダム'ベットバーグ'のブルーグレーの堅い新芽がある。これらのなかで、ウブラリア、アネモネ、メルテンシアは夏に休眠し、ディセントラもしばしば休眠する。

141

	レウコジャム・アエスティバム	1か所に25、7〜9メートルごと (ランダム)
	トリリウム・セッシレ	1か所に20、7メートルごと (ランダム)
	リリオペ・ムスカリ 'ビッグ・ブルー'	1か所に3
	アリウム・モーリー	1か所に250 散らす
	クロッカス・スペシオサス	1か所に250 散らす
	アネモネ・ネモローサ	1か所に100
	アネモネ / ゲラニウム / サルビアの多年草の塊の間に	軽く散らす

オランダ、ロッテルダムのイヒトゥショフにある球根植物および春と冬に咲く植物。球根植物や春咲きの植物はグループで使われ、早春から晩春にかけてのさまざまな時期に咲く。アネモネ・ネモローサは、多年草のアネモネ (シュウメイギク) 'ハドスペン・アバンダンス'、ゲラニウム 'スー・クルーグ'、サルビア 'ピンク・デライト' の茂みの中に植えられている。この小さくても粘り強く徐々に広がるアネモネは、その開花時期が終わったあとに急成長する多年草ととても相性がよい。小球根類は、単にグループの中に散らすだけで効果的に配置することができる。この図のアリウム・モーリーやクロッカス・スペシオサスがそうであるのと同様に、グループの配置はおおよそランダムである。

とんどを終え、夏に乾燥しすぎると枯れて、再び休眠状態に戻ります。多くのプルモナリア種のすばらしい葉は、ヨーロッパのより沿岸地域のガーデナーたちに、夏を通して高く評価されていますが、必ずしも期待どおりになるものではなく、ボーナスと見なされるべきです。

このような種は、あとから成長する多年草のすぐ近くで生育することができ、多くの植物が芽吹いているときに開花します。メルテンシア・ヴィルジニカ（およびそのほかの関連種）は、ほかの植物の間の空間を埋めることができる多年草の好例であり、密集したグラスの群生の中心でも繁茂し、成長を始めたばかりの裸の多年草の塊の中で春の日光を浴びて青く輝きます。大平原の生息地では、ドデカセオンの種の濃いピンク色の反転咲きの花が同じように振る舞っているのが見られます。ヨーロッパの森の植物である、アネモネ・ネモローサは、侵略的な植物として悪名高いイタドリ〔日本原産〕の群落を占拠できることが知られています。それは、イタドリが世界征服のミッションを遂行する

かのようにはびこる前の短期間（2月から4月）をうまく利用することができるからです。秋に咲くコルチカム属の種もイタドリの中で育つことができます。それは、ワニの歯の間をつつく小鳥を連想させます。同じ役割を果たせそうな多年草は、ほかにも多くありますが、それらは成長が遅く、その結果として価格も高くなるため、ガーデナーは大切に扱います。そのよい例がエンレイソウ（トリリウム）の仲間です。しかし自然界では、これらはしばしばほかの植物のすぐ近くで成長します。栽培されている環境では、土壌の撹乱が最小限に抑えられているならば、自然に広がったりこぼれダネでふえたりすることもあります。トリリウム・グランディフロラでさえ、庭植えの状態では、自家播種して広がることが知られています。

一年草、二年草、春に咲く短命の多年草
このカテゴリーに属する園芸植物はそれほど多くありませんが、別の地域の植物相を庭に取り入れる際に、私たちはこのことをもっと意識するべきかもしれませ

▲ アネモネ・ネモローサの成長パターンは、真の森林植物の典型的な例である。定着するのに時間がかかり、タネをつくることはほとんどなく、うまく定着すると大きな群落を形成する。このような種は、光量が変化したり頻繁に撹乱が起きると成長が抑制されたりするため、林縁やよく管理された森林環境（および庭園でも）では存在し続けるのが難しいだろう。この植物は完全な日陰で放置される必要がある。

▲ ピンクの花を咲かせるティアレラ・ウィリーは、灰色の葉をもつディセントラ・フォルモサや光沢のあるアサルム・エウロパエウムの間から花を咲かせている。この3つはいずれも森林植物で、定着すると広い範囲のマットを形成することができる。アサルムはとりわけグラウンドカバーとして有用だ。

▼ アジュガ・レプタンスは、北ヨーロッパの湿った場所でゆっくり育つ植物である。数年前に自らアウドルフのフンメロ庭園に姿を現した。自然発生的な登場のよい例である。後発の宿根草の新芽の間にゆっくりと広がり、春に花を咲かせ、ブロンズ色の葉は長期間見栄えを保つ。

▼ ウブラリア・ペルフォリアタは、主に東アジアまたは北米起源の植物であり、腐植質が豊富な土壌でしか育たず定着に時間がかかるため、かなり特別な植物という評判がある。実際、一度よい環境に定着すれば、非常に長命で持続性がある。ほとんどが春に活発に成長し、樹木の根の吸い上げによる干ばつが深刻な場合は、夏に枯れる。

ん。森林や林縁などの生息地、とりわけ海洋性気候や地中海性気候におけるそうした場所など、冬が温暖で苗が枯れることがない地域では、秋に発芽し、春や初夏に開花する一年草や二年草が一定数含まれています。コテージガーデンで使われる植物としてよく知られている、濃い藤色の花と銀色のシードヘッドをもつルナリア・アニュアは伝統的なガーデンの実践の例で、黄緑色のスミルニウム・パーフォリアタムも、その一つです。ヨーロッパの平凡なワイルドフラワーのシレネ・ディオイカのような短命な多年草も同様に振る舞い、秋と春にほとんどの成長を済ませて、必要に応じて夏に枯れます。ビオラの多くの種も同様です。この属は、さまざまな生息地や気候帯で、春にほかの植物の足元に突然現れ、自家播種し、そして消えるという適応をとりわけうまく行っているように見えます。

　これらの植物の成功の秘密は、その播種能力にあります。あとから育ってきて長生きする多年草と競合することなく、花を咲かせ、再びタネをまくことで、広がっていくことができます。私たちはこれらの短命の植物にもっと注意を払うべきでしょう。

常緑の多年草

　日陰に耐える森林植物のなかには、丈夫な葉をもち、それが本当に常緑で数年間持続するもの（例えばヤブラン属リリオペの種）や、葉が1年間持続し、春に新しい葉に置き換わるもの（ヘレボルス属やスゲ属、ルズラ属など）があります。いずれにせよ、これらの植物は常に光合成のための葉面をもっているため、冬から早春の光を最大限に利用することができます。これらの植物のいくつかは、広範なグラウンドカバーとしての植栽に使用されますが、新たに草本の多年草を組み合わせて、よりクリエイティブに使われることがあります。カレックス、ルズラ、ヤブラン、リュウノヒゲも十分にグラスに似ていて、効果的なグラウンドカバーとして機能します。実際極東では、ヤブランとリュウノヒゲは、何世紀にもわたってこの方法で広く使われていて、米国東部の州などの、似たような気候の他の地域でも使用されています。それらの多くは、より大型の多年草との激しい競争に生き抜く、驚くべき能力を備えているため、夏の間はほとんど目立たない低層のレイヤーとして使用でき、大型草本の多年草が切り戻されるとすぐに、再び現れます。成長速度がはるかに遅いですが、ヤブランとリュウノヒゲはヨーロッパでも同じように使えます。カレックスとルズラはより速い速度で成長するでしょう。これら2つの属は大きな可能性をもっていて、サイズや成長速度には大きなバリエーションがあります。そしてまだ、学ぶべきことがたくさんあります。

初夏 ― バラの呪縛を解く

一般的には、季節が進むにつれて、庭園の多年草の構造的な魅力は増していきます。初夏は、花がちりばめられた整った葉の塊が主役となります。年の後半には、どちらかというと目立たない、あるいは乱雑にさえなっている植物が、この時期には注目の的になることがあります。このような「フィラー植物」は、初夏にはとても役に立ちますが、多くのガーデナーのデザイン上の配慮が、シーズン初めには行き届いており、シーズン後半になるにつれてそうでなくなるため、フィラー植物をたくさん植えてしまい、残りのシーズンにおけるガーデンの構造を損なってしまう傾向があります。多くのゲラニウムなど、フィラー植物の一部は非常に広がりやすく、生育がゆっくりな遅咲きの植物の成長を抑制したり、歪めたりすることがあります。プロのデザイナーは冷静な目を保つことができるので、ゲラニウムによる、庭の色彩の爆発に誘惑される可能性は低くなります。

ゲラニウムの集団以上に、初夏の植栽デザインの優先順位はバラによって歪められています。ヨーロッパの庭園文化の中心では、初夏の最初の花（ほとんどの古い品種の場合は、当然、一年に一度だけの開花）があって、それに植栽デザインが引きずられがちでした。除草剤で処理された裸地に囲まれてそれらを単独で栽培する、という恐ろしい習慣を放棄すると、次の疑問が生じます。「バラと一緒に何を植えるべきか？」。明白な答えは、バラと競合しない多年草を下に植えるか組み合わせることで、おそらくそれがゲラニウムの人気が高まっている理由の一つです。ラベンダーなどの亜低木も組み合わせて使用できますが、大陸の寒い気候には適していません。背の高い遅咲きの多年草やグラスは、バラとうまく混ざり合わないため、植栽は遅い季節の魅力に限定されてしまい、行き詰まってしまいます。

バラは構造が貧弱です。ほとんどが形のない塊で、ピートが何年も前に指摘したように「葉の質が低い」のです。この時期に花を咲かせるほかの低木、例えばバイカウツギやウツギは構造と葉の両方の質が低いという意味でさらに劣ることがあり、香りはよいのですが、葉があまり目立ちすぎないよう慎重に配植する必要があります。それらの役割をある程度制限すると、

◀ 春が夏に変わるころ、いくつもの球根植物が早咲きの多年草と一緒に花を咲かせる。ここでは、紫色のシラー・ペルヴィアナが、多年草の青いアムソニア・フブリヒティと、背後の黄色いスミルニウム・パーフォリアタムの前で咲き、左には背の高いアリウム・ホーランディカムの花茎がある。シラーの葉は開花後、目立たなくなる。スミルニウムは越冬する一年草だが、しばしば明るい日陰で自家播種する。

▶▶ 148–149 ページ
春が夏に変わるころ、ニューヨークのハイラインでアリウムが点々と咲いている。濃いピンクはアリウム・クリストフィー、白いほうはアリウム・ニグラムである。これらの球根植物はランダムに散らばせるのにとても向いている。ほかの多年草はまだ株として成長し始めているところだが、急速に大きくなってきている。

147

初夏の植栽はかなり単調になります。つまり、のちに開花する多年草の、有望な緑色の塊の成長を待つ季節になります。この時期、タリクトラムなど、構造が優れた背の高い多年草の一部が花を咲かせますが、種類はそれほど多くありません。中程度の高さの植物のなかには、よい構造をもつものもありますが、多くは湿った土を必要とします（アスチルベ、ロジャーシア）。ドラムスティックのようなアリウムが救いの手になったのは、紛れもなくユニークな形状もさることながら、優れた構造をもっているからでしょう。この見事な球形のフラワーヘッドは、今では初夏の庭園で非常に人気が高く、定番になってしまう危険性すらあります。そして、ほかに替えがきかないようです。エレムルスはすばらしいのですが、水はけの非常によい場所が必要となります。ここには、より多くの植物の導入の余地があります。

初夏から秋まで開花が続く気候帯にいるガーデナーは幸運です。多くの人にとって、年末の涼しい気候が訪れるまでに、庭の花への興味は終わりを迎えます。米国西部や西アジア、中央アジアの多くの地域など、乾燥気候に住む人々にとっては、そろそろその年の最後の花の時期かもしれません。グラス、シードヘッド、日照りに強い木本植物で魅力を維持する必要があります。

盛夏　暑さを逃れて

真夏の初めには、いくつかのよい構造を見ることができます。アムソニア、ベロニカストラム、およびバプティシアはすばらしく、シードヘッドになるまでその構造を維持します。涼しい温帯気候では、夏、開花して構造のよい状態が晩夏および秋の多年草の開花のクライマックスまで、ずっと続きます。英国のガーデナーたちは、この時期にフロックスとモナルダの品種くらいしか花がないことに不満を漏らしていたものです。現在ではエキナセアの原種や交配種、そして以前は庭園で栽培されていなかったスタキス・オフィシナリスやアスクレピアス、エリンジウム、モナルダなどが使われるようになり、そのような苦情は

ほとんどありません。

夏が非常に暑い地域では、植物の成長速度が落ちることがあります。地中海性気候など、夏の暑さと干ばつが組み合わさる緯度の地域では、灌水を避ける場合、構造が興味の基本となる必要があります。これは、多くの場合、グラスやシードヘッド、または常緑の低木を意味します。米国南部、日本の南部、中国中東部や南部など、高温と多雨が組み合わさった地域でも、植物の成長が止まることがよくあります。単純に暑すぎるか、葉が焼けるためで、花が咲くものはすべて数日で終わってしまいます。このような気候では、庭園および風景は熱帯のようになり、緑の壁になります。

晩夏と秋　第二の春

地中海性気候では、初秋の涼しくしばしば雨の多い日々を、一般的に第二の春と呼んでいます。一年草が発芽し、一部の球根が開花し、多年草が休眠から覚めて新鮮な葉を出し、ときには花を咲かせるからです。この言葉は、先ほど説明した夏に高温多湿の気候の地域でも使われています。遅い季節の多年草の多くが暖かい（暑いではなく）気候と降雨に反応するためです。東アジアには、シュウメイギク、リグラリア、ホトトギス、サラシナショウマやキクなどの花が一斉に咲きます。さらにこの時期、北米の大平原の植物相は、その多くがキク科（*Asteraceae*）のメンバーである多くの種とともに、文字どおりでも比喩としても、最高の時を迎えています。これらの植物が涼しい気候でも人気を集めたのにはしかるべき理由があります。

秋から初霜が降りるまで、さまざまな地域の庭園で、あらゆる種類の多年草やグラスを楽しむことができます。それらは成長のピークにあり、多くの場合、構造の魅力のピークでもあります。選択肢が非常に多いため、19世紀から20世紀の変わり目に、北欧のガーデナーたちが庭の一年のグランドフィナーレとして「草

▼ スポロボルス・ヘテロレピスはとても役に立つグラスである。乾燥に強く、とても長命である。その花穂やシードヘッドは透き通った霞のようになり、このヘレニウム'モーハイム・ビューティー'のようなほかの花も透かして観賞できる。

▶▶ 152-153ページ
秋の北米の多くの生息地では、青／バイオレット／紫と黄色の組み合わせが優勢である。これらの生息地から着想されたこの組み合わせは、ドイツのハーマンショフの大草原エリアにて、シーズン最後の色彩を加えるために使われている。ここでは、青いサルビア・アズレアと黄色いヘテロテカ・カンポルム・グランデュリシマムが強い効果を出している。右側の小さくてくすんだ青色の花はアスター・パテンスである。高い草丈の植物に囲まれる感覚を生み出す。

本植物のボーダー花壇」を発展させたのも不思議ではありません。私たちが現在使用している植物は、正確にはその種そのものとは違う（長生きで、ローメンテナンスになっている）かもしれませんが、多くの場合、同じ系統の植物でしょう。

　この時期は、植栽設計が、最大になったバイオマスに対応する必要がある時期です。さらに、この時期の状態が最高の植物の多くは、草原や背の高い草本植物相など、背の高さがすべてとなるような環境で育ったものです。植物たちは夏の間、空へ向かって、できるだけ高く成長する競争を続けることになるのです。肥沃で湿った土壌はこのような植生をサポートしますが、やせた土壌や乾燥した土壌では、はるかに背が低く、ある意味でより管理しやすい植栽が適しています。背の高い植物の塊は、遠くから見ると魅力的かもしれませんが、近くで見ると必ずしもそうではないかもしれません。茎の低い位置では、大抵裸になっているか、枯れ葉に覆われているためです。遅咲きの多年草の伝統的な植栽は、「後方が最も高く、前方が最も低い」という教義に基づいて構築されていて、その結果、見る人に向かって均一なスロープができますが、少なくともこれは、背が高く足が長い多年草を扱うための、賢明な戦略ではありました。より現代的な植栽によって、この教義から解放されましたが、それでも植物の高さをはっきりと示す必要があります。背の高い植物と低い植物の間のコントラストと差別化を、それとわかるようにする必要があるのです。さもなければ、多かれ少なかれ、すべて頭の高さの植物の塊になってしまいます。背の低いグラスには、重要な役割がありま

▶ このハーマンショフの大規模な植栽は、肥沃で湿った土壌の様式化したバージョンの大草原を見せるためにデザインされた。従来のブロック植栽を使用しつつ繰り返すことでリズム感を生み出している。ヘレニウム、ヘリオプシス、ソリダゴの交配種が色彩の多くを占めている。一部では一年草も使用されている。グラスの大部分はパニカム・ヴィルガタムである。

◀ 晩夏のハーマンショフ。青いアスター・ラエビスと黄色いルドベキア・トリロバが見える。グラスはパニカム・ヴィルガタム。

▶ オランダのフンメロでは、非常に大切なシーズン終盤のための戦略として、見通しを遮らない程度の高さの植物を使用し、数種類配置している。例えば、歩道突き当たりの右側に少しだけ現れているベロニカストラム・ヴィルジニカム（現在はシードヘッドの状態）や、（アシのような高さのある）アルンディナセアタイプのモリニア・カエルレア（例えば生け垣の前で明るく目立っている'トランスペアレント'）などである。

す。また、下層にフィラー植物を植えるための十分な
スペースがまだあります。多くのゲラニウムがそうで
あるように、一部はまだ活発に花を咲かせているか、
返り咲いています。中程度の高さで良好な構造をもつ
植物は貴重な存在であり、このニッチに適合するのは、
ほとんどがグラスです。

この時期の、非常に多くの背の高い植物と、それら
が最大限に成長した状態にどう対処すればよいでしょ
うか？　いくつかの選択肢を紹介します。

「ウォーク・イン・プレーリー」

背の高い（つまり、頭の高さの）植物を大量に固めて植
えることができます。ピートと私は以前、これがどれ
ほど畏敬の念を抱かせるかについて書きました。広い
通路から眺められるように、ブロック植栽を配置する
のも選択肢の一つです。さらに刺激的ですがリスキー
な選択肢としては、本物の大平原や背の高い植生相と
同じように、見る人がその中に突き進むような狭い道
を設けることです。このような経験は、背の高い植生
のすばらしさを目の当たりにすることができますが、
一方でリスクもあります。雨で茎が倒れたり、むき出
しの茎が多すぎたりして、当惑感があることです。い
い換えれば、デザインされていない自然環境に似すぎ
ているのです。このような植栽は、高い見晴らしのよ
い場所から見下ろしたり、遠くから見たり、遊歩道か
ら眺めたりすると最も効果的です。

ブロック

とても背の高い植物のブロックを背の低い植物で囲む、
あるいは、それらを区画してほかの区画から分離する
方法で植栽すると効果的です。特に、優れた構造をも
たない種には効果があります。背が高く、開花が遅い
多年草の多くは、ただ上部近くに葉と花がついた茎の
ような姿にすぎません。それ自体では明確な形をして
いるかもしれませんが、ほかのものと一緒に成長する
と、単なる不定形の塊になる可能性があります。

突出型

とりわけ高さがあり、したがってほかの植物とは別個
に見える植物は、非常に役に立ちます。効果的なエ
マージェントは、周囲よりも少なくとも3分の1ほ
ど高い植物です。自然のエマージェンツは、大平原に
生える3メートルのシルフィウム・ラシニアタムなど、
自然環境では競合者よりも高くそびえ立っていて印象
的ですが、倒れやすくもあります。ルドベキア・マキ
シマは、シルフィウムより背の低い植物の例で、葉の
ほとんどが低い位置にあり、花は直立した茎のかなり
上にあるので、より効果的です。

- **グラス類**　カラマグロスティス‘カール・フォース
ター’や、ススキの多くの品種のような背の高い直立
したグラスは、背の低い植物の中から突き出すように
生育すると、常に見栄えがよくなります。
- **大きな花穂の多年草**　ソリダゴの一部の種は、優雅
なアーチ状の塊を形成しますが、多くのアスターは、
色を添えてくれる以外には、本当に美しく見えるほど
明確な形がありません。
- **透明感のあるもの**　シースルーのエマージェンツは、
ときには見え、ときには背景に溶け込む、霞のような
外観が非常に効果的です。

透明感

細くて広く伸びた茎に小さな花やシードヘッドがたく
さんついている植物には、信じられないほどの価値が
あります。これらを通して、背後にあるほかの植物や
景色を透かして見ることができます。これらは、空や
色つきの壁に対して際立ちますが、ほかの植物に対し
ては、消えてしまうことも、視界にそっと色を加えて
その存在をほのかに示したりすることもできます。透
け感のある植物は、リズミカルな要素として、または
植栽を通じて視線を誘導するものとして、最も効果的
に使用されます。バーベナ・ボナリエンシスは、紫色
のベールと、よく蝶を植栽に加えますが、それなりに
陳腐化しています。スティパ・ギガンテアなどの多く

◀ シーズン終盤は、多年草の成長が最大となるため、エマージェンツが特に有効である。このフンメロのベラトラム・カリフォルニカムはすばらしい例。その背後には、特徴をもちながらも向こうを見通すことのできる植物であるモリニア・カエルレア'トランスペアレント'がある。左手前にはデスカンプシア・セスピトサ、奥のほうにはパニカム・ヴィルガタムの品種がいくつかある。周囲に調和するようにデザインされた生け垣の剪定にも注目してほしい。

のグラスや、ますます重要になっているワレモコウ属もこれに適しています。透け感は新しいコンセプト（ピートと私が導入した概念だと思いたい）でありながら、すっかり定着しました。今後もさらに多くの優れたシースルー植物が登場することを期待しています。

冬の死と衰退

茶色や黄色の葉が堆肥の材料として、できるだけ早く除去されるべきだと考えられていた時代は終わりました。現代の多くの多年草の品種、そしてもちろんグラスは、多くの伝統的な品種よりもしっかりと立ちますし、シードヘッドや枯れ葉には独自の美しさがあることを受け入れるガーデナーや造園管理者がふえています。さらに、多くの低木や樹木と同様に、一部の多年草にも優れた秋の色彩があることが、認識されるようになってきました。

秋から冬にかけての見た目について、派手に手を加える必要はもうありません。しかし、うまく移行するには、それなりの計画が必要です。この時期、多くの多年草は見栄えがよくありません。最初の強い霜でドロドロに崩れてしまったり、乱雑に枯れて、荒天で吹き飛ばされたりするからです。これらは、見栄えのよいものがその美しさを披露できるように、片づけておくのが最善かもしれません。

晩秋から冬にかけてのシードヘッドや枯れ葉が最も美しく見えるためには、質のよい光が必要です。冬の澄んだ太陽がよく照らす緯度では、これは問題になりません。高緯度では日照時間は限られていますが、その効果はまさに魔法のようです。このような状況で、太陽光が弱く、長く続かないことを考えると、植物に太陽光線をキャッチさせるには、精密な配植が必要になるかもしれません。効果を確かめるために、植える前に庭のあちこちにいくつかの植物を鉢植えにしておくとよいでしょう。また植栽が観賞されるためには、通路や見晴らしのよい場所、あるいは家から見えるようにする必要があります。

最後に、冬の木本植物の役割、特に剪定された生け垣の形（常緑樹も落葉樹も）、およびヤナギ、ハナミズキ、その他の色鮮やかな茎や樹皮をもつ植物の役割を過小評価することはできません。多年草が最終的には切り戻され、これらが残る唯一のものになるかもしれません。

第3章　植物の組み合わせ

161

春

よい組み合わせ

春の多年草ボーダー花壇

4月はまだまだ地面が見えていますが、多年草やグラスが成長する最初の兆しを示しています。ここではいくつかの植物を見ることができます。青いメルテンシア・ヴィルジニカは、球根のように夏は休眠している植物の一つで、夏に開花する多年草と共存できます。赤い閃光はチューリップ・ウィルソニーです。左側、柱の足元には、2つの大きな多年草があり、どちらも夏の間ずっと長もちします。黄緑色のヘレボルス・フェチダスと淡いライラックのルナリア・レディビバです。どちらもこぼれダネをつくる傾向があります。これは有益なメカニズムです。強く成長する多年草との競争に負けても、生き残るチャンスがあるからです。

場所 オランダ、フンメロにあるピートとアーニャ・アウドルフの庭。

湿ったスポットに

カマシア・クシキーは、数種ある北米の球根植物のうちの一つで、春から夏に変わる時期、特に湿った土壌で花を咲かせます。穂状の青い花は、多くの低木や多年草が見せる赤い葉の出現や、この場合のようにシダのオスムンダ・レガリスの新鮮な若芽とよく調和します。球根もシダも湿った土壌で育ちます。カマシアの葉は、スイセンの葉に少し似ていて、葉の数が多く、やや乱雑です。ここでは、シダの広範囲に展開するアーチ形の葉によって少なくとも部分的には隠れますが、ほかの場所では、カマシアの花が終わったあとに、球根よりも高く成長する植物の後ろにそれを隠すように、慎重に配置することが必要かもしれません。

場所 フンメロ

初　夏

補色

アムソニア・タベルナモンタナ・サリシフォリアの澄んだ青が、ジジア・アウレアの緑がかった黄色と非常によく合います。これは補色関係によって生じる「電気」効果のよい例です。手前の暗い青は、サルビア・シルベストリス'ラプソディ・イン・ブルー'です。この効果的な色の組み合わせは、アムソニアの目立つ直立した茎やジジアの傘形花序など、形のコントラストによってよくサポートされています。時間の経過とともに、アムソニアはゆっくりと広がり、大きな塊を形成します。

|場　所| フンメロ

高さの使い方

ペウセダナム・バーティシラレはセリ科で非常に背が高く、2.5メートル、場合によっては3メートルにも成長し、美しい茎に花を咲かせます。シードヘッドは冬の間何か月もしっかりと立っています。その力強い主張だけではなく、間近で見ると、細い柱を超えて背後にあるものを見るような感覚を生み出す価値があります。ここでは、グラスのデスカンプシア・セスピトサのふわふわした若い花穂の茎が、ほかのさまざまな多年草の中で繰り返され、ピンク色のベロニカストラム・ヴィルジニカムの直立が左側に目立ち、いくつかのバーバスカム・リクニティスが点在しています。このような直立する植物は、ほとんどの草本植物が比較的同じ高さにある時期に役立ちます。ペウセダナムは2～3年生き、開花後には枯れますが、多くのこぼれダネをまき散らします。

|場　所| フンメロ

真　夏

形と色とハーモニー

ここではデスカンプシア・セスピトサというグラスがシーンを設定しています。その霧がかった花穂が幻想的な背景をつくり出し、ワイルドフラワーの牧草地のような雰囲気を少し醸し出しています。隣のスタキス・オフィシナリスも野生の植物のような外観をしていて、特にこのようにいくつかの異なる色が混ざり合っていると、そう見えます。色の範囲が比較的限られているため、目は無意識のうちに構造に焦点を当てます。そのため、グラスの後ろにあるベロニカストラム・ヴィルジニカムの直立や、淡いバーバスカム・リクニティス（写真の左端）とベラトラム・カリフォルニカム（写真の後方）が互いに強調し合います。後方にはエキノプス・リトロ'ベッチーズ・ブルー'、前景にはアリウム'サマー・ビューティー'という球体だけが配置され、コントラストになっています。ここの植物の柔らかく調和した色は、すばらしい美しさと静謐（せいひつ）な雰囲気をつくり出しています。

場所　フンメロ

色よりも形？

ここで最も重要なのは、ソフトでパステル調の調和のとれた色彩か、それとも形の多様性でしょうか？ 前景にあるアリウム'サマー・ビューティー'の球体は、柔らかく拡散した形が優勢な植栽の中で、ある種の確かな存在感を示しています。セダム・テレフィウム'サンキスド'の淡い黄緑色は、周囲の色を際立たせ、強調する役割を果たします。今は特に構造的には見えませんが、晩秋にはその太い茎と明確なシードヘッドが独特の印象を残し、冬までそれが続くでしょう。ここのグラスには、フェスツカ・マイレイ（左と右）とペニセタム'トール・テイルズ'が含まれます。トール・テイルズは背が高く、特に効果的な構造植物になります。写真ではあまりはっきりと見えませんが、長期的な観点から重要なのは、直立した花穂をもち、長もちするシードヘッドを形成するいくつかの多年草、ペロブスキア・アトリプリシフォリア、ベロニカストラム・ヴィルジニカム、フロミス・チュベローサなどです。

場所　ドイツ、ボンの庭園

ボール型とデージー型

鮮やかな色と、顕著な形のコントラスト。エキノプス・バナティクスのボール型と、エキナセア・プルプレアの大きな分厚いデージー型は効果的な組み合わせです。それらは、多くのグラス（デスカンプシアやモリニアの品種を含みます）を背景に映えています。アリウム'サマー・ビューティー'の球形の花はエキノプスと呼応しています（写真下）。エキノプスとエキナセアのシードヘッドもその年の後半には、ある程度の価値を生むでしょうが、タネが落ちるとインパクトが薄れるため、短期間にすぎません。ピクナンテマム・ムティカムも数本見られます。この植物は、よく知られているモナルダの親戚で、シルバーグレーの苞をもち、強い色とよく混ざり合います。

エキナセアとエキノプスはどちらも、寿命が不確かなこともある2つの多年草の属です。植物の根元を詳しく調べると、非常に締まった塊があり、広がる能力が限られていることがわかります。ただし、一部の庭園ではタネができる品種もあるようです。ガーデナーによって経験は大きく異なりますが、どちらの種も突然消滅することがあります。

場所 フンメロ

第3章 植物の組み合わせ

165

晩　夏

シードヘッドの霞

通常はグラスが、花やタネによるこの雲のような茂みを形成します。リモニウム・プラティフィルムは、小さな藤色の花の多年草で、長く続くシードヘッドになり、ここのオリガヌム'ローゼンクッペル'のような濃い色の花を際立たせるのに最適ですが、ほかの多くの遅咲きの植物をその場所に想像することもできます。リモニウムは根元の塊が非常にしっかりしているため、ほかの多くの種と比較的近い距離で組み合わせるのに適しています。この組み合わせの後ろには、グラスのモリニア・カエルレアの一種とスタキス・オフィシナリスがあります。

場所 ルーリーガーデン、シカゴ、イリノイ州

霧のようなグラス

ここの多種多様な花と成熟に達したグラスは、夏の青々とした充実を強く物語る組み合わせをつくり出しています。この写真では、グラスが優勢に見えますが、実際には見た目ほど多くはありません。この時期、外側に広がる傾向があり、大抵はかなり狭い根元から広がり、開花した多年草がグラスの中に埋もれているような感覚を生み出します。自然の生息地で起こることと同じです。右側のモリニア・カエルレア 'トランスペアレント'は、その狭い根元から予想されるよりもはるかに広い視覚空間を占めるグラスの一例です。中央の子鹿色のグラスはデスカンプシア・セスピトサ'ゴールドタウ'です。

グラスの淡い色と柔らかな質感が、花のより深い色とより明確な形、とりわけワレモコウの引き締まったあずき色のボタンヘッドを効果的に強調します。ペウセダナム・バーティシラレの高い茎は効果的な垂直要素ですが、ほとんど場所をとりません。そのほか、ピクナンテマム・ムティカム（白、中央）、ヘレニウム'ディ・ブロンド'（黄色、後部）、およびロベリア・シフィリティカ（ピンクの尖塔、前景）などが植わっています。

場所 フンメロ

葉のインパクト

多くの耐陰性植物の大きな利点は、その高品質の葉であり、夏の花が比較的不足していることを補っています。ここでは、ブロンズパープルの葉をもつアクタエア'ジェームズ・コンプトン'がまさに開花しようとしています。その濃い葉は、銀色のブルンネラ・マクロフィラ'ジャック・フロスト'とは対照的ですが、これらの葉の色の違いは、葉の形がまったく異なることを強調しているだけです。ブルンネラとかすみのようなデスカンプシア・セスピトサ'ゴールドタウ'（左）は、この規模では非常に効果的なリピート・プランツです。ホトトギスが開花しつつあります（前景で少し見えています）。時間が経つと、これらの植物は広がって、群落を形成する可能性がありますが、湿った水はけのよい土壌が必要です。アクタエア'ジェームス・コンプトン'やブルンネラも同様です。これは比較的新しい植栽で、構成要素の一つ——森林の生息地に自生する背の低い匍匐性種で、最終的には大きな植物の間の隙間を埋めることになる、ガリウム・オドラタム——がほとんど見えません。

　場所がスウェーデンであることに注意してください。高緯度では、耐陰性植物とされている種が、明るい光の条件下、ときには完全な日向の条件下でも育つことがよくあります。

場所 スカルホルメン公園、ストックホルム、スウェーデン

光を放つグラス

中央のグラス（偶然こぼれダネから発生したススキ）がちょうど光を受けて輝いています。これがこの時期以降の多くのグラスの本来の特徴です。年の後半にはさらに効果が高まるでしょう。背後には、カラマグロスティス・ブラキトリカの羽根(のような穂)があり、前方にはデスカンプシア・セスピトサがあります。手前の赤い花は、ペルシカリア・アンプレクシカウリスの花、右の濃いピンクは、ユーパトリウム・マクラタム'アトロプルプレウム'です。

これは、夏の終わりから秋への移り変わりの風景で、この季節に特有の大事なものを捉えています。赤やあずき色が優勢になりつつあること、信じられないほど多様なグラスの形、そして茶色から子鹿色までの色の組み合わせなどです。花の赤やピンクの色調は、グラスやほかの多年草の枯れ葉と同系色の色調を引き立てます。一年で最大の成長を迎えその後枯れ始める、いわば秋の、成長するカオス、とも呼べる感覚もあります。グラスやシードヘッドなど、明確な形と秩序をもつ点は、コントラストとして重要です。

フンメロのこのボーダー花壇は、25年経過しています。オリジナルの植栽の一部は失われていますが、とてもよい状態に見えるので、問題はないでしょう。生存している植物は明らかに長生きですが、ほとんどの場合は栄養繁殖によってのみ生き続けています。デスカンプシアは数年で枯れますが、非常に効果的に隙間にタネを落とし、生き残っています。生き残る多年草は必然的に持続性の高いものになります。

場所 フンメロ

秋

シルエット

エキノプスの完全に球形のボールは、あまり長もちはしないで、すぐに個々の種子に砕け散るにもかかわらず、空または明るい背景にシルエットとして描かれ、あらがえない魅力があります。温帯地域のガーデナーが利用できる植物のなかで、ほぼ唯一ともいえる形状です。もう一つのシルエットは、右側にあるベラトラム・ニグラムの枝分かれした穂です。その葉は、今は端が茶色くなっていますが、それでも庭に植える価値があります。プリーツのような葉の模様もユニークです。

　全体にとても秋らしいこのシーンは、ペルシカリア・アンプレクシカウリス'アルバ'の花によって照らされており、その形状が踊っているように見え、軽やかさを強調しています。ふえてきているこの種のほぼすべての品種と同様に、花期は非常に長く、初霜が降りるまで続く可能性があります。

[場所] フンメロ

豊かなミックス　▶▶ 170–171ページ

長くゆっくりとした秋が続くと、多年草のなかには、葉を落とさないまま新たな葉を茂らせるものもあります。西岸海洋性気候や地中海性気候では、これはごく普通のことで、特にゲラニウムの一部の種、この画像にある斑点のある葉のゲラニウム・ファエウムなどがそうです。それらの新鮮な緑（早期の開花後に切り戻されたあとの再成長）は、アムソニア・フブリヒティなどのより明確な大陸性気候の多年草の黄変する葉や、前景の二年草、エリンジウム・ギガンテウムのシードヘッド、そして左側のパニカム・ヴィルガタム'シェナンドア'のような特定のグラスの季節の色づきとよいコントラストになっています。ルナリア・レディビバのシードヘッドの中心部にある銀色の構造（後部、右）も見えます。

　葉とシードヘッドのこのような豊かな組み合わせは、花がないにもかかわらず、比較的小さなスペースに驚くべき量の魅力を生み出すことができます。

[場所] フンメロ

明暗

秋や冬の庭で実現しやすい簡単な効果の一つに、淡くうっすらとしたグラスを背景に、暗くはっきりとした多年草のシードヘッドを合わせる、という方法があります。シーズン後半のシードヘッド・エフェクトの多くは、最も見栄えがよくなるには太陽光を必要としますが、これはそうではありません。この写真では、背の高いイヌラ・マグニフィカ'ゾンネンストラール'が数種の異なるグラスを背景にして、右側にはおなじみのデスカンプシア・セスピトサが写っています。この品種はシードヘッドが明るいため、この効果は特にうまくいっています。

場所　フンメロ

クラシックな秋

多年草とグラスが、同様に秋の紅葉を見せている木々や低木の前で見事なショーを見せ、統一感のある遅い季節のシーンをつくっています。先ほど説明した、暗／明の効果が前景に見られますが、ここでの主なインパクトは、グラスや多年草の斜面に降り注ぐ太陽の光です。特にスポロボルスはいつでも秋の暖かい色合いが頼りになります。背の高い植物はベロニカストラム・ヴィルジニカム（中央左）です。後方には北米原産のフジバカマの一種、ユーパトリウム・マクラタムがあり、特に壮観ではないかもしれませんが、高さ／体積、頑丈さを兼ね備えているため、季節の終わりに信頼できる存在感を与えており、木本植物との視覚的なつながりをつくるのに役立っています。シルエットにも非常に効果的です。

場所　フンメロ

冬

失われた色

冬もだいぶ深まってきました。庭からほとんどすべての色が失われたとき、利用可能な冬の光によって示される、茶色～子鹿色の間の色合いの違いの最後のひとかけらまですべてが重要であり、植物の構造はさらに重要です。デスカンプシアのグラスの列は、(左から右へ) ベロニカストルム・ヴィルジニカム、スタキス・オフィシナリス、アスチルベ・シネンシス・タケッティ'プルプランツェ'の効果的な背景となっています。さらに奥には、より背の高いグラスの例として、モリニア・カエルレア・アルンディナセアや、かなり見た目がドラマチックなベラトラム・カリフォルニカムが植わっています。

場所 フンメロ

雪はすべてを覆う

雪は、多くの立っている多年草を物理的に平らにするだけでなく、比喩的にも平らにします。木本植物のない場所はどこも、白い毛布の下では同じように見えてしまうからです。なかには、ここでの主役、ペウセダナム・バーティシラレのように、ほかのものより長く立ち続けるものもあります。太くて垂直に立った茎をもち、葉は落ちてほとんど残っていないので、雪に押しつぶされません。垂直に立ったグラスのカラマグロスティス'カール・フォースター'（後ろ）も似ています。雪の中で魅力的な特徴を生み出すのは、デザインされた組み合わせではなく、単純な生存の姿です。

場所 フンメロ

第3章 植物の組み合わせ

173

◀ 自家播種するグラスの中の多年草。

第4章

長期的な植物 の パフォーマンス

植物は、自然界で生き残るため、個体としてだけでなく、より根本的には遺伝子を生き残らせるための戦略を進化させてきました。生存戦略は、庭園やその他の植栽デザインされた景観で、植物がどのように成長するかに影響を与えます。こうした戦略を理解することが、植物の長期的なパフォーマンスを評価し、最大限に活用するための鍵となります。

多年草はどのくらい多年なのか？

「自然」に言葉を当てはめるのはおよそ簡単なことではありません。私たち人間は、明確かつしっかりとしたカテゴリーを好みますが、自然はほとんどそうなりません。自然を理解するうえでの重要な考え方は、一方の端が黒で、もう一方の端は、無限のグレーを経て、気づかないうちに白になるグラデーションである、ということです。人間の理解に基づく言語においては、ある分類がどこで終わり、別の分類がどこで始まるかを決定する必要があるため、必然的に多くの微妙なディテールが失われるのです。しかし、特に失敗しているのは、植物を一年草、二年草、多年草と、単純に3つのパートに分けてしまっているため、植物の寿命の多様性を認識できていないということです。この失敗は国境を超えているように見えます。

多くのガーデナーは経験から、一年草でも1年以上生きるものもあれば、多年草でも3年か4年でいつも枯れてしまうものがあることを知っています。私が行った調査は、一部は観察もありますが、経験豊富な園芸家へのアンケート調査（そのうち66名が詳細なアンケートに回答）も含まれており、どの多年草が本当に多年で、どの多年草が正確には短命と呼ぶほうが適切な

のかについて、広い範囲で合意が得られていることを示しています。

　一部の多年草が、その名にふさわしいものではないということは、多年草を植栽デザインに使用したいと考えている専門家にとって、大きな問題となりえます。多年草の参考書の著者や多年草を宣伝してきた人たちは、この問題にほとんど本気で取り組んできませんでした。彼らの振る舞いは、本当に、じつに衝撃的です。どれが長生きで、どれがそうでないかを明確にさせないことによる、既得権益のようなものがあると思われる園芸業界によって、この問題は悪化しています。事実、園芸業界は、小売ガーデンセンター向けの植物の卸売生産者によって支配されがちです〔本書執筆時、2010年代前半の状況〕。彼らの商品の多くは、即効性はあるものの、寿命が短い植物です。持続可能性に関心のあるプロのユーザーやガーデナーは正真正銘の長生きする植物に興味をもつはずですが、これらの品種開発には、あまり力が注がれていません。より正確にいえば、小売業向けの大規模ナーセリーはほとんど何もしていません。専門のナーセリーは、より限られた資源を使って、持続可能性に向けてより多くの仕事を行っています。ピート自身がその一例です。彼は長年にわたって、約70種の新品種を選抜し、そのほとんどすべてが、いうまでもなく長生きする植物であり、そのリストには、アスター、ユーパトリウム、モナルダ、サルビア、ベロニカストラムなどが含まれています。

　前回の本（『Planting Design』、2005）では、いくつかの基本的な多年草植物のカテゴリーを検討しました。最近の研究と考え方により、これらのカテゴリーに光を当てることができるようになり、よりきめの細かいカテゴリーを開発できるようになりました。問題の一つは、利用可能な草本植物の種類が膨大で、それらを単純なカテゴリーにきちんと分類できないということです。また、私たちが思っているよりも、たくさんの種類の低木があります。この問題を進化論的に考えると、

植物は草本と木本、一年草と多年草の生活様式を何度も進化させてきたと考えられます。そのため、これほどの差異があり、明確な分類パターンがないことは驚くべきことではありません。

長生きと生存戦略

　植物が野生でどのように生き残り、共存するかを理解しようとして、生態学者はいくつかのモデルを開発してきました。最も成功したモデルの一つは、競争植物（Competitor）、ストレス耐性植物（Stress-tolerator）、荒れ地植物（Ruderal）の頭文字をとったCSRモデルです。最初の2つは説明不要ですが、「荒れ地植物」は数週間で裸地を占領してしまう雑草など、日和見主義的で先駆的なライフスタイルをもつ、短命な植物の行動を表します。CSRモデルは1970年代にシェフィールド大学で、J.フィリップ・グライムによって開発されました。これは、植物の生存戦略、つまり、野生化において、あるいは人工空間のコロニーにおいて、植物がどのように生き残り繁殖するかを理解する方法です。このモデルの多くはガーデナーにとって理にかなっており、私は1990年代半ばに初めてこのモデルに出会い、これによって植物の行動と庭づくりに関する多くのことが説明できることに感銘を受けました。例えば、裸地は荒れ地植物の成長にとても重要です。植物と植物の間の裸地を常に鍬で耕す伝統的なやり方が、逆効果である理由を説明しています。単に、荒れ地植物にとって理想的な苗床をつくっているだけにすぎないのです。CSRモデルはドイツでも多大な影響を与えており、さまざまな植栽管理体系の基礎を提供するために使われています。しかし、このモデルについては過大評価されている部分もあると私は感じています。

　ここではCSRモデルの概要を簡単に説明します。主な理由は、その核となるアイディアが、私たちガー

◀ コンフリーの一種である、青いシンフィタム・コーカシカムはその青い花を数か月間楽しむことができるのだが、競争力が非常に強く、肥沃で湿った土壌では、ほかのどの観賞用多年草よりも攻撃的に広がるだろう。しかしここでは、エイサー・グリセウム〔右側の樹木〕の根との競争によって年々衰退している。建物の基礎もおそらく植物の水分と栄養分へのアクセスを制限しているのであろう。ここから学べるのは、強い競争者は食欲旺盛だが、満足に資源を得られないと弱るということだ。シルバーの葉はラミウム・マクラタム'ピンク・ナンシー'で、よりおとなしくて、よりストレス耐性のある、広がる植物である。同じような植物として、ゲラニウム・サンギネウム（左手前の葉）という、これもおとなしいが安定していて、乾燥に強い広がる植物や、オリガヌム〔オレガノ〕の一種（右手前）の実生株がある。これは最小限しか広がらないが、多くの庭で精力的にタネをまく。

デナーやデザイナーにいくつかの有用な概念とラベルを提供しているからであり、また、同僚たちによって、植物のパフォーマンスに関する議論がこれらの用語で行われているからです。ただし、それ以上のものではありません。

<u>競争植物</u>は、文字どおり競争します。これらは資源が豊富な環境（太陽の光がたっぷりと降り注ぎ、肥沃で湿った土壌）で生きる植物です。これらの資源を有効活用し、成長が早く、根や腋芽を伸ばして広がります。この成長はお互いに激しく競争することにつながり、お互いに淘汰されることもよくあります。これが、非常に肥沃で湿った生息地が、場合によっては最終的に1つだけの種に支配されることがある理由です。例には、豊かな湿地の植物、肥沃な牧草地（メドウ）や大平原（プレーリー）に生えるグラス、多年草が含まれます。

<u>ストレス耐性植物</u>は、植物の成長に不可欠な3つの要素、太陽放射（光と熱）、水、栄養素が減少した環境で生き残るものです。彼らはゆっくりと成長し、資源を節約するためにできるかぎりのことをします。例としては、やせた土壌や露出した生息地の束状グラス、乾燥した場所や風の強い場所にある低木、乾燥した岩だらけの土壌に生えるワイルドフラワー、耐陰性の多年草などが挙げられます。

<u>荒れ地植物</u>は、「生き急いで、若くして死ぬ」タイプです。彼らは日和見主義者であり、先駆者であり、ほかの植物の間の隙間や新しい環境にタネをまきます。彼らは急速に成長し、多くのエネルギーを花と種子に注ぎます。通常短命であり、まき散らされた豊富な種子に存在する遺伝子によって生き残ります。例としては、耕作に適した農地の雑草、季節によって露出する河岸の一年草、耕作していない荒れ地や乱れた場所にある多くの植物などがあります。栽培されているものを含め、その多くは、地中海性気候や半砂漠気候など、雨季と乾季がはっきりしている地域で見られる一年草です。

多くの場合、これらの観点から植物について考えることは非常に教育的です。ただし、これらは傾向であり、カテゴリーではありません。植物の大多数は、純粋な競合植物でも、純粋なストレス耐性植物でも、純粋荒れ地植物でもなく、これら3つすべての要素が組み合わさっています。植物をどれか一つのカテゴリーにきちんと分類することは不可能です。実務の植

第4章 長期的な植物のパフォーマンス

177

栽デザインと管理に携わる人々にとって、植物のパフォーマンスの重要な側面について考えることのほうが有用です。ここでは、関連がある場合にはCSRモデルを参照しながら、植物のパフォーマンスの重要な側面について考えます。

長期的な植物のパフォーマンス指標

実務的なデザイナーやガーデナーにとって、植物が長期的なパフォーマンスを示すための4つの重要な指標があります。植物はこれらをいろいろな形で兼ね備えています。

固有の長寿 ある植物は長生きしますが、そうでないものもあり、理想的な条件でも衰退します。古典的な英国のコテージガーデンの花であるアルセアの交配種（タチアオイ）を育てたことがある人なら、誰でも3年目にはいかにもひどい見た目になることを知っています。樹勢がなくなり、木質化によって新芽を出せるエネルギーがないように見えます。彼らは急速に成長し、タネをまき、そして活力を失って枯れるように、遺伝的にプログラムされているのです。

伝播力 播種ではなく、栄養成長によって広がる能力のこと。ガーデニング初心者はすぐに、多年草のなか

には広がるものと、そこにとどまってあまり大きくならないものがあることに気づきます。

永続性 これは、植物が1か所にとどまり、その場所を保持する能力に関するものです。植物の定義は動き回らないものだと考えている人は、モナルダのようなものを育てた経験がないのでしょう。モナルダは1か所に植えると、翌年には何か所もの遠く離れたところに現れることがありますが、その一方で、元の場所にはいなくなっていることがしばしばあります。

播種能力 庭園の条件下で、植物自らがタネをまくことによって、どれだけ効果的に再生産するかということです。

では、これらのパフォーマンス指標について、特に植栽デザイナーやガーデナーにとってどのような意味があるのか、詳しく見ていきたいと思います。

固有の長寿

ガーデニングを始めるときに最初に学ぶ3つのキーワードは一年草、二年草、多年草ですが、これらは実際には、遺伝的にプログラムされたさまざまな植物の寿命のグラデーションに恣意的に押しつけられたカテゴリーにすぎません。下の表は、いくつかの一般的な園芸植物の遺伝的寿命のグラデーションを示しており、中央の行に寿命の目安が示され、下段に例が示されています。いうまでもなく、くっきり明白なカテゴリーにはなっていません！

私の主な関心は、表の右側にあります。いらだたし

	短命な一年草	真の一年草	真の二年草	機能的な二年草	短命な多年草	真の多年草
予想寿命	数か月	生育シーズンの最初から最後まで	2年間	2年以上だが、衰退していく	3年以上	潜在的に永遠
例	ヒナゲシ	カレンデュラ・オフィシナリス	ジギタリス・プルプレア	アルセアの交配種（タチアオイ）	エキナセア・プルプレア	ゲラニウム・エンドレッシー

▼ 朝日が当たる、ペルシカリア・アンプレクシカウリス'ロゼウム'とモリニア。手前には、深紅のボタン状の花をもつクナウティア・マケドニカがあり、この植物は大量の種子を生産して、短命さをカバーしている。すなわち、持続させるためには自家播種が不可欠である。その後ろに見えるのは、バーベナ・ボナリエンシスで、アルゼンチンの乾季の河岸に生える一年草だが、栽培上は非常に短命な多年草であり、ほぼ間違いなく自家播種する。ノーフォーク州のペンズソープ、8月。

▶▶ 180-181 ページ
ペウセダナム・バーティシラレにはセリ科植物特有の習性がある。これは一度花を咲かせると枯れてしまうモノカルピックプランツ（一回結実植物）であり、開花までは2〜3年かかる。しかし自家播種をして、ほとんどの庭でよく育つ。その高さ2.5メートルのシードヘッドは、冬に堂々とした景観をつくり出す。

第4章 長期的な植物のパフォーマンス

くなるくらいに、多年草の寿命に関する研究は、ほとんど行われていません。ガーデナーからのレポートによると、一部の種が数年後に必ず枯れるということについては、一致しています。一方、植物の寿命は千差万別です。多くの種は、3〜5年生存するようですし、その他の種はそれよりも長く生きますが、おそらく10年を超えて生き残ることはできません。環境要因と樹種間の競争は、生存に大きな影響を与えます。よい例は人気のあるエキナセア・プルプレアで、野生では5年を少し超えて生きると報告されていますが、近縁種のエキナセア・パリダは最長20年生存する可能性があります。「真の多年草」カテゴリーには、さまざまな成長習慣をもつ植物が含まれています。最も重要な違い（186ページの「伝播力」で説明）は、「クローン性」多年草（広がる）と「非クローン性」多年草（広がらない）の違いです。

植物が本当に長命な多年草であるかどうか、どのようにして判断できるのでしょうか？ここで重要になるのが「ウサギの視点」です。植物の根元を調べてみてください。明らかに独立した根系をもつ新芽がある場合、その植物はクローン性であり、広がり、長期にわたって生き残ることになります。よい例は、ピンクの花を咲かせるゲラニウム・エンドレッシーやゲラニ

179

ウム・オクソニアナムの栽培種です。一方、すべての根と新芽が首のように一点でつながって、新芽が独自の根系をもっていないように見える場合、その植物は非クローン性植物になります。つまり、自らを広げる能力がなく、短命になるかもしれません。根系が軽くて繊維質であればあるほど、寿命が短くなる可能性が高くなります。しかし、上部と根の成長の間の接続点が狭いものの、充実した塊根性状の根系を備えた植物は、おそらく長生きするでしょう。一部の多年草では、寿命が品種によって異なることもあるようです。これは遺伝的変異の一つの側面です。

　短命であるということは、その植物がその生存戦略に荒れ地植物の要素をもっていることを示しており、したがって、既存の植生が欠けている隙間や乱れた場所を常に探し続けることによってのみ、生き残ることができる先駆者である可能性が最も高くなります。栽培されているほとんどの一年草は、発芽苗は雨季に成長し、乾季には種子として生き残ることができる、季節的に乾燥した生息地に適する種であり、一方、短命な多年草は、さまざまな生息地に起源があります。多くは林縁の植物で、オダマキや一部のジギタリス、おそらくエキナセアも含まれます。樹木が成長したり伐採されたりするなど、常に変化する不安定な生息地で

す。そしてその他には、草食動物によって丘の斜面の土壌がずれたり、地面が撹乱されたりして、発芽した苗が定着するための小さな隙間が常につくられている草地の植物があります。クナウティアやレウカンセマム・ブルガレなどです。洪水や季節的な水位の変化によって、露出した土壌を利用する湿地の植物もあります（リスラム・サリカリアやバーベナ・ボナリエンシス）。これらの種はすべて、活発に成長するため、CSR用語の基準で見ると、競合植物的な荒れ地植物であるといえます。

「寿命の長さ」とは植物に期待される生存期間を指します。それは定着の速さと混同されることがあります。多くのガーデナーの経験として、若い植物はしばしば枯れてしまうことがあり、結局は短命なものと判断されがちです。実際には、それは定着するのが遅い長命の植物であるかもしれません。逆説の一つは、非常に長命な多年草のなかには、最初の数年のほとんどを根の生産に費やし、葉をほとんどつくらないものがあるということです。これらの根は長期的には回復力と生存が保証されていますが、根系が確立するまでは、上部のひ弱な成長点は、ナメクジや干ばつに弱く、早く成長する植物がつくり出す日陰に隠れてしまいます。これらは、競争戦略とストレス耐性戦略を組み合わせ

▶ アキレギア・ブルガリスは非クローン性の多年草のよい例である。画像の株は数年生のものであるが、それぞれの新芽に独自の根系はなく、地上部の成長点と根との間に1つの接続点しかない。

▶▶ ソリダゴ・ルゴサの若い株には、多数のシュートと根が見える。右側にはいくつかの新しいシュートが飛び出ている。古いシュートのそれぞれが独自の根系をもっているため、株が傷むと別々の株になることができる。したがって、これはクローン性である。

▼ ユーフォルビア・キパリッシアスはその広がり方ゆえに評判が悪く、親植物から20センチほど離れた場所から根つきの新芽が出てくる。この空間を埋める習性は、より背の高い植物がこれを抑制しがちなので、役に立つことがある。出てきている新芽はバプティシア・アルバ。

第4章 長期的な植物のパフォーマンス

ていると考えられます。ディクタムヌス・アルブスは、もともと中央ヨーロッパの乾燥した生息地のワイルドフラワーで、このような例の一つです。ほかの例としては、最初の数年間は非常にゆっくりと成長しますが、一度定着すると非常に長生きする重要なプレーリー植物であるバプティシアとグラスのスポロボルス・ヘテロレピスが挙げられます。

[庭での使用法]

非常に多くの人気のあるガーデン用の多年草は、「短命」に分類されるようです。では、それらを育てる意味は何でしょうか？　一年草と二年草は、継続的な生存のための種子を確実に残すために、エネルギーの大部分を花に注ぎます。それゆえ、特に開花期が多年草のそれよりも長く、このことが一年草と二年草を、育てるのに魅力的な植物にしています。短命な多年草にも同じことがいえます。花や種子と、持続的に広がる成長との間で折り合いをつけているのです。多くの短命な多年草は季節を選ばず花が咲き、華やかなので、もちろん育てたくなるでしょう。個人のガーデナーや、十二分に管理され、かつリソースが豊富な公共の空間には問題ありませんが、長期的な計画を立てたい人や、繁殖のための資金や資源が限られている人にとっては、そのような多年生植物の使用は植栽のごく一部にとどめておくべきでしょう。

▲ 自家播種は、ヘレフォードシャーのモンペリエ・コテージの庭の重要な要素である。雑草の侵入を最小限に抑えるため、植生の密度を高くする試みで、生命力の強い種をふやす自然な方法が奨励されている。初夏のこの写真では、着実に広がりつつあるペルシカリア・ビストルタ'スパーバ'（右）の塊と並んで、さまざまな色のアキレギア・ブルガリスとゲラニウム・シルバティカム（手前）がタネをまいている。

▲ モンペリエ・コテージの庭の夏の終わりの様子。自家播種するバーベナ・ボナリエンシス（一年草／短命の多年草、手前）と、伝統的なコテージガーデンの植物であるホリーホック（アルセア・ロゼア）——こちらもさまざまなタイプの土壌で自家播種できる——が見える。黄色い花はルドベキア・ラシニアタ〔和名オオハンゴンソウ。日本では特定外来生物に指定されていて、許可なく栽培等を行うことは禁止されている〕で、広がる能力の強い、非常に競争力のある、背の高い多年草。その丈夫さが利点となるような状況に限り適している。

伝播力

経験豊富なガーデナーと話してみると、特定の多年草には攻撃的な広がり方があると教えてくれるでしょう。ユーフォルビア・キパリッシアスはそのよい例で、ガーデナーのなかにはこれを自分の庭に導入したことを後悔している人もいる一方で、その拡散能力が実際に非常に有用であることに気づいている人もいます。例によって、植物が広がる傾向は明確には区切れません。生態学者はグラデーションを認識していて、一方の端には腋芽を出さず広がったりしない植物があり、もう一方の端には1年以内に多くのランナーを出して新しい個体をスタートさせる種があります。ここで役立つ専門用語は、「ラミート」です〔クローン分球体ともいう〕。ラミートとは、個々の植物になることができる、根をもつ芽のことです。

ラミートの生産レベルと種類には大きなバリエーションがあります。ユーフォルビア・グリフィティのように、非常に長いラミート（数十センチ）を数本出す多年草もあります。その場合、新芽が散在した状態ではなく、群生した状態になるまでに何年もかかります。ほかには、ゲラニウム・エンドレッシーのように、1年間に数センチずつ成長をする多くのラミートを生産し、その結果、着実に塊が広がるものもあれば、ゲラニウム・プシロステモンのように、さらにゆっくりと成長するものもあります。塊が分解してラミートをリリースし、独立して生きるようになる速度はさまざまです。モナルダ・フィスツローサの場合、これは1年で起こりえますが、ゲラニウム・プシロステモンでは、ダメージがあった場合を除いて、起こらないかもしれません（その場合は壊れた断片から植物を再生することがあります）。最も攻撃的に広がる多年草の一つが、リシマキア・プンクタータで、英国の古いコテージガーデンで人気です。一度植えられると、あるいは実際に道端に捨てられたとしても、決して枯れることはありません。数センチのラミートの大量生産と高い持続性の組み合わせは、ほかの植物の侵入を許さない密集した塊を形成できることを意味します。

生態学者らは、植物の栄養繁殖について、「密集型」と「ゲリラ型」があると説明しています。密集型は、塊がすべての方向に一斉に広がるタイプで、ゲリラ型は、株が群落からある程度離れた場所に不規則に芽が現れ、その場所の競合がほとんどない場合にのみ群落が形成されるタイプです。伝統的なガーデニングにおいては、ランナーを出すことは問題視されていたため、ゲリラ型拡散植物は比較的少なくなっています。今日では、そのような選択的な広がりの能力は、ほかの植物がなくなったあとのスペースを占有させるのに役立つと考えられるかもしれません。

広がる能力をもつ多年草は典型的な競争戦略の植物

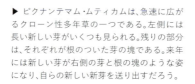

▶ ピクナンテマム・ムティカムは、急速に広がるクローン性多年草の一つである。左側には長い新しい芽がいくつも見られる。残りの部分は、それぞれが根のついた芽の塊である。来年には新しい芽が右側の芽と根の塊のような姿になり、自らの新しい新芽を送り出すだろう。

◀ 初夏、デスカンプシアの間から出てきている、ユーフォルビア・グリフィティ。この種はゆっくりと、ゲリラ的に不規則に広がる。ほかの植物の間に現れるこれらの変則的な塊は非常に魅力的で、6月に開花する。後ろにあるアリウム・ホーランディカムは、多くの庭で毎年花を咲かせ、より軟らかい土壌では自家播種することもある。

第4章 長期的な植物のパフォーマンス

であり、ほかの植物を犠牲にして自身を広げ、自分たちが支配する空間を拡大するために争います。庭園では、それらは信頼できる長命の植物であり、ダメージから回復する能力があり、多くの場合、しばしば雑草の侵入を食い止める能力があります。より強力に広がるもののなかには、空間を急速に埋めることができるものもあり、これは有用な特性です。しかし、多くの人は、この傾向を本質的に心配するべきことと見ます。なぜなら、それらが「雑草」のように振る舞っているからです。しかし、急速に広がる種のなかには、ほかの種との競争に直面したときに、効果的な競争者ではなく、枯れてしまうものもいます。ユーフォルビア・キパリッシアス（典型的なゲリラ型）はその一例です。野生ではグラスやほかのワイルドフラワーの中に不規則な芽を出すだけですが、庭園では背の高い植物に負けてしまうようです（高さはわずか30センチ程度）。多くの種類のゲラニウム、アスター、ソリダゴなど、着実に広がる密な群落を形成する植物は、特に雑草の侵入に対して耐性があり、ダメージからの自己修復が可能であるため、長期的な植栽の主力と見なすことができ

ます。時間の経過とともに、それらは非常に大きな群落を形成し、短命だけれど自家播種する植物や非クローン性の多年草を犠牲にして、ボーダー花壇を支配するようになります。このときが介入するタイミングです。分割してほかの植物のためのスペースをつくり、多様性を生み出します。

<u>庭での使用法</u>

急速に広がる植物は、伝統的に庭のならず者と見なされてきました。しかし、今述べてきたことを踏まえると、これが問題かどうかは、彼らの競争力の程度によって異なります。問題は、これに関するデータがあまりないことです。しかし、ガーデナーはそれを、古い植栽がある庭での植物のパフォーマンスの観察、あるいは自分自身の経験から把握することができます。弱いが急速に広がり、持続性の低い植物は、より大きな植物の間を埋めるのに価値があります。強くて持続性があるなど隣の植物を圧倒するような植物は、強力な雑草抑制と最小限の介入が最も重要とされる、ローメンテナンスの環境で最も価値があります。ゲリラ型

187

の広がり方をする植物は、数本の茎があちこちに飛び出してくるだけで、自家播種植物と同様の魅力的な自然発生的な効果を生み出します。このように広がる種のほとんどは、確立された群落を貫通することはできないため、ほかの種とうまく組み合わせましょう。

永続性

いくつかの多年草は、長生きする潜在力がありながら、庭の条件下ではしばしば寿命を全うできません。野生においても同様でしょう。このような植物には、放浪する新芽をもつ、モナルダやアキレアのいくつかが含まれます。これらはしばしば、1～2年しか生きられず、新しい芽が良好な条件を見つけられなかったときや、ほかの植物の群落に遭遇した場合、すぐ枯れる傾向がありますが、それらは本質的に寿命が短いわけではありません。このような植物は持続性が低いといえます。彼らは常に新しい領域を求めて移動しているため、競争的な、荒れ地植物と見なすことができます。これらの植物が庭でどのくらいの期間生き残れるかは、非常に変わりやすく、土壌、気候、クローンの正確な性質のすべてが影響します。寒さと湿気が交互に訪れる予測不可能な冬をもつ海洋性気候よりも、冬と夏が明確な大陸性気候のほうが、モナルダやアキレアの生育に適しているようです。

ほかの多年草は、より遅い速度でふえますが、中心部から外側に向かって行進するように広がり、そこで枯れ、塊の真ん中に穴があいてしまいます。アイリス・シビリカがよい例です。古い塊は分裂しますが、さまざまな理由から、この種は競争力があると見なされています。この習性は、植えられている場所のほとんどに長い間居続ける植物としての、その有用性を損なうものではありません。

ほとんどのガーデン用のクローン性多年草は、強く永続的な成長をします。最も永続的な植物のなかには、地下または地表レベルで半木質の基部を形成する植物があります。新しい独立した植物を自然に生成する能力がないように見えるため、非クローン性と見なされるものもあります。草本種のセダム（スペクタビレとテレフィウム）〔現在 *Sedum* から *Hylotelephium* に学名が変更〕がよい例です。ほかの植物は明らかにクローン性ですが、ベロニカストラム・ヴィルジニカムのように、部分が分離するまでに非常に長い時間（10年以上）を要するものもあります。堅い木質の基部は、多くの低木の基部に形成される木質状の構造を彷彿とさせます。この構造をもつ植物は何十年も生きるかもしれず、野生の群生のなかには何世紀も生きているものがある可能性もあります。

植物がこのタイプの基部構造をもっているのか、地表部の茎が互いにつながった茂みなのかを判断するのは難しい場合があります。しかし、春に植物の上部周りの土や残渣（ざんき）を、優しく削り落とすと、最も簡単に見分けることができます。また、植物の中心に、移植ごてを突き刺し、もしも先端が木質の基部に当たると、独特の「トントン」という音がします。

デスカンプシア・セスピトサやモリニア・カエルレ

◀ 永続性の高い多年草（左）は、しっかりとした塊を形成し、この状態を何年も維持する。永続性の低い多年草はすぐに分裂して小さな塊を形成する（右）。この二者の振る舞いの間にはグラデーションが存在する。

188

◀ 6月下旬のバプティシア・アルバと、ユーフォルビア・キパリッシアスおよびグラスのナセラ・テヌイッシマ。バプティシアは、ほかのいくつかの北米のプレーリーの種と同様、大きな根系を構築するために定着に時間がかかるが、非常に長命。

◀ 永続性のある多年草は、同じ位置で何年もかけて成長していく。アクタエア'ジェームズ・コンプトン'（左）は非常にゆっくりとしか広がらず、密集した新芽と根の塊を形成する。ゲラニウム・サンギネウム（右）のほうがずっと成長が早く、比較的早く広がるが、この堅くてほぼ木質化したような根からわかるように、枯れ戻ることなく着実に成長する塊根を形成しながら、耐久性と永続性のある成長ぶりを見せる。

アなどの多くの束状のグラス（正確には株立ち種）も、非常に永続的です。それらの古い葉がマルチのようにかぶさりながらゆっくりと腐り、徐々に栄養素を放出して新芽の成長を助けるという、独特の仕掛けで養分をリサイクルしています。野生の株立ち型のグラスの中には、数百年生きているといわれるものもあります。

　多年草のなかで永続性に劣るものは、ガーデナーにとって悪い賭けのように見えるかもしれません。現代の解釈では、たしかにそのとおりです。しかしながら、伝統的なボーダー花壇の中で重要な役割を果たしたものはたくさんあって、今も価値が認められています。それは主に、いくつもの派手な品種が広範囲にわたる華やかな園芸種の交配種を作出するために使われてきたからです。そのなかでも、北米のアスター交配種（ノビ-ベルジー、ニューヨークアスター）とフロックス（パニキュラータもしくは秋咲きフロックス）の交配種はどちらもとても重要でした。それらは、控えめに広がりつつも、1か所にとどまらないという性質をもっているからです。厳密にいえば、それらは競争的な荒れ地植物であり、先祖は自然界では林縁、河岸、小川沿い、その他の不安定な海岸や湿地環境など、不安定ですが

◀ ピンクのユーパトリウム・マクラタム'リーゼンシルム'の隣に、緋色のモナルダ'ジェイコブ・クライン'があり、その前にはピンクのスタキス・オフィシナリス'フンメロ'がある。ユーパトリウムは長命で永続性があり、ゆっくりと塊を形成する。一方、モナルダは長期間生き残ることができるが、それは移動性の高い塊が新しいテリトリーに広がることができればの話なので、永続性は低いかもしれない。

肥沃な生育地にいました。このような状況では、1か所にとどまるのは不利であるため、進化はこれらの植物を常に先へ先へと移動するように駆り立てています。園芸植物としては、高い肥沃度が必要です。従来の知識では、樹勢を維持するには、2～3年ごとの株分けと植え替えも必要とされています。実際には、これは品種によります。ゆっくりとしか広がりませんが、自らを置き換えるために、自らタネをまく種も人気があります。例を挙げるとデルフィニウムやアコニタム（トリカブト）など、非常に肥沃ながらしばしば急速に変化することのある山岳森林の生息地の原生種です。庭の群生は急速に活力を失う可能性があり、それを維持するには増殖が必要です。

庭での使用法

ガーデナーやデザイナーにとって、ゆっくりと広がり永続的である植物の価値は非常に明白です。それらは、長期間にわたる植栽の中で、信頼できる部分を形成してくれます。持続性はあってもより強力に広がる植物で起こりうる、数年後に介入しなければならないという問題もありません。ただし、後者は簡単に掘り起こして株分けすることができますが、非クローン性植物や、非常にゆっくりと広がる永続的な植物は株分けを好まないか、非常に困難な場合があります。

持続性の低い多年草は、高度に管理された個人庭（プライベートガーデン）や、十分な資金と専属のスタッフがいる公共の庭以外の環境では、価値が限られています。しかし、これらのいくつかには遺伝的変異の大きいものがあり、それが最初に栽培に取り入れられた理由の一つかもしれません。この遺伝的変異は、花の色や開花時期だけでな

く、植物の習性、高さ、成長速度、樹勢にも及んでいるため、持続性もまた広範囲に及ぶ可能性があります。一例として、フロックス・パニキュラータと、その関連種で力強く成長するフロックス・アンプリフォリアなどの品種群は、花の特性だけでなく、持続性や樹勢に基づいた新しい選抜をしたいと考えているナーセリーにとって、今でも多様性のための宝庫となっています。

播種能力

植物が庭に自らタネをまくとき、それはスリリングな瞬間です。植物が幸せであることの表れです。寿命の短い植物が適度に自家播種することで、たとえ人工的な生態系であっても、庭が健康であるかのような感覚をつくり出すことができます。しかし、植物があまりにも積極的にタネをばらまき、ほかの種と競争し始めたり、何らかの問題が発生したりすると、喜びは頭痛のタネに変わるかもしれません。長命で永続的な多年草は、多くの場合、広範囲または強固な根系をもち、競争力があるため、自家播種の割合が低い傾向にあります。しかし、なかには長期的な問題を生み出すものもあります。

園芸植物のなかには、悪名高い「タネまきさん」がいて、その子孫をあちこちに散らばらせ、ときには雑草になるほど、至るところに子孫を残します。種が自家播種するレベルは、まさに予測不可能です。栄養繁殖による拡散はある程度予測できますが、播種は予測できません。土壌の種類、春の気温、水分のレベルなど、非常に多くの要因に依存します。

◀ 5月、アリウム・カリナタム・プルケルムと並ぶグラスのナセラ・テヌイッシマ。このグラスは短命（通常は3年）だが、ほとんどの庭では自家播種し、かなり広がることもある。アリウムもまた、自家播種したものが舗装の割れ目（ときにこれは自家播種を促す状況になりうる）から出てきている。

　ごく一般的なルールとして、植物の予想寿命が短いほど、より多くの種子を生産します。二年草は種子を大量につくり、大量発芽が起きてしまうと、最も厄介です。バーバスカムの種類は、利用可能なすべてのスペースを、実生苗のカーペットで覆うことで有名です。「ミス・ウィルモッツ・ゴースト」として知られる、エリンジウム・ギガンテウムも同様です。これは、20世紀初頭の、英国のプランツウーマンであるミス・ウィルモットが、彼女が訪れた庭園にこっそりタネをまいたため、その植物が永遠に庭主を悩ませることになったという話からきています。短命な多年草であるアキレギア・ブルガリスなども、多くの種子を生産しますが、同じような規模にはほとんどなりません。

　二年草や短命の多年草は、栄養繁殖をしないため、少なくとも個々の植物が植栽のほかのメンバーと物理的に競い合う能力は限られています。一方で、栄養繁殖の能力のある競争力の高い種は、種子をほとんど生産しません。短命でたくさんの種子を生産する種の多くは、草の幅が狭く、直立する性質があるため、物理的に隣接する植物の上に広がったり、競合したりする能力は比較的限られています。大半のオダマキやジギタリスは、真の多年草と並んで生育することができ、問題を引き起こすことはありません。しかしすべての植物が同じとはいえません。多数のクナウティア・マケドニカやバーベナ・ハスタータの密集した株元の成長と広大な花茎に手を焼いた人なら、誰でもそう証言するでしょう。

　植栽デザインにおいて、自家播種する植物の播種能力に頼って、それらを植栽の恒久的、あるいは半恒久的な要素と見なすことができるかどうかは疑問です。小規模な庭園では、メンテナンスがより集中して行われ、より多くのことが許容されるでしょう。広いエリアでは、庭が確立されたあとに、多くのタネまきを許容することができます。自家播種の程度に関する知識は体系的に収集されたことがなく、ほとんどは裏づけがありません。短命な自家播種植物を、植栽の小さな要素として組み込むことはできますが、それらがどの程度まで植栽の一部であり続けられるかは、管理する人のスキル、直感、知識に大きく左右されます。ピートは次のようにいっています。「私には二年草と生命

▼カラミンサ・ネペトイデスの間で育つエキナセア・プルプレア'フェイタル・アトラクション'。カラミンサはエキナセアの塊の間のスペースを都合よく埋める。エキナセアは、状況によっては自家播種することもあるが、いずれは枯れてしまう。しかし、エキナセアの特別に魅力的な花はとても人気があるため、長もちしないことは許容できる代償であると広く受け止められている。

▶▶ 194–195 ページ
8月のフンメロ。ユーパトリウム・マクラタム'スノーボール'と、その後ろにペルシカリア・アンプレクシカウリスが見える。ユーパトリウムはゆっくりとしか塊を形成しないが、ペルシカリアはそれよりやや早く形成する。多くの長命の多年草と同様に、どちらも庭で控えめに自家播種する。

力の強い自家播種植物を使った植栽デザインについてのルールがあります。私はそれらをほとんど使いません。使うときはスペースが限定されていて、それらの数を制限するのに十分な競争がある、勢力バランスの確立した庭で、エクストラとして使用します」。

庭での使用法

自家播種はまったく予測不可能であるため、管理戦略においての推奨事項はあまりありません。ほとんどの多年草は軽い土壌でよりよく自家播種しますが、砂利(グラベル)のような無機質のマルチで驚異的なレベルの苗を生産する植物もあります。しかし最終的には、ガーデナーが植物の振る舞いを観察し、学習し、その種の播種レベルに対応しないといけません。短命の植物の適度な自家播種はまさに恩恵であり、長命の多年草についても、強くはびこらないのであれば、同様だといえるでしょう。過剰な自家播種は問題となり、極端な場合には、植物を除去しなければなりません。しかし、時間が経つにつれて、植栽が成熟し、長命な構成要素が広がって、スペースと資源を独占するようになると、短

命の荒れ地植物のためのむき出しの地表が発生する機会は着実に減少します。このような短命な種は、初期のうちは長所を発揮しますが、ガーデナーが積極的にテコ入れしないかぎり、時間の経過とともに減少し、より丈夫で長命の多年草が勢いを増すでしょう。

くの研究を行う必要があります。相互にグラデーションを設定してグリッドを形成することもできます。

植物のパフォーマンスの特性についてのこのようなマッピングは、さまざまな種類の植栽を計画する際に非常に有用であり、この分野では研究を続ける余地が確実にあります。しかし、植物は一貫性のなさが魅力であり、おそらく私たちが植物に興味をもつ理由であるため、現時点では、カテゴリーをつくるという考えを放棄するほうが無難でしょう。なぜなら、常に「もし」や「しかし」で始まる注釈、そして際限のない例外を加えていかねばならないことになるからです。代わりに、植物の位置をグラデーションの上で考えてください。これは、本著の巻末の「植物一覧」で行ったことです。しかし、基本的に重要なことは、自分たちが育てたものを楽しむこと、そしてときには混乱し、絡み合った自然の複雑さを、私たちの仕事と情熱の一部として受け入れることです。

多年草を理解する

それともただ育てるだけのほうが簡単ですか？

園芸植物、特に多年草をカテゴリーに分類するのは非常に困難であるものの、時間の経過とともに、非常に多くの異なる動きを見せてくれるため、その多様性を理解する何らかの方法をもつことが大切です。現実的には、グラデーションを考えるのが最適です。本章で私は、パフォーマンスに関連する示唆をいくつか行いました。つまり、短命から長命まで、栄養繁殖しない非クローン性多年草から積極的に繁殖する多年草まで、塊が非常に持続するものから絶えず分裂するものまで、そして最後に、庭の条件下で多年草が自家播種する可能性における非常に大きなばらつきについて。

これらのグラデーションの間には関係があり、それらの理解度を高めるために、特にそれらがどのように相互に関係しているかについて、多

	永続性・低	永続性・中	永続性・高
伝播力・低	ジギタリス・フェルギネア	ゲラニウム・シルバティカム	セダム・テレフィウム
伝播力・中	フロックス・パニキュラータ	アイリス・シビリカ	ゲラニウム・エンドレッシー
伝播力・高	モナルダ・フィスツローサ	ユーフォルビア・キパリッシアス	リシマキア・プンクタータ

▼現在、庭園や景観によく使われている3種のグラス。モリニア'トランスペアレント'（左上）、パニカム'シェナンドア'（右上）、そして手前のスポロボルス・ヘテロレピス。これらの広がる速さはさまざまである。パニカムは最も塊を形成しやすい。一方、モリニアは真の株立ち種であり、まとまった塊を超えて広がることはない。一番手前にはピクナンテマム・ムティカムがあり、原産地の米国では、大きな塊を形成する宿根草だが、夏の冷涼な気候では勢いがなくなりがちである。

◀ シカゴのサリバン・アーチ・ガーデン。

第
5
章

現 代
の
植 栽 デ ザ イ ン の 潮 流

植栽デザイナーたちは、自然からイン
スピレーションを得て、植物や種子を
使って複雑に混ざり合った組み合わせ
をつくり出しています。ここでは、3
つの大陸にまたがる仲間たちが現在取
り組んでいる、刺激的で明確に表現さ
れたアプローチを見てみましょう。

ここには時代の精神が働いていると考えなければな
りません。たしかに多くの人が同時に同じよいアイ
ディアを思いついたように感じます。植物生態学に触
発されて、あるいは自然界で植物が成長する方法を再
現したいという願望から、多年草植物を基本とした
ミックスをつくるための、異なってはいるが関連して
いるアプローチが、数多く存在します。これらのアプ
ローチは、品種を混合し組み合わせることを目的とし

ています。過去のデザインは植物の正確な配置と並置
に焦点を当てていましたが、ここで紹介する技術はす
べて、自然植生の見かけ上の自発性をつくり出すこと
を目的としています。彼らはこれを、計画を立てるこ
とによって行うのではなく、混合物を植えることに
よって行います。いい換えれば、彼らは植生をつくり
出すことを目的としているのです。

199

▶ 8月、イングランドとウェールズの境、ヘレフォードシャーにあるノエル・キングズベリーの庭の植栽。公共スペースで使用するために開発された、背の高い草本植生のモデルをもとにした植栽ミックスである。長い生育期間において、土壌が肥沃な地域で雑草との競合を最小限に抑えるために、非常に丈夫な多年草が選ばれている。黄色はテレキア・スペシオサ、藤色がかった青色はカンパニュラ・ラクティフローラ、赤はペルシカリア・アンプレクシカウリス、そして手前の淡いピンク色の花はゲラニウム・エンドレッシーである。

▶ ドイツ、ヴァインハイムにあるハーマンショフでカシアン・シュミットが開発したミックス、「プレーリー・モーニング」の乾燥地から中程度の土壌向けのバージョン。ピンク色のデージー状の花はエキナセア・テネシエンシス'ロッキートップ'、くすんだ紫色はアモルファ・カネッセンス、グラスはナセラ・テヌイッシマ、そしてピンク色のカップ形の花はカリロエ・ブシイである。

ランダム植栽

ランダムに植えるというアイディアは、最初に聞いたときは奇妙に聞こえます。これはほとんど、デザインというものに対するアンチテーゼです。すぐに連想されるのは、野生の植物の群落でしょう。ワイルドフラワーの牧草地や大平原は、ランダムに見えます。しかし、実際にはそうではありません。というのも、植物がなぜ、どのように関連するのか、生態学者が集合規則と呼ぶものがあるからです。しかし、私たちの目には、これらの野生植物群落は実質的にランダムであるように見えます。意図的にランダム化された植栽ミックスを作成することは、基本的に、現場の外で設計された植物のミックスを作成する方法です。種は通常、特定の環境やそこでの順応性、そして特定のデザイン基準を考慮して選択されます。そのデザイン基準には、通常、特定の季節、色、高さでのパフォーマンスが含まれています。さまざまな構造のよい組み合わせも含まれています。このミックスは、適切と見なされるあらゆるスペースに展開できます。したがって、それはモジュール式であり、数十から、数百、あるいは数千平方メートルでも使用できる可能性があります。

デザインコミュニティの中では、このアイディアを快く思わない人もいるようです。これは、ミックスを開発した人々（デザイナーではなく、植物生態学者、起業家、またはナーセリー経営者の場合も）に対する同業者の妬みとして説明できるかもしれません。さらに、あらゆるモジュール式のアプローチが大量生産品と見なされることとなり、デザインはその土地に特化したものであるべき、というほぼ教義といってよい考え方に対しての配慮がないと感じられるかもしれません。しかし、ランダム植栽がもたらすのは、一種の民主化です。工業的に大量生産された家具が、以前はそれを買う余裕がなかった人々に高品質のデザインをもたらし、買う余裕のあった人々を時に残念がらせたのと同じように、ランダム植栽は、大規模な植栽デザインを手がける人を雇う余裕のなかったクライアントに、広範囲で洗練された植栽の可能性をもたらします。地方自治体、非営利団体、コミュニティグループ、大規模で維持管理が困難なエリアを受け持つ民間のガーデナー、学校、そのほかの機関などが挙げられます。

多くの商業プロジェクトではランドスケープへの支出が圧迫されがちです。建物がまず優先され、そのコストが超過することにより、ランドスケープへの予算が侵食されます。そして、植栽は通常最後に行われるため、そのためのリソースがさらに圧縮されます。高品質の植栽コストを下げることは、必然的に妥協を伴いますが、ランダムミックスにより、より視覚的に面白く、季節ごとに変化し、生物多様性に富んだ植栽の組み合わせが期待できます。特に、これまでランドスケープ業界の評判を悪くしてきた、「グリーンセメント」の代わりとして、視覚的に豊かな植栽の機会を提供します。

1970年代、英国とドイツの実践者によって初めてワイルドフラワーのメドウミックスが開発されたのと同じ時期に米国中西部で開発されたプレーリーミックスは、タネまきされるものであるためランダム化を伴いました。タネまきは、ジェームズ・ヒッチモウとシェフィールド大学の共同研究者が、さまざまな植栽ミックスをつくるためのプロセスの一部でもあり、自然を参考にしています。植栽の組み合わせにランダムミックスを適用するというアイディアは、1990年代にドイツでウォルター・コルブとヴォルフラム・キルヒャーによって最初に開発され、2001年に初めての公共におけるミックス植栽「シルバー・ソマー（シルバー・サマー）」がつくられました。それ以来、ドイツとスイスの多くの教育・研究機関で20以上の「混合植栽」が開発されました。さらに、ガーデンデザイナーやランドスケープデザイナー、個々のナーセリーによって、ほかのミックスも開発されています。

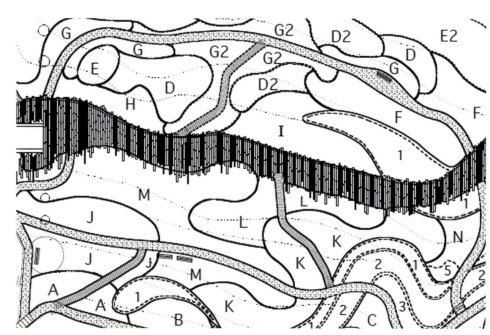

十勝千年の森での多年草混合エリアの図面の一部（2006年）。各ブロック（パネル）は、AからNまである植物のミックスのいずれかを示している。低木と大型の多年草も、このエリアの別のレイヤーを構成していて、別の図面に表されている。

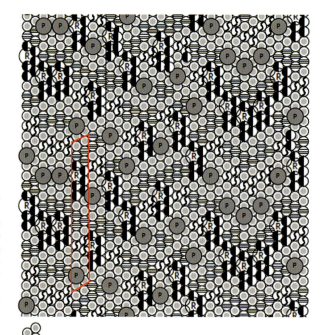

十勝千年の森の「メドウガーデン」で使われたミックスの一つ。下の帯はタイルにも例えられる繰り返しの単位、すなわち「モジュール」の一例である。キミキフーガ（全植物の20％）、ロジャーシア（3％）、サンギソルバ（10％）は、エマージェンツとして機能する花穂をもつ植物である。アスター（43％）とユーフォルビア（20％）はスペース・フィラー（隙間埋め）として機能し、2つのパエオニア種（5％）は「トリート」（206ページ参照）として配置されている。株間は30cmで、パエオニアとロジャーシアは50cmである。

図面の注意書きを参照。
・列の中で植物を反復させなさい。
・新しい列は、配列の中の異なる点から開始させなさい。
・新しい列を開始するために乱数表を使用しなさい。
・www.random.org でさらに多くの乱数を生成できる。
・ミックスエリアごとに列の向きを変えなさい。

ミックス A

○ アスター・ディバリカタス
⊖ キミキフーガ・ラセモサ・コーディフォリア
◐ ユーフォルビア・グリフィティ'ファイヤーグロー'
Ⓡ ロジャーシア・ポドフィラ
⑤ サンギソルバ・テヌイフォリア'アルバ'
Ⓟ パエオニア　P. オボパタ 60%, P. ムロコセウィッチー 40%

ランダム植栽

ランダムに植えるというアイディアは、最初に聞いたときは奇妙に聞こえます。これはほとんど、デザインというものに対するアンチテーゼです。すぐに連想されるのは、野生の植物の群落でしょう。ワイルドフラワーの牧草地(メドウ)や大平原(プレーリー)は、ランダムに見えます。しかし、実際にはそうではありません。というのも、植物がなぜ、どのように関連するのか、生態学者が集合規則と呼ぶものがあるからです。しかし、私たちの目には、これらの野生植物群落は実質的にランダムであるように見えます。意図的にランダム化された植栽ミックスを作成することは、基本的に、現場の外で設計された植物のミックスを作成する方法です。種は通常、特定の環境やそこでの順応性、そして特定のデザイン基準を考慮して選択されます。そのデザイン基準には、通常、特定の季節、色、高さでのパフォーマンスが含まれています。さまざまな構造のよい組み合わせも含まれています。このミックスは、適切と見なされるあらゆるスペースに展開できます。したがって、それはモジュール式であり、数十から、数百、あるいは数千平方メートルでも使用できる可能性があります。

デザインコミュニティの中では、このアイディアを快く思わない人もいるようです。これは、ミックスを開発した人々(デザイナーではなく、植物生態学者、起業家、またはナーセリー経営者の場合も)に対する同業者の妬みとして説明できるかもしれません。さらに、あらゆるモジュール式のアプローチが大量生産品と見なされることとなり、デザインはその土地に特化したものであるべき、というほぼ教義といってよい考え方に対しての配慮がないと感じられるかもしれません。しかし、ランダム植栽がもたらすのは、一種の民主化です。工業的に大量生産された家具が、以前はそれを買う余裕がなかった人々に高品質のデザインをもたらし、買う余裕のあった人々を時に残念がらせたのと同じよ

うに、ランダム植栽は、大規模な植栽デザインを手がける人を雇う余裕のなかったクライアントに、広範囲で洗練された植栽の可能性をもたらします。地方自治体、非営利団体、コミュニティグループ、大規模で維持管理が困難なエリアを受け持つ民間のガーデナー、学校、そのほかの機関などが挙げられます。

多くの商業プロジェクトではランドスケープへの支出が圧迫されがちです。建物がまず優先され、そのコストが超過することにより、ランドスケープへの予算が侵食されます。そして、植栽は通常最後に行われるため、そのためのリソースがさらに圧縮されます。高品質の植栽コストを下げることは、必然的に妥協を伴いますが、ランダムミックスにより、より視覚的に面白く、季節ごとに変化し、生物多様性に富んだ植栽の組み合わせが期待できます。特に、これまでランドスケープ業界の評判を悪くしてきた、「グリーンセメント」の代わりとして、視覚的に豊かな植栽の機会を提供します。

1970年代、英国とドイツの実践者によって初めてワイルドフラワーのメドウミックスが開発されたのと同じ時期に米国中西部で開発されたプレーリーミックスは、タネまきされるものであるためランダム化を伴いました。タネまきは、ジェームズ・ヒッチモウとシェフィールド大学の共同研究者が、さまざまな植栽ミックスをつくるためのプロセスの一部でもあり、自然を参考にしています。植栽の組み合わせにランダムミックスを適用するというアイディアは、1990年代にドイツでウォルター・コルブとヴォルフラム・キルヒャーによって最初に開発され、2001年に初めての公共におけるミックス植栽「シルバー・ソマー(シルバー・サマー)」がつくられました。それ以来、ドイツとスイスの多くの教育・研究機関で20以上の「混合植栽」が開発されました。さらに、ガーデンデザイナーやランドスケープデザイナー、個々のナーセリーによって、ほかのミックスも開発されています。

第5章 現代の植栽デザインの潮流

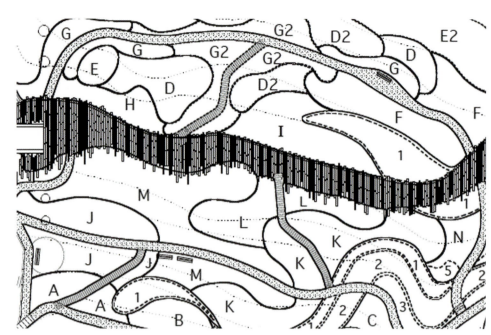

十勝千年の森での多年草混合エリアの図面の一部（2006年）。各ブロック（パネル）は、AからNまである植物のミックスのいずれかを示している。低木と大型の多年草も、このエリアの別のレイヤーを構成していて、別の図面に表されている。

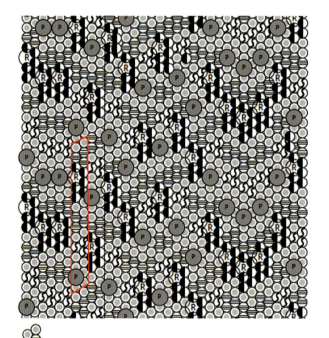

十勝千年の森の「メドウガーデン」で使われたミックスの一つ。下の帯はタイルにも例えられる繰り返しの単位、すなわち「モジュール」の一例である。キミキフーガ（全植物の20％）、ロジャーシア（3％）、サンギソルバ（10％）は、エマージェンツとして機能する花穂をもつ植物である。アスター（43％）とユーフォルビア（20％）はスペース・フィラー（隙間埋め）として機能し、2つのパエオニア種（5％）は「トリート」（206ページ参照）として配置されている。株間は30cmで、パエオニアとロジャーシアは50cmである。

図面の注意書きを参照。
・列の中で植物を反復させなさい。
・新しい列は、配列の中の異なる点から開始させなさい。
・新しい列を開始するために乱数表を使用しなさい。
・www.random.orgでさらに多くの乱数を生成できる。
・ミックスエリアごとに列の向きを変えなさい。

ミックスA

○ アスター・ディバリカタス
⊖ キミキフーガ・ラセモサ・コーディフォリア
◐ ユーフォルビア・グリフィティ'ファイヤーグロー'
Ⓡ ロジャーシア・ポドフィラ
Ⓢ サンギソルバ・テヌイフォリア'アルバ'
Ⓟ パエオニア　P. オボバタ 60％, P. ムロコセウィッチー 40％

▶▶ 204−205 ページ
十勝千年の森の「メドウガーデン」。開花しているのは、濃い紫色のサルビア・ネモローサ'カラドンナ'、白色のギレニア・トリフォリアタ、そして青色のバプティシア・アウストラリス。

ここではランダム植栽に対するいくつかのアプローチを見ていき、次にドイツ語で実際に「混合植栽」（Mixed Planting）と呼ばれる方法について、詳しく見ていきます。この方法は、最も深く研究され、影響力をもっています。

ダン・ピアソン──モジュール式植栽の実験

ダン・ピアソンは英国を代表する庭園デザイナーの一人として名声を博しています。彼を理解する鍵は、彼が手にスコップを持って生まれてきたも同然の人間だということです。植物とガーデニングは常に彼の人生の一部であり、彼のデザインスキルは個人的な経験と深い知識から培われました。野生の植物群落は、常に彼にとってのインスピレーションの源となっています。彼は10代のころにスペイン北部のピコス・デ・エウロパ山脈の石灰岩の草原を発見し、初期にはエルサレム植物園で働いた経験があり、そこで中東の見事な春の花を知りました。彼は続いてほかにも多くの豊かな野草コミュニティに遭遇しています。

多くの実践者と同様に、彼も、試行錯誤の結果としての植栽の組み合わせをデザインし施工することと実験的であることとの間で、微妙なバランスをとらなければなりません。ある注目すべきプロジェクトで彼は、「リスキーな実験であり、まだまねされていない」と自身が表現することを行いましたが、これまでのところ成功しているようです。

日本の北海道にある十勝千年の森は、メディア企業家の林光繁氏によって設立された400ヘクタールのエコロジカルパークで、新聞事業によって排出された二酸化炭素量の相殺を目的としています。ピアソンはランドスケープアーキテクトの高野文彰氏と協力し、ビ

ジターセンター近くに庭園のような環境をつくり、訪問者（主に都会の人）を迎え、「彼らを引き込み、徐々に植物や自然に親しんでもらう」環境づくりに貢献しました。そのねらいは、訪問者たちがプロジェクトの主要部分、つまり、森林伐採の時期から回復しつつある非常に豊かな地上の植物相をもつ森林景観を探索することで、彼らをよりリラックスした気持ちにさせるというものです。このエリア、メドウガーデンでは、モジュール式の植栽スタイルが採用されています。

北海道は米国のニューイングランド地方と同じ緯度に位置しており、どちらかといえば大陸的な気候で、生育期は短く（4月から9月）、冬も厳しく（−25℃まで下がります）、夏は短くて高温多湿です。1.2ヘクタールのメドウガーデンは、訪問者にとって魅力的な体験となるように設計されていますが、植栽のほとんどに外来種が使用されているため、一部が野生に逃げ出すのではないかという懸念があります。これを防ぐために、庭園エリアは奥行き約10〜20メートル幅のマツやヤナギなどの生け垣で囲み、雑草を含まないマルチ材を深く敷いて、こぼれダネの発生を最小限に抑えています。この境界内には、一連の14枚のパネルがあり、各パネルには、5つまたは6つの多年草の品種が混合されています。各パネルは色をテーマにしており、色の衝突を避けるため、カラマグロスティス'カール・フォースター'というグラスの帯を使ってスクリーンをつくっています。「通路は」とピアソンはいいます。「両側に同じパネル・ミックスを配置し、そこを通り抜ける感覚を得られるようにデザインされています。一部のミックスには、あるパネルが別のパネルにスムーズに移行するような感覚を得るため、要素を追加したものもあります」。マクロレベルのデザインにおける重要な要素は、エマージェンツの使用です。ロ

203

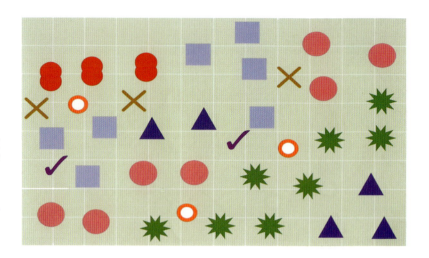

▶ ロイ・ディブリクのボーダー植栽モジュールの一例。多年草と球根が含まれている。これは「エレガント#4」というモジュールで、開けた場所で平均的な土壌、45〜60cmの植物の高さが求められる場所向けである。

- ● ヘメロカリス'ハッピー・リターンズ'（7）
- ■ エキナセア・プルプレア'ルビングロウ'（7）
- ▲ サルビア'ウエスウィ'（5）
- ● コレオプシス・バーティシラータ'ゴールデン・シャワーズ'（3）
- ✦ アリウム・アングロサム'サマー・ビューティー'（8）
- ✕ アリウム・アトロプルプレウム（1区画に3から4）
- ✓ チューリップ'フュア・エリーゼ'（1区画に6から8）
- ◎ チューリップ'オレンジ・トロント'（1区画に6から8）

サ・グラウカのような低木やアコノゴノン'ヨハネスヴォルケ'〔十勝千年の森ではペルシカリア・ポリモルファと認識〕などの大型の多年草を不意に出現させるのは「パネルを橋渡しし、統一的な要素を与え、同時に周囲の流れにあらがう岩のように存在させるためです。ねらいとしては、流れのなかで偶発的な出来事が起こっているような川を想定しています」。

各パネル・ミックスは、ピアソンが「DNAの鎖のようなもの」と表現する、繰り返しの組み合わせモジュールが使われます。「私たちは、ミックス内の組み合わせが、二度と同じ方法で繰り返されないようなシステムをデザインしました。したがってランダムなのです。ねらいはミックスが自分自身でバランスとリズムを生み出すことです」。コンピューター・プログラムがクライアントに提供され、それを使ってモジュールを繰り返すことでパターンを生成します。結果として得られるプランは格子状に分割され、その後、地上の対応するグリッドの上に配置されます。異なる組み合わせは異なる結果をもたらします。ミックスの一つでは、特定の種の侵略性が強すぎたため、置き換えなければなりませんでしたが、組み合わせの大部分は満足のいくものであり、実際に「独自のダイナミクスを発展させ始めています」。

ドイツで開発された混合植栽システムと同様に、各ミックスはいくつかの構造カテゴリーの植物が組み合わされてできています。つまりピアソンの言葉を借りれば、「エマージェンツ、プロカンベント（平伏した、つまり不規則に広がる）植物、スペース・フィラー（隙間埋め）、およびトリート（ときどき現れる、予期しない色や形のしぶきのような植物）」ということになります。

ロイ・ディブリク 植栽グリッド

ロイ・ディブリクはウィスコンシン州南部のナーセリー経営者です。彼は常に先駆者のような存在で、米国中西部の自生種をポット苗として栽培した最初の一人です。多年草をガーデン植物として栽培した歴史がほとんどなく、必要なメンテナンスの種類とレベルについて多くの誤解がある地域で活動するディブリクは、「ノウ・メンテナンス（メンテナンスを知る）」と呼ばれる植栽システムを提唱しました。彼の地域（ゾーン5bエリア、最低気温-26℃）の住宅所有者を対象としていて、植栽は2.4×3.7メートルの「セグメント」に基づいており、30センチメートル四方のグリッ

▼ イリノイ州シカゴ美術館のサリバン・アーチ・ガーデンの6月。ロイ・ディブリクが約60種類の多年草を使用してつくった混合スタイルの植栽である。淡い黄色はアキレア'インカ・ゴールド'（比較的信頼性があり長もちする品種）、ピンクはスタキス・オフィシナリス'フンメロ'、青色の花はカリメリス・インシサ'ブルースター'である。

▶▶ 208–209ページ
混合植栽〔のブランドの1つ。215ページの表を参照〕「インディアン・サマー」は、標準的な砂質土壌から乾燥した砂質土壌まで適している。真夏、オレンジ色のアスクレピアス・チュベローサが開花している。これは乾燥した大平原の植物で、モナークバタフライ〔オオカバマダラ。北米を中心に生息する渡り蝶〕の食草として知られている。黄色と茶色の花はエキナセア・パラドクサ、手前の小さな黄色の花はコレオプシス・ランセオラタ。グラスはナセラ・テヌイッシマ。

▼ 10月までに、グラスのスポロボルス・ヘテロレピスとエラグロスティス・スペクタビリスがより目立つようになる――とりわけ朝露に揺れた状態のときは。黄色はルドベキア'ヴィエッツ・リトル・スージー'。

ドになっています。このグリッドは、彼が「統合アクション植物」と呼ぶ連結のための植物でモジュール間を接続し、モジュラーシステムとして繰り返すことができます。家庭のガーデナー向けのマニュアルを目的とした彼の著書（「参考文献」を参照）の中で概要が示されていて、彼は約40の組み合わせを示しています。しかし、これらは、出発点として見るべきであり、彼の組み合わせを使用することで、ガーデナーは自信をもって自分自身の選択を始めることができると、彼は強調しています。

ディブリクは公共の仕事の中で、シカゴ美術館のために1,400平方メートルの植栽計画をデザインしました。この新しいエリアは建物の側面に位置し、ピート・アウドルフのルーリーガーデンが見える場所にあり、意図的につながりをつくっていますが、グリッドシステムを使用しているため、明確に区別されています。ディブリクは「私はコレクションにあるピエール・ボナールの絵画『地上の楽園』の色彩からインスピレーションを得ました。絵の中から色調を選び出し、それを庭で再現しようと試みました」と経緯を説明しています。

混合植栽

ドイツで開発された混合植栽システム（およびこれに非常によく似たスイスの統合植栽システム）は、公共の領域を飾り、改善する植栽の研究開発に（大学やその他の高等教育研究機関を通じ）公共投資が行われている例です。このようなことになっていないほかの国の人々は、ただ驚きと羨望のまなざしで眺めるしかありません。この取り組みが公共部門で行われる利点の一つは、トライアルが国家的にまたは、文化的に定義された部署を利用して、オープンかつ公的に実施できるということです。例えば「シルバー・サマー」はドイツとオーストリアの13の異なる場所でトライアルが実施されました。

▶「シルバー・サマー」は、最初に開発された「混合植栽システム」で、乾燥したアルカリ性土壌を対象としている。この植栽はマンハイム市にある。黄色いスパイク（花穂）はフロミス・ルッセリアナ、青色の花はベロニカ・テウクリウム'クナールブラウ'、白色の花はゲラニウム・サンギネウム'アルバム'である。

　ミックスはさまざまな生息地向けに開発されていますが、視覚的なテーマ、特に色に基づいてもいます。これらのテーマは、植栽のマーケティングと公衆の認識にとって特に重要です。ミックスの大部分は、大陸性気候が顕著で降水量の少ない地域であるドイツ東部のベルンブルクにあるザクセン・アンハルト大学（応用科学大学）で作成されました。ミックスが開発されているドイツとスイスのほかの場所では、気候はそれほど極端ではありません。ドイツ多年草ナーセリー協会（Bund deutscher Staudengärtner – BdS）の支援は不可欠で、クライアントは協会のメンバーからミックスを購入できます。

　成功した混合植栽とは、ほとんど人工的な生態系として、比較的少ないメンテナンスで機能するものです。構成植物は、少ないインプットで少なくとも10年間は共存できなければなりませんが、個々の植物の生存は全体の生存よりも重要ではありません。選ばれた種は圧倒的に長命で回復力のある種ですが、より長命ですが成長の遅い種が確立するまでの間の初期の興味を惹きつけるために、少数の短命の種も含めることがあります。これらの寿命の短い植物は、自家播種する可能性がありますが、長期的には、より永続的な構成要素が空間を支配するようになるにつれて、それらの種子が新たな生息地を見つける可能性はますます低くなります。ランナーなどの栄養繁殖によって急速に広がる種にも当てはまりますが、その低い草丈が原因で、背の高い植物によって日陰にされやすいという弱点があります。

　構造的なバランスが必要であるため、構造植物、コンパニオン植物、グラウンドカバーのカテゴリー（第3章で説明）が、成功した組み合わせを構築する鍵となります。短命なフィラー植物が含まれる場合と、含まれない場合があります。何種類かの球根あるいは塊茎植物も含まれることがあり、実際、いくつかのミックスによっては重要な役割を果たします。全般的な原則として、夏向き多年草ミックスの構成要素には、5〜15パーセントの構造植物、30〜40パーセントのコンパニオン植物、そして少なくとも50パーセントがグラウンドカバーです。年間を通じて興味をそそるのは開花であり、冬にはシードヘッドや常緑樹の葉から構造的な魅力が得られます。ただし、年間を通じて花を楽しめるかどうかは、その生息地に適した品種を入手できるかによります。日陰や乾燥した土壌などの条件によっては、シーズンの後半に開花する種が少なくなる傾向があります。

　スイスのヴェーデンスヴィル大学で、アクセル・ハインリッヒらによって開発されたミックスには、多年草の植栽が完了したあとに播種される一年草が含まれ

▶▶ 212–213 ページ

ベッティーナ・ヤウグステッターによって ABB 社のビジネスパークのために開発された「シルバー・サマー」の一バージョン。夏の初めから中頃にかけて、ゴールドのアキレア'コロネーションゴールド'と淡い黄色のアキレア'テラコッタ'、深い青紫色のサルビア・ネモローサ'カラドンナ'、淡い青色のネペタ'ウォーカーズロウ'による黄色と青紫色の強いカラースキームが見られる。球形のシードヘッドはアリウム'マウントエベレスト'とアリウム'グローブマスター'。

ベルンブルガー多年草ミックス「ステップ」の季節の見どころ

数		春	夏 (初期)	夏 (中期)	夏 (後期)	秋 (初期)	秋 (後期)	冬
	構造植物							
3	スタキス・レクタ		開花	開花				
	コンパニオン植物							
20	アリウム・セネッセンス			開花				
8	アンテリクム・ラモサム			開花	開花			
8	アスター・アメルス 'シュテルンクーゲル'				開花	開花		
5	アスター・リノシリス					開花		
8	カルリナ・アカウリス・シンプ レックス		葉	葉		構造	構造	構造
10	ダイアンサス・カルスシアノルム			開花	開花			
5	ゲンチアナ・クルシアタ			開花	開花	開花		
5	リナム・ペレンネ		開花	開花				
10	プルサティラ・ブルガリス	開花						
5	セダム・テレフィウム・マクシマム				開花	開花	構造	構造
5	スティパ・ペナータ		構造					
	グラウンドカバー							
5	カンパニュラ・ロツンディフォリア		開花	開花	開花	開花		
8	カレックス・ディジタータ 'ザ・ビートルズ'	葉	葉	葉	葉	葉	葉	葉
15	カレックス・フミリス	葉	葉	葉	葉	葉	葉	葉
8	ポテンチラ・タベルナエモンタナ		開花	開花	開花			
5	テウクリウム・カマエドリス			開花	開花			
5	ティムス・プレコックス		開花	開花				
8	ベロニカ・プロストラータ	開花	開花					

第5章　現代の植栽デザインの潮流

開花期

葉の見どころ

構造的な見どころ：
シードヘッド、茎、
の花

ベルンブルガー多年草ミックス「花の日陰」の季節の見どころ

数		春	夏(初期)	夏(中期)	夏(後期)	秋(初期)	秋(後期)	冬
	構造植物							
3	カレックス・ペンデュラ							
	コンパニオン植物							
5	アスター・シュレベリ							
10	ベルゲニア'シュネークッペ'または'シュネーケーニギン'							
10	カンパニュラ・トラケリウム							
3	ヘレボルス×ハイブリダス							
10	ホスタ'フランシス・ウィリアムズ'							
8	スミラキナ・ラセモサ							
	グラウンドカバー							
15	コンバラリア・マヤリス							
20	ビンカ・ミノール'ガートルード・ジーキル'							
	球根およびその他の鱗茎植物と塊茎植物							
100	アネモネ・ブランダ'ブルー・シェード'							
50	アネモネ・ブランダ'ホワイト・スプレンダー'							
50	エランティス・ヒエマリス							
50	シラー・シベリカ							

開花期

葉の見どころ

ています。エスコルチア・カリフォルニカ（ハナビシソウ）、ニゲラ・ダマスケナ（クロタネソウ）、アリッサム・マリティマムなどの品種は種子から急速に発芽し、1年目は多年草の間の隙間を埋め、2年目は自家播種することもあります。ジギタリス・ルテアやアキレギア・ブルガリスなどの短命な多年草は、いくつかのミックスの特徴です。それらが植栽の中でどれだけ長く生きられるかは、長命の植物にどれだけあらがえるかによって決まります。最近開発されたミックスの一つである「シェード・パール」には、ディエルビラ・セシフォリアという2〜3年ごとに地面まで切り倒される低木も含まれています。

211ページの表は、アルカリ性土壌の乾燥した開けた場所用に、ヴォルフラム・キルヒャーとアンハルト大学の共同研究によって開発された「ベルンブルガー多年草ミックス」の「ステップ」を示しています。リナム・ペレンネは短命ですが自家播種し、カンパニュラ・ロツンディフォリアは地下に広く分布しており、短期間で空間を埋めるのが得意です。最終的にはより

大きな植物や密集した群落を形成するカレックス種などの植物に追い出されます。記載の数値は 10 平方メートルあたりの植物の数です。

214 ページの表は、同じくアンハルト大学で開発された「ベルンブルガー多年草ミックス・花の日陰」を示しています。これは、木の根との競合を伴う乾燥した日陰（に至るまでの状態）を含む、日陰用です。記載の数値は 10 平方メートルあたりの植物の数です。開花は春に集中します。というのも、中央ヨーロッパは通常乾燥しているため、日陰に強く、真夏から晩夏にかけて開花するものが比較的少ないからです。ただし、そのほかの季節はよい葉が楽しめます。米国東部や極東などの、夏の降雨量がともかく安定しているか多い気候では、より広範囲の種が使えるでしょう。

トライアルではさまざまな植えつけ間隔が試されました。一般的に、より広い間隔（1 平方メートルあたり 4〜6 本の植物）が好ましいことがわかっています。狭い間隔（1 平方メートルあたり、8〜12 本の植物）では初期から競争が激しくなり、結果として損失率が高くなり、より積極的に広がる種が過剰に優勢になります。より

広い間隔で植えられた植栽の隙間は、（スイスが開発した統合植栽システムのように）一年草で一時的に埋めることもできます。また、屋上緑化で行われているように、土壌表面に新芽を（平米あたり 30 グラムの割合で）まくだけで導入することのできるセダムの小型品種を使うこともできます。

混合植栽システムの提唱者は、種の数が多いほどその長期的な生存のよい保証になると提案しています。「ベルンブルガー多年草ミックス」の名前で販売されているミックスには、15〜19 種が含まれているのに対し、「シルバー・サマー」には 30 種が含まれています。植物生態学は、種の多様性が植栽の回復力を向上させるという証拠を提供しています。なぜならさまざまな生態学的ニッチを占めることができる広範囲の種が存在する場合、損失や空白が埋められる可能性が高くなるからです。しかし、計画された植栽については、この点を実証する実験的証拠はまだありません。

わずか数平方メートルの小さな面積での混植の効果については疑問があります。このような状況で植物がランダムに配置されることは考えにくく、おそらく望

植栽ミックスのブランド名および開発した研究施設	視覚的特性	生育環境
シルバー・サマー、ap（ジルバーゾマー）	中程度の高さ、主に夏（中期）の黄色と青	乾燥、石灰質の土壌、日向
インディアン・サマー、hhof	中程度の高さ、プレーリー種、多様な色、シーズン後半の見どころのためのグラス	乾燥から平均的、明るいスペース
プレーリー・モーニング、hhof（プレーリーモルゲン）	上記と同様だが、青と紫が優勢	上記と同様
プレーリー・サマー、hhof（プレーリーゾマー）	上記と同様だが、背の高いピンクから紫が優勢	上記と同様
ネイティブ・フラワー・トランスフォーメーションズ、an（ハイミシャー・ブリューテンヴァンデル）	草丈の低い中に中程度の高さが散在、春の色は抑えぎみ	日向から半日陰

植栽ミックスのブランド名 および開発した研究施設	視覚的特性	生育環境
エキゾチック・フラワー・トランスフォーメーションズ、an (エクゾティッシャー・ブリューテンヴァンデル)	中程度の高さ、黄色と紫	半日陰から日陰
フラワー・ボーダー、an (ブリューテンザウム)	低から中程度の高さ、抑えた青と紫、 春から初夏	日向から半日陰
エキゾチック・フラワー・ボーダー、an (エクゾティッシャー・ブリューテンザウム)	中程度の高さ、幅広い色合い	日向から半日陰
フラワー・シェード、an (ブリューテンシャッテン)	低い春咲き種のミックスと装飾的な 葉をもつ多年草	木本植物の下植え、乾燥から湿潤
フラワー・ウェーブ (夏の刈り込みなし)、an (ブリューテンヴォーゲ)	低い、散在する中程度の高さ、 強い黄色と青のコントラスト	乾燥、日向
フラワー・ウェーブ (夏の刈り込みあり)、an	上記と同様だが、夏の後半には新鮮な見た目	乾燥、日向
フラワー・ステップ、an (ハイミシャー・ブリューテンシュテッペ)	低い、抑えた紫青と黄色	乾燥、日向、自然のステップの 生育環境に近い
エキゾチック・フラワー・ステップ、an (エクゾティッシャー・ブリューテンシュテッペ)	低い、抑えた黄緑から青	乾燥、日向、自然のステップの 生育環境に近い
フラワー・ヴェール、an (ブリューテンシュライア)	低い、灰色の葉をもち、春に多色、 のちに黄色、紫、一部ピンク	乾燥、日向
グラス・ダンス、erf (タンツ・デア・グレイザー)	低い多年草と背の高いグラス、多色	乾燥から湿潤、日向
ヴァイツヘッヒハイムのフラワー・モザイク、 vt (ブリューテンモザイク)	低い、黄色と青	乾燥、日向
ヴァイツヘッヒハイムのフラワー・マジック、 vt (ブリューテンツァウバー)	中程度の高さ、青が優勢、のちに青、黄色、赤	乾燥から湿潤、日向
ヴァイツヘッヒハイムのフラワー・ドリーム、 vt (ブリューテントラウム)	中程度の高さ、多色	乾燥から湿潤、日向
ヴァイツヘッヒハイムのカラープレイ、vt (ファルベンシュピール)	早い時期に低い、のちに高くなり、多色	乾燥から湿潤、日向

植栽ミックスのブランド名 および開発した研究施設	視覚的特性	生育環境
ヴァイツヘッヒハイムのカラーボーダー、vt (ファルベンザウム)	低から中程度の高さ、黄色、青、白	日向から半日陰
サマーウィンド、wäd (ゾマーウィンド)	低い、パステルカラー（紫、黄色）、銀色の葉	乾燥、日向
サマーフレッシュ、wäd (ゾマーフリッシェ)	低いが一部は背が高い、紫、黄色、グラスが重要	乾燥から湿潤、日向
インディアン・サマー、wäd	黄色からオレンジ色への暖色、秋の紅葉	乾燥から湿潤、日向
ピンク・パラダイス、wäd	さまざまなピンク	乾燥から湿潤、日向
サマー・ナイト・ドリーム、wäd (ゾマーナハトストラウム)	青紫と紫の葉、グラスが重要	湿潤
シェード・パール、wäd (シャッテンペルレ)	中程度から高めの草丈、黄色と青紫、のちに赤、 ピンク	日陰、樹木の下植え

* イタリック体はドイツのブランド名。略語は以下のとおり。

ap = Arbeitskreis Pflanzenverwendung BdS
　（ドイツ多年草苗木協会の研究グループ）

hhof = Sichtungsgarten Hermannshof, Weinheim
　（ハーマンショフ展示庭園、ヴァインハイム）

an = Hochschule Sachsen-Anhalt, Bernburg
　（ザクセン・アンハルト応用科学大学、ベルンブルク）
　すべてのミックスは「Bernburger Staudenmix」というブランド名で生産されている。

erf = Landesversuchsanstalt für Gartenbau, Erfurt
　（エアフルト州立園芸研究所）

vt = Landesanstalt für Wein- und Gartenbau, Veitshöchheim
　（州立ブドウ栽培・園芸研究所、ヴァイツヘッヒハイム）

wäd = Zürcher Hochschule für Angewandte Wissenschaft,
Wädenswil, Switzerland
　（チューリッヒ州応用科学大学、スイス、ヴェーデンスヴィル）

ましくありません。なぜなら、特定の種が、「ボーダー花壇の前面」の位置に適していると見なされるからです。つまり、脚の長い植物よりも枝葉の多い植物です。また、多くの品種を使用すると、小さなスペースでは十分な繰り返しができなくなるため、使用する種の数も制限する必要があります。

　混植は大規模なメンテナンスのために、つまり個々の植物に個別の注意を払うことなく、植栽全体を一つとして扱う管理作業向けに設計されています。主な作業は、毎年の年末に行われる枯れた植物の除去であり、刈り払い機やその他の大型機械を使用して行われます。ドイツの試験では、一部のミックス、とりわけ、主に初夏に開花する品種（乾燥した生息地の組み合わせにあり

がち）について、シーズン終了後の刈り込みの代わりに、シーズン半ばの刈り込みも試みられました。これは、ヨーロッパの多くの地域での伝統的な農業における真夏の干し草刈りを模倣しています。これには多くの利点があります。魅力的で新鮮な葉の再生、一部の品種の返り咲き、ムスカリ種のような秋冬に成長する球根のための光の確保、開花の遅い品種の背丈の抑制、残渣の除去のための容易なアクセスなどです。

　砂利や砕石などの鉱物性マルチは植栽のコストを大幅に増加させますが、雑草の侵入を減らすことで、継続的なメンテナンスコストを節約できます。これは、メンテナンスが不定期であったり、立ち入りが困難であったりする公共の場では特に重要です。個人庭な

▶ この多年草のプレーリー混合植栽コンセプトは、ベッティーナ・ヤウグステッターが、ドイツ、ライン渓谷のラーデンブルクにあるABB社ビジネスパークのために開発したもので、黄色と白をカラーテーマとしている。背の高い黄花はヘレニウム'ラウフトパス'、白花はアスター・ディバリカタス、銀葉はアルテミシア・ルドビキアナ'シルバークイーン'である。また、エキナセア・プルプレア'アルバ'、エキナセア・プルプレア'サンライズ'、エキナセア・プルプレア'サンダウン'、カリメリス・インシサ'ブルースター'、リアトリス・スピカタ'アルバ'、ペニセタム・オリエンターレ'トールテイルズ'、コレオプシス・バーティシラータ'グランディフローラ'、そしてグラウンドカバーとしてセスレリア・オータムナリスが植えられている。

どの高い視認性が求められる状況では、鉱物性マルチは整然とした外観をつくり出し、まだ非常に若くて隙間のある植栽を、完成されたように見せることができます。

2011年までに開発された混植システムの配列を215ページ以降の表に示します。これはノルベルト・キューン著『Neue Staudenverwendung（新しい多年草植物の使用）』（2011年）からの引用です。

混植システムは間違いなく印象的であり、商業的に成功しているようです。2009年以来、このスキームのための植物を提供するナーセリーの数は劇的に増加しました。本著の執筆時点で、約40のBdS会員ナーセリーが「シルバー・サマー」などの古いミックス用の植物を供給していて、最近開発されたミックスには約25のナーセリーが供給しています。非BdS会員のナーセリーも参加しています。このシステムは、実証的かつ科学的な方法論と、広範な試験に基づいており、公的資金の成果であるため、植物ミックスは公共の財産なのです。驚くことではありませんが、この概念は東欧諸国で影響力を増しており、公的および民間の景観に対してより多くの資金が利用できる世界で、新たに出現しつつあります。

ハイナー・ルスと季節のテーマ植栽

ランドスケープアーキテクト一家の3代目となるハイナー・ルスの仕事は、混植のアプローチと関わりがあります。デザインの専門家として、ルスが植栽の組み合わせについての明確な考えをもっているのは驚くことではありません。彼は、「少ないほど豊かである」less is more という、よく知られたお題目を強調しますが、それを「大規模では均一性を、小規模では多様性を」という基本原則にまで磨き上げ、それが彼の会社のすべての仕事の基礎にあるとしています。彼が混植をデザインするプロジェクトは大規模であり、主に数ヘクタールの植栽が必要なガーデンショーの会場です。ドイツのガーデンショーは、この国の景観および園芸産業の主要な側面なのです。夏の間続くショーのために選ばれる場所は、通常は都市公園の一部として、質の高いインフラと植栽が恒久的なレガシーとして残されます。

このように、ガーデンショーは再生のツールです。ドイツにおける多年草を使った植栽のデザインの革新の多くは、ランドスケープデザイナーの仕事のクライアントであるガーデンショーによってもたらされています。

ルスの重要なコンセプトは、「*Prinzip der Aspektbildner*」です。翻訳するのは難しいのですが、「季節のテーマ植物」がおそらく最も近いでしょう。「テーマ植物」(Aspektbildner) は、それぞれ数週間にわたって植栽を視覚的に支配し、劇的な大規模な効果を生み出す種です。通常ミックスには3〜6種のテーマ植物が含まれ、それが全体の約70〜75パーセントを構成し、残りはコンパニオン植物になります。テーマ植物は、それが主役でいる間は、花、葉、または構造の点で非常に特徴的でなければなりませんが、その前後はそれほど重要ではありません。コンパニオン植物は、脇役的な役割を果たし、テーマ植物の対照になったり、テーマ植物の性質を補完したり、または、別の時期に見栄えがよくなったりします。大きなスケールの中では、コンパニオン植物のインパクトは小さくなります。多くの植物が存在するため、その影響が薄められるからです。しかし、植栽の脇の小道を歩くなど、植栽に近づいた観賞者に対してコンパニオン植物は多様性と絶え間ない変化の感覚を提供します。これはテーマ植物との並置から生じる多くの異なる組み合わせの結果です。

開花は一斉に起こることが多いため、生育期の間に2〜3回の華やかな時期が数週間続き、その間には、より控えめなコンパニオン植物が興味を持続させます。すべての植物はランダムに配置され、迅速な効果を得るために、1平方メートルあたり10〜12本と、植物を比較的密に植えます。

季節のテーマ植物の原則の一例は、ミュンヘン近郊のリーム景観公園での一連の植栽です。この公園は2005年に開催されたガーデンショーのために1995

ミュンヘンのリーム景観公園の季節の見どころ

	春	夏(初期)	夏(中期)	夏(後期)	秋(初期)	秋(後期)	冬
アスター・ラエビス				■	■		
ボルトニア・ラティスカマ				■	■		
アイリス・シビリカ		■			▨	▨	▨
メンタ×スペシオサ							
ネペタ・シビリカ			■	■			
プリムラ・ベリス	■						
ベロニカ・ロンギフォリア			■				

開花期

構造的な見どころ：
シードヘッド、茎、グラスの花

▶▶ 220-221 ページ

ハイナー・ルスのスタジオによるミュンヘンのリーム景観公園の植栽である。5月はアイリス・シビリカが最も目立つ（左上）。ボルトニア・ラティスカマが咲く8月（左下）、まだいくつかのボルトニアが咲いている9月（右上）、そして12月（右下）。

219

年以降開発され、それ以来、展示会およびコンベンションセンター用の公園として維持されています。約2.5ヘクタールの敷地は、アイリスとメンタ（ミント）の牧草地、観賞用の葦原エリア、湿地メドウの浸透エリアの3つのエリアに分かれています。アイリスとミントの牧草地のテーマ植物は219ページの表のとおりです。コンパニオン植物は、アルケミラ・エピプシラ、カマシア・クシキー、ゲラニウム・ウラッソビアナム、リスラム・サリカリア、メンタ・プルギウム、メンタ・スピカタ、メンタ・ロンギフォリア、モリニア・カエルレア・アルンディナケア、ワレモコウ、そしてバレリアナ・オフィシナリスです。このプロジェクトには約23万本の植物が必要で、制作費用は明らかに高額でした。

非常に多数の植物を高密度で植える場合の多大なコストは、カスタムデザインの種子ミックスを使用して、植栽された組み合わせと同様の割合を再現することで削減できます。植栽や追加されるもののメンテナンスとその後の展開は、計画プロセスの最初から、すべてのルスの実践の重要な部分と見なされています。年に一度の刈り込みは、刃の位置を高くした草刈り機か刈り払い機で行われます。

その他の植栽ブレンドのアプローチ

ランダムな植栽の組み合わせへの関心は高まっており、毎年、植物がいっぱい入った苗箱を持った園芸家がマーケットに登場しているかのようです（そして、それぞれの苗箱には、植栽システムの一つのモジュールに十分な量の植物が含まれています）。植物を組み合わせる基準は、主に美観に基づく場合もあれば、土壌条件と適切な植物のマッチングに基づく場合もあります。場合によっては、ミックスは独立系の庭園専門家によって開発され、アマチュアまたはガーデンデザイナーを対象に、プランのみでオンラインで販売されます。また、ナーセリーによってランドスケープデザイナーや公共スペースの地方自治体の管理者を対象に販売される場合もあります。これらのミックスの評価と試験は、たとえ行われていたとしても、ドイツやスイスの混植計画ほど徹底しておらず公開されていません。

▶ ベクスヒルのノエル・キングズベリーによる海辺の植栽では、ピンクの花を咲かせるオステオスペルマム・ジュクンダムと、銀葉のスタキス・ビザンチナ、アルテミシア'ポイス・キャッスル'、フロミス・イタリカ、エリンジウム・ブルガティなどが目立っている。シルバーグレーの植物はバロタ・プセウドディクタムナスである。これらの種が自然に生育している沿岸やむき出しの環境では、植物は密に絡み合い、互いに支え保護し合うだろう。ここの植栽は、ランダムな植栽により、時間とともに同様の葉の絡み合いが起こるという考え方に基づいている。

◀ HTAランドスケープと協力して、サセックス州ベクスヒル・オン・シーの遊歩道に施工されたノエル・キングズベリーの植栽。非常に風当たりの強い沿岸部で、塩水のしぶきが絶えず飛んでくる場所である。沿岸の環境で問題なく育つことが知られている種を使った5組のランダムミックス混合が使用されている。それぞれのミックスは約15種で構成され、そのうち約半分の種はほかのミックスと共有されている。ここでは、灰色のバロタ・プセウドディクタムナス、ネペタ・ファーセニー、黄色のアキレア・フィリペンデュリナ、そしてルドベキア・フルギダ'ゴールドストラム'が目立っている。

◀◀ 224–225 ページ
ペトラ・ペルツがデザインした、2011年のコブレンツ連邦園芸博覧会（BUGA）のための植栽。背の高い黄色の花穂はエレムルス'マネーメーカー'であり、赤色はペンステモン・バルバタス・コッキネウスである。ひときわ葉が目立つのはヘリアンサス・サリシフォリウスであり、背の高い茎が細い葉で覆われている。

▶ エーメ・ヴァン・スウェーデン＆アソシエイツ株式会社のシーラ・ブレイディの植栽。ニューヨーク植物園で新しく再開発されたアザレアガーデンの一部。多年草と球根が、背景を提供し、見応えのある季節を長くするために採用されている。グラスはモリニア・カエルレア'ストラーレンクエレ'、青色の花はゲンチアナ・マキノイ'マーシャ'。

　植栽のブレンドとミックスはますます特定の場所に特化しているため、ミックスは1つの場所向けにデザインされ、ほかの場所では繰り返されません。多くの場合、これらのスキームには、さまざまな生息地や特定の視覚的品質に合わせて、いくつかのカスタム設計された組み合わせが含まれます。常に革新的なワシントンD.C.のエーメ・ヴァン・スウェーデン＆アソシエイツは、このアプローチを民間および公共の案件の両方に適用し始めています。これは私自身の長年のアプローチでもあります。私はサンプルエリア（多くの場合100平方メートル）用のミックスをデザインし、それをエリア全体に複製します。これにより、計画コストが節約されます。これは、資金繰りに困っているクライアント（私の場合は地方自治体）にとって重要な考慮事項です。私の仕事のなかでとりわけ関心をもっていたのは、生育期が長いために雑草の成長が非常に旺盛なイングランド南部において、最小限でかつ未熟練な地方自治体との契約メンテナンスに耐えられる植栽ミックスをデザインすることでした。必要性から、強力な塊を形成する種に焦点を当てることが求められます。

　場所に特化した混合植栽は長い間ドイツのガーデンフェスティバルの特徴であり、1986年のミュンヘン国際ガーデンショー（IGA）でのローズマリー・ヴァイセの作品は国際的に影響を与えた最初の作品でした。特にステップ草原の植栽は、何年も経った今でも見栄えがします。ウルス・ヴァルサーは長年にわたって、多くの仕事に携わり、このスタイルで仕事をするほかのデザイナーもふえています。そのなかでも注目すべきはペトラ・ペルツで、長年にわたって大規模な多年草モノカルチャーブロックを使用しており、エーメ・ヴァン・スウェーデンの米国での仕事を彷彿とさせます。彼女は現在、ガーデンショーでエキサイティングな混合植栽をいくつか披露しています。

◀ 9月、サリー州ウィズリーにある王立園芸協会の庭園でのジェームズ・ヒッチモウによる大平原の植栽。エマージェンツが目立つようデザインされたシードミックス混合種子を播種してつくられた。黄色のシルフィウム・ラシニアタムがその一例である。ピンク色のエキナセア・パリダはエキナセア・プルプレアよりも長命な種であり、その花が主な葉のキャノピーの上に飛び出ている。

「シェフィールド学派」

シェフィールドは工業都市としてよく知られていますが、園芸と産業革新の中心地としての知名度が高まってきていることには、多くの人が驚いています。この評判は主に、シェフィールド大学景観学科の二人のメンバー、ジェームズ・ヒッチモウとナイジョー・ダネットによるものです。二人とも園芸生態学の先駆者です。園芸生態学とは、植物生態学の科学を、デザインされた植栽に応用するものです。「私は人生の大半を、公衆にとって魅力的な、持続可能でデザインされた植物コミュニティを組み立てる方法を把握するために費やしてきました」「とりわけ、デザインされるものに対してどのように生態学的なルールを適用するかです……。これらのルールは普遍的で理解しづらいものです。野生植物と園芸植物を区別しません」とヒッチモウはいいます。ナイジョー・ダネットは、さまざまな状況で、持続可能な植栽を創出することに取り組んできましたが、これまでのところ、最も世間の関心を集めたのは、一年草の種子ミックスを使った仕事です。これは、地方自治体やその他の公共スペースの管理者が、手ごろなコストで、色彩が鮮やかで野生生物に優しい夏の植栽をつくるための方法です。ジェームズ・ヒッチモウの仕事では、デザインされた種子ミックスから育てられた多年草が使われています。自然に発生している、視覚的に興味深い植物コミュニティがもとになっています。中央ヨーロッパの牧草地、北米の大平原、南アフリカの山地の草原は、彼が取り組んできた3つのグループです。シェフィールド学派のアプローチの基本は、「すごい要素」です。つまり、人々の生活を明るくするようにデザインされていなければなりません。ヒッチモウは、ある出会いについて次のように語っています。「ものすごい大男が、君に近づいてきた。ピットブルテリアを鎖につなぎ、全身タトゥーだらけで、首がほとんどない巨漢だ。そんな男が『俺が今朝、寝床から出られた理由はただ一つ、あんたの仕事を見てみたいと思ったからなんだ』といったとしたら、そのとき、君は自分のやっていることは正しいことなんだとわかるだろう」。

シェフィールド学派の植栽における在来種の使用は、それがふさわしいとされるプロジェクトに限られています。これは英国の植物相が非常に限られていることと、植物相に存在する多くの侵略的な種（主に粗放栽培の牧草）の存在を反映しています。逆説的ですが、これらの種が無差別に使用されると、生物多様性が維持

できなくなるかもしれないのです。いずれにせよ、多くの都市環境での主な目的は、比較的安定した人工生態系の創造であり、それはヒッチモウの言葉を借りれば、「在来の植物コミュニティの複製をつくることではなく、人間と野生生物のニーズを満たすこと」なのです。

植栽は、その場所の肥沃度に合わせた適切な種を選んで行われます。例えば、肥沃な土壌に植えられた多年草は、雑草の侵入を非常に受けやすくなります。これはとりわけ、ほとんどの多年草が冬に落葉してしまい、侵略的な雑草や冬に緑の葉をもつほかの植物がこの休眠期間を利用できるようになるからです。しかし湿潤で肥沃な土壌をもつ生態系にある背の高いプレーリー植物を使用すると、これを最小限に抑えることができます。なぜなら、密集して生えるそれらの茂った新芽と根系が光と土壌を独占するため、望ましくない種の定着がしばしば抑制されるからです。逆に、肥沃度の低い場所には限られた資源から最大限の資源を引き出すことに慣れている植物コミュニティに由来する種が適しています。例えば、ヨーロッパの乾燥した牧草地などです。

ヒッチモウがデザインした多年草コミュニティの中心は、種子からつくり上げたものです。種子由来の植物コミュニティは、1平方メートルあたり最大150株という非常に高い密度なので、苗を植えつけた場合よりも雑草の侵入にはるかに抵抗力があります。ただし、これは播種までに現場の土壌から潜在的な雑草による競合の要因をすべて排除している場合に限ります。種子は土壌表面に敷き詰められた75mmの砂、または同様の資材の層に播種されます。種子を使用することで、植物は自然のプロセスに従って自身を配置し、自身と周囲の関係性や生態学的にうまく収まる場所を整えることができ、デザイナーによってその配置を全面的に押しつけられることはありません。また、遺伝的多様性は、ストレス、害虫、病気に対する回復力を高めます。問題に対する耐性レベルのバリエーションが存在

▲ ジェームズ・ヒッチモウが設計した南アフリカの山岳地帯のコミュニティを構成するレイヤー。上の図が示すのは種が豊富な基本のレイヤーで、下の図はこれに背の高い種が加わったもの。開花は遅くなるが、その頻度は年間を通じて減少する。日陰に耐性のない基本層が日陰になるのを避けるためである。

▼ ジェームズ・ヒッチモウがデザインしたロンドン・オリンピックパーク（2012年）の南アフリカエリア。白い花はガルトニア・カンディカンス、ピンクレッドの花はグラジオラス・パピリオ'ルビー'、ピンクの花はディエラマ・プルケリマム、青い花はアガパンサス、そして背の低いピンクの花はディアスシア・インテゲリマ。グラスはテメダ・トリアンドラ。

▼ オリンピックパークの英国原産の植物エリア。これらはすべて「花」で、グラス類ではない。白い花はレウカンセマム・ブルガレ、ピンクの花はオノニス・スピノサ、黄色の花はレオントドン・オータムナリス、淡いピンクの花はマルバ・モスカタである。オノニス以外は、すべて播種されたものである。

するからです。植栽は、苗の植えつけとタネまきを組み合わせてつくることができます。これは、特定の構成種の種子が必要量を入手できない場合や、特定の園芸種が必要な場合、または種子から成株に至るまでの速度が非常に遅く競争に負けてしまうかもしれない場合などに有用です。非常に重要なことですが、植栽のほうがより予測可能であり、リスクを回避したい顧客にとって魅力的です。

植物コミュニティのミックスには、いくつかの葉のレイヤーがあり、それによって土壌の被覆率を高め（水の損失、侵食、雑草の侵入を軽減し）、生息地としての植栽の価値を高め、視覚的に豊かさを加え、特に開花期間を長くします。レイヤーは美的な理由から調整することもできます。根元付近の低い葉のレイヤーに、そこから高く突き出る葉のない花茎が現れるのは、ヒッチモウが好んで用いる視覚効果です。低い樹冠（キャノピー）のレイヤーには、多くの春または初夏に開花する種（比較的耐陰性があるものが多い）が含まれ、晩夏から秋の魅力のために、背の高い植物が配置されます。グラスも含まれますが、それらが由来する野生のコミュニティとは違い、少数の構成要素として使用されます。

野生あるいは半自然の草地コミュニティでの高いグラス類の比率（多くの場合、バイオマスの少なくとも80パーセント）は、視覚的なインパクトを減少させるためです。いうまでもありませんが、使用されるすべての種は、栽培におけるニーズを評価し、侵略的である兆候がないことを確認するためにまず広範囲に試験します。実際、使用されている種の大部分は、英国で栽培されているか、または非常に近縁な種が栽培されていて、それらは問題のある広がり方をする傾向を示していません。

メンテナンスは広範囲に及びますが、選択的な園芸メンテナンスのオプションが備わっていて困ることはありません。植栽についてヒッチモウは「管理操作がサイト全体のすべての植物に適用され、望まれない植物には不利になり、望まれる植物には利益をもたらすように、植栽は設計されるべきなのですが……これは、ほとんどのデザイナーにとって異質な概念です」と語っています。草刈りは明らかな管理手法です。雑草の発芽を抑制するマルチングもその一つです。野焼きは、海洋性気候で春の非常に早い時期に出現する一年草雑草の発芽苗、早くから葉をつける多年草雑草、ナメクジやカタツムリの集団に対しても非常に効果的で

すが、大部分が休眠中の多年草には影響しません。また、構成している植物の後発の発芽にも利益をもたらす可能性があります。ドイツでの混合植栽で見られたように、夏の半ばから終わりにかけての刈り込みもまた、雑草の成長を制限し、より競争力のある構成植物の成長速度を低下させます。欠点は夏の終わりから秋にかけて、興味を引くものが減りやすいことです。

これらの人工の植物コミュニティは、植物生態学の知識を装飾園芸にどう適用するかを研究する文脈の中で開発されていて、達成された結果に関するデータを公開する必要があります。実際にそれらが可能であることが証明されたので、次の段階では、ほかの実践者が異なるコミュニティ間で組み合わせて、真にグローバルな植栽の組み合わせをつくり出すかもしれません。

以下の表は、2012年にロンドンのオリンピック

パークの庭園の一つにデザインされた、「南アフリカ・ドラケンスバーグ・コミュニティ」で使用されている植物のリストです。数字は1平方メートルあたりに追加される植物の数を示しています。背の高い種がとても低い密度で使用されるという、同じ原理が示されています。植栽率 0.1 は、10 平方メートルごとに 1 本の植栽を意味します。

ヒッチモウの同僚であるナイジョー・ダネットもランダムなアプローチを植栽に使用していますが、彼の使用する植物パレットは、多くが栽培について十分に確立されている種を使用しているため、ガーデナーにとってはよりなじみ深いかもしれません。彼の仕事は、特にレインガーデンや屋上緑化など、機能的で特定のデザインへの応用に向けられています。オリンピックパークでは、西ヨーロッパの干し草の牧草地（ヘイメドウ）と東アジアの林縁の植生をベースに、種子だけではなく苗と種

2012年、ロンドン・オリンピックパークの南アフリカ・ドラケンスバーグの植栽に使用された植物

低い葉のレイヤー (高さ 30cm 未満)	平方mあたりの植物
ユーコミス・バイカラー	1
ヘリクリサム・アウレウム	0.5
ディアスシア・インテゲリマ	1
ハフロカルパ・スカポサ	0.5
テメダ・トリアンドラ	1
カレックス・テスタセア *	1.5
ベルケア・プルプレア	0.25
合計	5.75

中程の葉のレイヤー (高さ 30〜60cm)	平方mあたりの植物
アガパンサス‘ブレッシンガム・ブルー’	0.5
ディエラマ・プルケリマム	0.2
グラジオラス・パピリオ‘ルビー’	0.25
トリトニア・ドラケンスベルゲンシス	0.5
ニフォフィア・トリアンギュラリス	1.5
フィゲリウス・アエクアリス‘サニ・パス’	0.1
合計	3.05

高い葉のレイヤー (高さ 60cm より上)	平方mあたりの植物
アガパンサス・イナペルタス	0.1
ガルトニア・カンディカンス	0.5
ニフォフィア・ルーペリ	0.1
合計	0.7

* 南アフリカ原産ではない（ニュージーランド）。

子を使用した植栽をつくりました。利用可能なヨーロッパの種の幅広さのおかげで、彼は色をテーマにしたミックスをつくることができました。これらの地域の植物を使うことのメリットは、英国、ヨーロッパ全域、北米でさまざまな種類の植物が商業的に入手可能ということです。レインガーデンと屋上緑化の植物ミックスは、それぞれ個別の環境条件に基づいて設計されています。レインガーデンには、乾燥や時折起こる浸水に対処できる植物が必要ですが、屋上緑化には

干ばつ、極端な温度、限られた深さでの根の張りにも耐えられる種が必要です。

下の表は、ナイジョー・ダネットがデザインしたオリンピックパークのアジア庭園を示しています。植栽の密度はさまざまですが、この数字からミックス内の植物の割合がわかります。植栽は一連の帯として設計されており、それぞれに特定の植物の組み合わせが含まれています。

2012年、ロンドン・オリンピックパークのアジアガーデンで使用された植物

ジャパニーズ・アネモネの帯
高い、エマージェンツ

ミスカンサス‘シルバーフェダー’	2
ミスカンサス‘フラミンゴ’	2

中程度、キャノピー

アネモネ・ハイブリダ‘ハドスペン・アバンダンス’	1
アネモネ・ハイブリダ‘ホノリー・ジョバート’	1
アネモネ・ハイブリダ‘プリンツ・ハインリッヒ’	1
アネモネ・ハイブリダ‘ケーニギン・シャルロッテ’	1
アネモネ・フペヘンシス‘セプテンバー・チャーム’	1
ペルシカリア・アンプレクシカウリス‘ロゼア’	1
ペルシカリア・アンプレクシカウリス‘ファイアーテイル’	1

ヘメロカリス／ホスタの帯
高い、エマージェンツ

カラマグロスティス‘カール・フォースター’	2
リリウム・ティグリヌム‘スイート・サレンダー’	2
リリウム・スペシオサム・ルブラム	2

中程度、キャノピー

ヘメロカリス‘ジョアン・シニア’	2
ホスタ‘トゥルー・ブルー’	2
ホスタ‘トール・ボーイ’	2
アイリス・クリソグラフェス‘ブラック・ナイト’	1
プリムラ・ビーシアナ	1
サンギソルバ・オフィシナリス‘プルプレア’	1

ボールドの帯
高い、エマージェンツ

アコノゴノン‘ヨハニスヴォルケ’	1
レウム・パルマタム	3

中程度、キャノピー

ロジャーシア・ポドフィラ	2
ロジャーシア・ピナータ‘スパーバ’	2
ユーフォルビア・グリフィティ‘ディクスター’	2
ハコネクロア・マクラ	1

低い、地表のレイヤーの種

プリムラ・プルヴェルレンタ	1
ベルゲニア・プルプレセンス	2

◀ ノエル・キングズベリーのモンペリエ・コテージガーデンの秋の眺め。植物の競合を評価するために一連の実験的植栽が用いられている。手前の白い花はアナファリス・トリプリネルビス、青い花はアスター'リトルカーロウ'であり、どちらもとても長く開花し、丈夫な多年草である。

結論

新 し い 植 栽

本著で概説してきた植栽デザインのスタイルはいまだかつてないものです。しかし、それ以前のものとはどれくらい違うのでしょうか? そしてその違いは、植栽デザインの未来の発展にとって、何を意味するのでしょうか?

ここではピート・アウドルフやその他の実践者の仕事を、発展、進化、改良が望まれる学問分野としての植栽デザインの文脈で見ていきます。また、それらの仕事を、私たちが自然との継続的な交渉を続けることと、都市や郊外、ガーデンのためにデザインする景観の将来という、より広い文脈に関連づけたいと思います。

一般的に、植栽デザインは、絶対的なコントロールの感覚から、自然との交渉の感覚へと移行してきました。完全に自然発生的ではないにしても、少なくとも自然発生的に見えるデザインへの移行です。しかし、植物の正確な配置は、より伝統的な植栽と同様に、

ピートの作品の効果にとって重要な場合もあります。より一般的には、植物が動き回ることを許すような自然発生性は、じつはもっと古い伝統の一部なのです。20世紀のガーデニングの動きには、自然発生性を探求したものもあります。戦間期のドイツでは、ウィリー・ランゲ (1864-1941) が在来種を使用したナチュラリスティックな植栽を促進し、一方、英国でのコテージガーデンスタイルは、田舎の人々の庭園の理想化でした。その最大の提唱者の一人は、マージェリー・フィッシュ (1892-1969) で、土壌を植物の樹冠^{キャノピー}で完全に覆い、自家播種で自由に広がることを促進し、

◀ 秋のセダム 'ヘルプストフロイデ' は、その深紅の花とシードヘッド、そして優れた構造が、ハーマンショフ（ドイツ）にあるこの植栽に価値を与え続け、混植の力を示している。アキレア 'コロネーションゴールド' は二度目の開花中である。右側のグラス、クリソポゴン・グリルスは、そう遠くない自然の中に、もっと知られて栽培されるべきよい植物がたくさんあることを再認識させてくれる。クリソポゴンは乾燥した土壌の植物で、中央および東ヨーロッパの種であるが、庭園ではまだあまり使用されていない。

多大な影響を残しました。

　2011年4月、私はこの本の素材をまとめる初期の段階で、ピートとアーニャを訪れました。天気は晴れていて、ガーデンを歩き回るのに最適な時期でした。ちょうど多年草が芽吹き始めるタイミングで、長期的な成長パターンをとても明確に見ることができました。また、ピートが新しい実験プロジェクトに着手するのにも理想的な条件でした。2010年にナーセリーを閉鎖するという決定がなされ、むき出しになった6,000平方フィート〔約558平方メートル〕の砂地をどうするのか、という問いが残されたままだったのです。ピートがその週末に始めた植栽は、これまでで最も革新的でした。彼は、まずグラスのカラマグロスティス 'カール・フォースター' を主要な構造(ストラクチャー)として、選んだ多年草とグラスを配置し、そのあとからオランダの在来種のグラスとワイルドフラワーの種子ミックスをまきました。次に訪れたのは8月でした。多年草は力強く成長していて、グラスと最初のワイルドフラワーは定着し始めているようでした。野生のカモミールやヤロウなど、自然に庭にやってきたものもいくつかありました。素人目には、ガーデンがワイルドフラワーに侵略されたようにも見えましたが、それともその逆で自然の草地がガーデンにつくり替えられたのでしょうか？

　このような自然発生性の要素を含む植栽をデザイン

することは、ずっと首尾一貫しています。デザイナーとしてのピートの軌跡は、秩序から離れて自然発生的なものへと至る継続的な移行であるからです。彼の初期の作品は、現代的かつ建築的に刈り込んだ木本植物と多年草、そして花の咲く低木を組み合わせた、ミーン・ルイスのような堅固なモダニズムのスタイルでした。それが徐々に、多年草とグラスが取って代わり、2000年ごろ、彼はますます混植を試みるようになりました。植物の計画的な配置と、タネまきがもつ不可避のランダム性を組み合わせた何かをつくることは、秩序から自然発生性の旅の一部と見ることができるでしょう。

その4月の週末に私たちが行ったもう一つの興味深いことは、1980年代に植えられ、除草と年に一度のカットバック以外はほとんど手の加えられていない、彼の初期の植栽を見ることでした。種の数は時間とともに減少していました。ピートは「約半分」と見積もっていましたが、残りはすべてよく育っていて、場合によっては広がったり、自家播種でふえていたりしていました。その結果、通常の多年草の植栽では見られない密度の高い植生になっていて、全体的な効果（夏の終わりに見られる）は印象的でした。

ピート・アウドルフの植栽が長期的に機能する要因として決定的なのは、彼の選ぶ植物が長命であることです。しかし、長命の植物に頼るだけでは、時間の経過によって非常に静的になりかねません。これは果たして、私たちが求めるものでしょうか？ 長期的に予測が可能であるということは、いくつかの状況（例えばかなり大規模な公共の場合）では機能するかもしれませんが、多くの点で現実的ではありません。長命で、かつ1つの場所にとどまる種の数は、実際には非常に限られています。しかし根本的には、時間が経過しても同じままでいることは、退屈なのです。刈り込まれた低木でさえ、時間の経過とともに変化する傾向があります。歴史的な整形式庭園での楽しみの多くは、鋏仕

事を超えて徐々に自分の中の自然を主張する植物が、個性的であり、ときには風変わりな形状になっていく様子を見ることです。

1994年、私が最初にピートと会い、初めてフンメロに行った年に、私はリオデジャネイロを訪れ、ロベルト・ブール・マルクス（1909-1994）の庭園と風景を見ました。伝統的な幾何学模様で植物を配置することから決定的に決別していたブール・マルクスでしたが、時間の管理とは決別していませんでした。私はガーデンの静的な性質に困惑しました。すべての植物に、その線から外れてしまうと効果が失われるような定位置があったのです。そのような精度を維持することは、高レベルのメンテナンスによってのみ達成できます。これは、豊富で安価な労働力のある経済でのみ可能な贅沢なのです。

私自身のガーデニングは、植物を植えて、その後は成長、誕生、そして死という自然のプロセスに一切を任せるか、あるいは、少なくとも私の厳しい管理の下で、それらを進行させる、というものです。結果として、多年草にとっての標準より、はるかに高密度の樹冠になりました。ピートのガーデン、そして私自身のガーデンで時間をかけて達成された密度は、ジェームズ・ヒッチモウのそれに近づいています。植物の密度が高いことは、基本的に過去との大きな決別です。ジェームズが指摘しているのは、自然の植物コミュニティで見られる密度に近づけることは、植物の間にスペースが空いている伝統的な植え方よりも、はるかに回復力があるということです。メンテナンスも削減されるでしょう。

より大きな回復力は次のようなことから生まれます。

・雑草が侵入できるスペースの減少、および植物が定着した際の雑草への競争力の向上
・積極的にタネをまく植物の苗が育つスペースの減少
・積極的に広がる種を制限する競争力の向上

▶▶ 238-239 ページ
モンペリエコテージの庭にある池。フィリペンデュラ・カムチャティカの秋の紅葉と、後方の湿った地面に咲くアスター・プニケウスのシーズン最後の花。

・競争が激しくなることによる植物のサイズの縮小、頭が重くなるような生育の減少および支柱の必要性の減少
・茎の細い種へのサポート

　シェフィールド学派（ジェームズ・ヒッチモウ、ナイジョー・ダネット、そして彼らとともに働く私たちや、シェフィールド大学の卒業生）は、生態学的プロセスとダイナミズムを強調しています。すなわち、植栽は時間の経過とともに変化し、ガーデナーや管理者の役割は、視覚的品質や、種の多様性など望まれる特徴を保持、または強化する方法でその植栽を導くことである、という考え方です。

　第5章では、ジェームズ・ヒッチモウの種子由来の植栽には、従来とはまったく異なる管理が必要であることを見ました。伝統的なガーデンではなく、自然の植物コミュニティの密度に近づける植栽には、個々の植物ではなく全体への働きかけを重視し、進行中のプロセスを編集するというような、集約的というよりは広範な管理スタイルが必要になります。

　この新しい植生スタイルの植栽では、ガーデナーが必要とするスキルは明らかに異なります。一方で、メンテナンスのための時間はおそらく減りますが、より多くのスキルと専門知識が必要です。また大規模な公共の場においては、草刈りや野焼きなどの単純な作業によって、複雑な植栽が維持できるという事実は、管理責任者がスキルをもっているかぎり、実際の物理的な作業のほとんどを、比較的未熟練の人々によって実行できることを意味します。将来の訓練を受けたガーデナーやランドスケープマネージャーには、基本的な生態科学の知識と、複雑な植栽を管理するための直感を導くための科学の能力が必要です。このことに、園芸と景観の専門家の訓練に対しての明白な示唆があります。

結論　新しい植栽

強化された自然

個々の植物の配置ではなく植物コミュニティ、すなわち植生を強調する植栽スタイルは、明らかに人工的な生態系の創造を目指しています。一部の人にとっては、これ（生態系の創造）は自然だけができることであるという考えがまだ広く存在しているため、とても不愉快に感じられるでしょう。問題は、自然のシステムに対する私たちの態度と、生態学の考え方の歴史にあります。ここでは、私たちが提案している新しい植栽システムが自然界との関係や、自然界の性質という、より広い視野の中でどのように位置づけられるかを見てみたいと思います。

　私たちは自然界を、人間の活動とは別の、手つかずで調和のとれたものだと捉えることに慣れてきました。しかし今、自然で調和のとれた生態系と考えられていたものが、実際にはそうでないことを知っています。私たちが自然の植生を見るとき、それは切り取られた時間の中のスナップショットであるにもかかわらず、これを永遠不変のものと解釈する傾向が強いのです。しかし、過去に関する科学的証拠に基づいて、私たちが自然と考えている多くのものが、動的な変化の状態にあったということを、受け入れなければなりません。さらに、多くは人間の影響を受けています。私たちの遠い祖先は、農耕を始める以前でさえ、多くの自然システムに多大な影響を与えました。しばしば数千年間にわたって、主に火の使用を通して、大型動物の大量絶滅と生態系の大きな改変をもたらしたのです。

　1995年に書かれたスティーブン・ブディアンスキーの著書『*Nature's Keepers: The New Science of Nature Management*』〔未邦訳〕は、これらの問題を巧みに概説しています。ジェームズ・ヒッチモウは、この本を読んで大きな衝撃を受け、人工的に機能する植物コミュニティの創造について考え方を発展させる助けになったといっています。ブディアンスキーは、私たち

237

があまりにも長い間、科学としての生態学と、政治哲学としての生態学を混同してきたと主張しています。彼は、場所とそこに住んでいる動植物のコミュニティの間には、不可分で本質的なつながりがあるという考えに対抗します。また、現在の科学においては、自然のコミュニティはそこにたまたま辿り着いて定着した種で構成されており、偶然とランダムな出来事が、コミュニティの形成の中で大きな部分を占めている、と示唆しています。歴史のテープを巻き戻し、それを再生すれば、異なる種のコミュニティが結果として現れるでしょう。例えば、多くの英国人が嫌うようになった、2つの侵略的な外来種、セイヨウカジカエデとシャクナゲは、氷河期以前には、自生種だったかもしれません。地質学的な歴史を再生すれば、彼らは自生種だったかもしれないのです。

より最近の本では、この議論をさらに推し進めています。ピートは私に本を勧めることはあまりありません（植物を勧めることのほうが多いでしょう）。そのため、彼がエマ・マリスの『*Rambunctious Garden: Saving Nature in a Post-Wild-World*』〔『「自然」という幻想』、草思社。直訳すると「あばれる庭：野生の後の世界における自然保護」〕(2011年) を教えてくれたとき私はすぐにその本を買いに行きました。マリスは根本的に楽観的であり、ときにとても楽しげで、人間による自然の生態系への大規模な影響は、必ずしも自然の喪失をもたらすのではなく、外来種と自生種がお互いに適応し、その過程でまったく新しい生態系を発達させることにより、新しい自然をもたらすという考え方をしています。彼女はこれを、予測不可能で、ときには混沌としたプロセスが溢れんばかりの花を咲かせる庭づくりに例えています。マリスはまた、アメリカ先住民が数万年前に絶滅させた種の代わりに、アフリカの草食動物（シマウマやゾウなど）を導入することなど、大規模な生態系再構築についてのいくつかの野心的なプロジェクトについても議論しています。

廃墟と化した工業地跡で、幅広い種（しばしば非常にまれな種類）を見てきた人なら誰でも、マリスの「あばれる庭」の概念を理解するでしょう。ニューヨークのハイラインの、もともとの自然発生の植生はそのよい例で、在来種と外来種の混合と、より活発な種の成長を制限するやせた土壌が、豊かで多様な植物の表現を可能にしました。この花の多様性は、実際には放棄された、ときには非常に汚染された産業施設跡の典型です。環境保護の活動家たちは、これらの場所がどれほど生物多様性に富んでいて、価値があるかを、ほとんど手遅れながらも気づき始めています。ドイツは、鉄道の操車場であったベルリンのズーゲレンデ公園などでこの考え方を先導しています。このような場所を自然保護の現場として見ることは、自然に関する私たちの従来の概念の多く、あるいは私たちが何に価値を認めるかということに対しての挑戦を突きつけています。この課題から得られるものは、自然は反撃と再生をする力をもっており、これらの事例を大切にするべきであり、おそらく将来の植栽デザインにおけるモデルとして取り入れるべきだということです。

『あばれる庭』を読むと、私たちガーデナーの出番ははっきりしています。私たちは「強化された自然」をつくり出すことに関わっています（この用語はジェームズ・ヒッチモウとナイジェル・ダネットによるものです）。このアイディアは、人間というユーザー（圧倒的多数が生態学について何も知らない）のための視覚的な美しさの重要性と、人工生態系が相当に価値のあるレベルで生物多様性をサポートできるという事実を認識するものです。在来種と外来種を組み合わせて、人間やほかの利用者に価値を提供する植栽を実用的にデザインすることになんの矛盾もありません。ピートの仕事は、私たちの美への愛とある種の秩序の感覚のみならず、生物多様性が求める高いレベルの多様性と、ダイナミックな変化への寛容さをもアピールする植栽をつくるうえでの、特筆すべき一歩なのです。

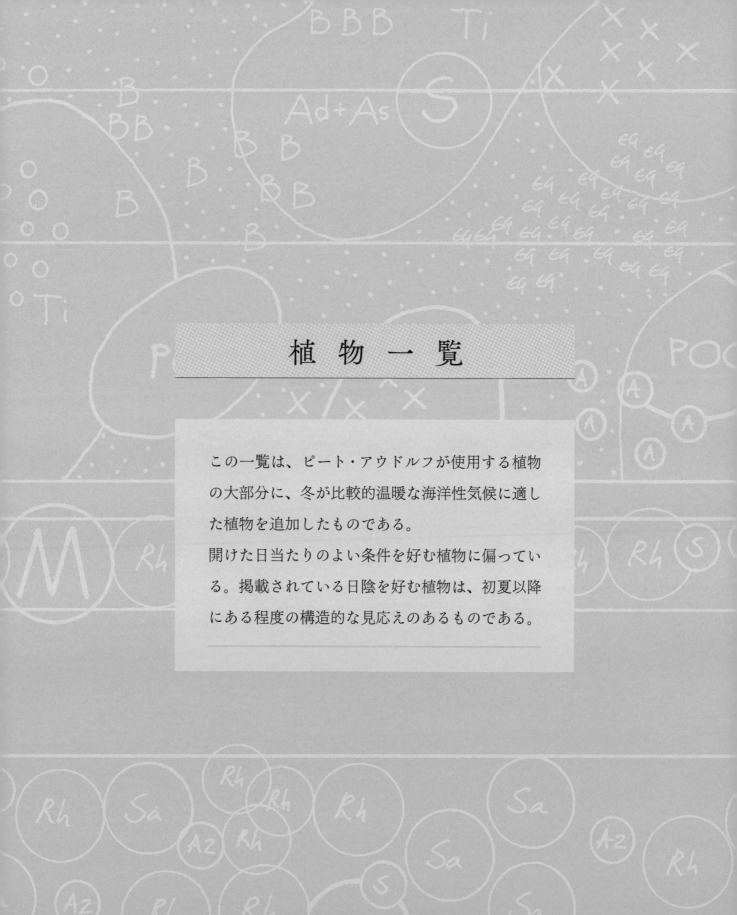

植物一覧

この一覧は、ピート・アウドルフが使用する植物の大部分に、冬が比較的温暖な海洋性気候に適した植物を追加したものである。

開けた日当たりのよい条件を好む植物に偏っている。掲載されている日陰を好む植物は、初夏以降にある程度の構造的な見応えのあるものである。

略 語

植 物 名

cvs. = cultivars：園芸種

spp. = species (plural)：種（複数）〔ここでは園芸種でないことを示す〕

subsp. = subspecies：亜種

高 さ

植物の高さは、生育条件によって大きく異なる。以下のカテゴリーは大まかな目安を示すためのものである。

0.3未満：非常に低い。0.3メートル未満
0.3-0.8：比較的低い。0.3〜0.8メートル
0.8-1.4：中くらい。0.8〜1.4メートル
1.4-2.0：高い。1.4〜2.0メートル
2.0以上：非常に高い。2.0メートル以上

広 が り

植物の株全体の広がりのことで、植えつけから3年後の最大幅のおおよその直径を表す。植物の基部の広がりではない。

<0.25：0.25メートル未満
0.25-0.5：0.25〜0.5メートル
0.5-1.0：0.5〜1.0メートル
>1.0：1.0メートル以上

1 平 米 あ た り の 本 数

商業的あるいはその他のプロジェクトで、最初の年から十分な見た目を得るために推奨される植栽密度である。これは広がりと同じではなく、植物の株が定着するまでの速さを考慮している。ピート・アウドルフの方法では、ほとんどの多年草に9cmのポットを使用し、ユーパトリウムやミスカンサスなどの大きな植物には11cmのポットを使用する。より大きなサイズ（通常2ℓ）を使用する場合に限って、ピートは植栽密度を10〜15％減らすことを勧めている。

葉

秋の葉：秋の葉色がよい

構 造

これは、第3章で取り上げた「茎と葉の関係」に基づく植物の形態に関連している。理論的には、この部分は客観的な記述となるべきである。しかし、ここではより主観的で、確実に有用となるように、植物全体の形の基本的な外観の評価を与えるような形で修正している。

線状の根出葉（122ページ参照）
広葉の根出葉（123ページ参照）
エマージェンツ：花茎が立ち上がる植物（123ページ参照）
葉のマウンド：マウンド状に茂った葉（124ページ参照）
直立型（125ページ参照）
株立ち型（126ページ参照）
枝分かれ型（127ページ参照）

グラスについては以下の分類を使用する：
株立ち型（130ページ参照）
茂み、またはマット型（130ページ参照）

花

色を示す。

開 花 期

植物によっては、魅力的な果実の期間も表示されている。グラスの開花期には、シードヘッドが見ごろの期間も含まれている。

構 造 的 な 見 ど こ ろ の 期 間

132ページを参照。

9か月以上：すなわちシードヘッドがよいということ
3-9か月：花とシードヘッド
短い：フィラー植物、または構造のよい期間が短い

長 期 的 な パ フ ォ ー マ ン ス

パフォーマンスのデータは、主に北西ヨーロッパのもので、著者とその同僚の経験に基づいている。また、キングズベリーの2010年の調査（「さらに読む」を参照）を反映している。

寿 命

178–183ページを参照。

多年生：真に多年生
長命：特に長命

栄 養 繁 殖 に よ る 広 が り の 能 力

自家播種ではなく、葉の広がりとも異なる。186–187ページを参照。

非クローン性：広がらない
限定的：非常に限定的

永 続 性

程度が低いほど植物が中心部で枯れ、新しい生育部分が元の植栽位置から離れることを示す。188–191ページを参照。

自 家 播 種 と 実 生

191–192ページを参照。これは予測が非常に難しく、あくまで大まかなガイドである。

低い：しばしば最小限
高い：時折問題になる

庭 の 生 育 環 境

光

日向：日向を好む
半日陰：半日陰を好む
日陰：日陰に耐える

土 壌

（この一覧の）すべての植物は、平均的な土壌条件で、平均的な肥沃度と湿度の条件で開花する。

多湿：ある程度の湿気、つまり水分の多い土壌に耐える
適湿：湿っている（でも多湿ではない）土壌を好み、乾燥にはあまり耐えられない
乾燥：乾燥に耐えるが、通常は平均的に湿り気の条件でよく成長する
高肥沃：非常に肥沃な土壌を好む
低肥沃：やせた土壌にも耐えるが、平均的な肥沃度でのほうが通常は成長がよい。しかし平均的な肥沃度の場合は、寿命は短くなるかもしれない

ゾ ー ン 〔 U S D A ゾ ー ン 〕

米国農務省の耐寒性ゾーン、最低推奨値。
これは大陸性気候の冬の耐寒性のよいガイドだが、北西ヨーロッパのような海洋性気候にはあまり適していない。ゾーンとは、ある植物種の栽培において、冬の最低温度が主な制限要因となる地理的地域を示している。例えば、ゾーン5と表された植物は−28℃（−20°F）までの低温に耐える可能性がある。
〔北海道以外の日本においては、低温よりも高温と多湿による障害のほうが問題であり、USDAゾーンの表記はここに書いてあるよりさらに参考にするのが難しい〕

植物名	高さ(m)	広がり(m)	1平米あたりの本数	葉 構造	花 開花期	構造的な 見どころの期間	寿命
Acaena spp. and cvs. アカエナ　自生種と園芸種	0.3未満	0.25-0.5	9-11	カラーリーフ, 羽状, 常緑 枝分かれ型、匍匐性	赤茶のシードヘッド 夏の初期〜中期	3-9か月 / 短い	多年生
Acanthus spinosus アカンサス・スピノサス	0.8-2.0	0.5-1.0	7-9	濃緑, 深いギザギザ, 大きい 葉のマウンド、エマージェンツ	白, 紫 夏の中期〜後期	3-9か月	長命
Achillea filipendulina and cvs. アキレア・フィリペンデュリナと、その園芸種	1.4-2.0	0.5-1.0	9	濃緑, とてもきめ細かい全裂 直立型	黄色の傘形花序 夏の中期〜後期	3-9か月	多年生
Achillea millefolium, cvs. and hybrids アキレア・ミレフォリウム 園芸種と交配種	0.8-1.4	0.25-0.5	9	濃緑, とてもきめ細かい全裂 直立型	多色 夏の中期〜後期	3-9か月	10年未満
Aconitum European spp. アコニタム　ヨーロッパの自生種	0.8-1.4	0.25-0.5	9	濃緑, 羽状 直立型	青みがかったすみれ色 夏の初期	短い	多年生
Aconitum East Asian spp. アコニタム　東アジアの自生種	0.8-2.0	0.25-0.5	9	濃緑, 羽状 直立型	青みがかったすみれ色 夏の中期〜後期	短い	多年生
Aconogonon 'Johanniswolke' (*Persicaria polymorpha*) アコノゴノン 'ヨハニスヴォルケ' (ペルシカリア・ポリモルファ)	2.0以上	>1.0	1	密生した, 濃緑 株立ち型、枝分かれ型	白, ピンク 夏の初期〜後期	3-9か月	長命
Actaea pachypoda アクタエア・パキポダ	0.8-1.4	0.25-0.5	9	浅裂 エマージェンツ	白い実 秋	短い	長命
Actaea spp. (former *Cimicifuga*) アクタエア (旧名キミキフーガ)	1.4-2.0	0.25-1.0	9	浅裂 エマージェンツ	クリーム 夏の後期〜秋	3-9か月	長命
Agapanthus spp. and cvs. アガパンサス　自生種と園芸種	0.8-1.4	0.25-1.0	7	幅の広い, 帯状 線状の根出葉	青 夏の中期〜後期	3-9か月	長命
Alchemilla spp. アルケミラ　自生種	0.3-0.8	0.25-0.5	9	魅力的な葉形 葉のマウンド	ライムグリーン 夏の初期〜中期	3-9か月	多年生
Amorpha canescens アモルファ・カネッセンス	0.8-1.4	0.5-1.0	3	羽状, とても小さい複葉 株立ち型、直立型	灰紫 夏の中期〜後期	3-9か月	多年生
Amsonia spp. アムソニア　自生種	0.8-1.4	0.25-0.5	5-7	小さい, 秋の葉 株立ち型、直立型	スチールブルー 夏の初期〜中期	9か月以上	長命
Anaphalis margaritacea アナファリス・マルガリタセア	0.8-1.4	0.25-0.5	7	濃い灰緑色 株立ち型	白, 薄い花弁 夏の中期〜後期	3-9か月	多年生
Anemone ×*hybrida* and similar species アネモネ×ハイブリダと類似の種	1.4-2.0	0.25-1.0	7	大きい, 浅裂 エマージェンツ	ピンク, 白 夏の後期〜秋	3-9か月	長命
Aquilegia vulgaris アキレギア・ブルガリス	0.8-1.4	0.25-0.5	11	浅裂 エマージェンツ	多色 夏の初期	短い	5年未満- 10年未満
Aralia herbaceous spp. アラリア　草本の種	0.8-2.0	0.5-1.0	1	とても大きい, 浅裂 株立ち型	魅力的な花序 夏の中期〜後期	3-9か月	長命
Artemisia lactiflora アルテミシア・ラクティフローラ	1.4-2.0	0.25-0.5	7	濃緑, 浅裂 直立型	オフホワイト 夏の中期	3-9か月	多年生
Artemisia ludoviciana 'Latiloba' アルテミシア・ルドビキアナ 'ラティロバ'	0.3-0.8	0.5-1.0	5	銀葉, 浅裂 株立ち型、直立型	ほとんど目立たない	3-9か月	多年生

栄養繁殖による広がりの能力	永続性	自家播種と実生	生育環境 光 / 生育環境 土壌	ゾーン	注釈、その他の種と形態等	訳注（性質、和名、2024年現在の学名など）
中程度−速い	高い	中程度	日向	6-7	海洋性気候では侵略的	高温多湿に弱い
中程度	高い	低い	日向	7	定着に時間がかかることがある	暖地適応、強日照に弱い
中程度	中程度	低い	日向 / 乾燥、低肥沃	3		
中程度	低い	中程度	日向 / 乾燥、低肥沃	3		
ゆっくり	低い−中程度	低い−中程度	日向〜半日陰 / 高肥沃	3	夏に休眠することもある	
ゆっくり	低い−中程度	低い−中程度	日向〜半日陰 / 高肥沃	3		和名：トリカブト
限定的	高い	低い	日向〜半日陰 / 高肥沃	3	大きい植物！	*Koenigia alpina*
ゆっくり	高い	低い	半日陰〜日陰 / 適湿	3		高温多湿に弱い
ゆっくり	高い	低い	半日陰〜日陰 / 適湿	3	いくつかの園芸種は銅葉	和名：サラシナショウマ、高温多湿に弱い
中程度	高い	低い	日向	7	一般的に考えられているより耐寒性がある	暖地適応、落葉と常緑がある
中程度	高い	高い	日向〜半日陰	3		
非クローン性	高い	中程度	日向 / 乾燥	2	ブッシュ状に育ち、背の低いグラスと相性がよい	
ゆっくり	高い	低い−中程度	日向〜半日陰	4	秋には葉がクリアな黄色になる	和名：チョウジソウ、暖地適応
限定的	高い	低い	日向	3		
中程度	高い	低い	日向〜半日陰	4	定着に時間がかかることが多い	和名：シュウメイギク、暖地適応
非クローン性	高い	高い	日向〜半日陰	3	夏に休眠することもある	和名：オダマキ
限定的	高い	低い	日向〜半日陰	3	初霜で崩れる	強日照・乾燥に弱い
限定的	高い	低い	日向〜半日陰	3		
中程度	高い	低い	日向 / 乾燥、低肥沃	4	シーズン終盤に乱れることがある	

Acanthus spinosus

Amorpha canescens

Amsonia orientalis

Anaphalis margaritacea

Artimisia ludoviciana

植物名	高さ(m)	広がり(m)	1平米あたりの本数	葉 構造	花 開花期	構造的な見どころの期間	寿命
Aruncus dioicus アルンクス・ディオイカス	1.4-2.0	0.5-1.0	3	浅裂, エレガント / 株立ち型	クリーム / 夏の初期～中期	9か月以上	長命
Asarum europaeum アサルム・エウロパエウム	0.3未満	0.25-0.5	11	照葉, 常緑 / 広葉の根出葉	ほとんど目立たない	3-9か月	多年生
Asclepias incarnata アスクレピアス・インカルナタ	0.8-1.4	0.25-0.5	7-9	槍状 / 直立型	ピンク / 夏の中期～後期	3-9か月	5年未満
Asclepias tuberosa アスクレピアス・チュベローサ	0.8-1.4	0.25-0.5	9	槍状 / 直立型	オレンジ / 夏の中期～後期	3-9か月	多年生
Asperula odorata (Galium odoratum) アスペルラ・オドラタ（ガリウム・オドラタム）	0.3未満	0.25-0.5	11	小さい, 淡緑 / 枝分かれ型、匍匐性	白 / 春	短い	多年生
Aster ageratoides アスター・アゲラトイデス	0.8-1.4	>1.0	5	小さい, たくさんの葉 / 直立型、株立ち型	淡い青 / 夏の中期～後期	3-9か月	多年生
Aster cordifolius アスター・コーディフォリウス	1.4-2.0	0.5-1.0	5	小さい, たくさんの葉 / 直立型	青 / 夏の後期～秋	3-9か月	多年生
Aster divaricatus アスター・ディバリカタス	0.8-1.4	0.25-0.5	7	小さい, たくさんの葉 / 直立型	白 / 夏の後期～秋	9か月以上	多年生
Aster ericoides アスター・エリコイデス	0.8-1.4	0.25-0.5	5	とても小さい, たくさんの葉 / 直立型	多色 / 夏の後期～秋	3-9か月	多年生
Aster laevis アスター・ラエビス	0.8-2.0	0.25-0.5	7	小さい, 灰色がかった, たくさんの葉 / 直立型	紫がかった青 / 夏の後期～秋	3-9か月	多年生
Aster lateriflorus 'Horizontalis' アスター・ラテリフロラス 'ホリゾンタリス'	0.8-1.4	0.5-1.0	7	小さい, 濃緑 / 直立型	白 / 夏の後期～秋	9か月以上	多年生
Aster novae-angliae アスター・ノバエ-アングリアエ	0.8-2.0	0.25-0.5	5	小さい, たくさんの葉 / 直立型	青, 紫, ピンク / 夏の後期～秋	3-9か月	多年生
Aster oblongifolius 'October Skies' アスター・オブロンギフォリウス 'オクトーバー・スカイズ'	0.8-1.4	0.5-1.0	3-5	小さい, たくさんの葉 / 枝分かれ型	青 / 夏の後期～秋	3-9か月	多年生
Aster tartaricus アスター・タタリクス	0.8-2.0	0.5-1.0	7	小さい, たくさんの葉 / 直立型	紫 / 夏の後期～秋	3-9か月	長命
Aster umbellatus アスター・アンベラータス	1.4-2.0	0.25-0.5	7	小さい, たくさんの葉 / 直立型	クリーム / 夏の後期～秋	3-9か月	長命
Aster ×herveyi 'Twilight' *(A. macrophyllus)* アスター×ハービアイ 'トワイライト'（アスター・マクロフィルス）	0.8-1.4	0.5-1.0	7	小さい, たくさんの葉 / 直立型	紫がかった青 / 夏の後期～秋	9か月以上	多年生
Aster ×frikartii アスター×フリカルティ	0.8-1.4	0.25-0.5	7	小さい, たくさんの葉 / 直立型、株立ち型	紫がかった青 / 夏の後期～秋	3-9か月	5年未満-10年未満
Astilbe chinensis varieties アスチルベ・シネンシス 品種群	0.8-1.4	0.25-0.5	7	エレガント, 浅裂 / 広葉の根出葉	明るいピンク / 夏の後期～秋	9か月以上	多年生
Astilboides tabularis アスチルボイデス・タブラリス	0.8-2.0	0.25-1.0	7	大きい, 円形 / 広葉の根出葉	クリーム / 夏の初期～中期	3-9か月	多年生

栄養繁殖による広がりの能力	永続性	自家播種と実生	生育環境 光 / 生育環境 土壌	ゾーン	注釈、その他の種と形態等	訳注 (性質、和名、2024年現在の学名など)	
非クローン性	高い	中程度	日向〜半日陰	4	'ホラティオ'-交配種、1mの高さで秋の赤い葉が美しい		 *Aruncus* 'Horatio'
中程度	高い	低い	半日陰〜日陰	4	ほかにも葉のよいアジアの自生種が多数ある	アジアの自生種＝カンアオイ	
非クローン性	高い	低い-中程度	日向	3	秋の葉色が美しい	暖地適応	
限定的	高い	低い	日向 / 乾燥、低肥沃	3		暖地適応	
速い	中程度	低い	半日陰〜日陰	4	夏に休眠することが多い	*Galium odoratum*	
中程度-速い	高い	低い	日向	4	'ハリー・スミス'は特によい		 *Aster cordifolius* 'Little Carlow'
ゆっくり-中程度	高い	低い	半日陰〜日陰	2	'リトルカーロウ'は特によい	*Symphyotrichum cordifolium*, 暖地適応	
ゆっくり-中程度	高い	中程度-高い	日向〜日陰	4		*Eurybia divaricata*, 暖地適応	
ゆっくり	高い	低い	半日陰〜日陰 / 乾燥	3		*Symphyotrichum ericoides*, 暖地適応	
ゆっくり	高い	中程度	日向〜半日陰	4		*Symphyotrichum laeve*	 *Aster lateriflorus* 'Horizontalis'
ゆっくり	高い	低い	日向	3	枝分かれした花で茂みのようになる	*Symphyotrichum lateriflorum* var. *horizontale*	
ゆっくり	高い	中程度	日向	2		*Symphyotrichum novae-angliae*	
限定的	高い	低い	日向	3		*Symphyotrichum oblongifolium* 'October Skies'	
ゆっくり	高い	低い	日向	4	'ジンダイ'は秋の色が特によい	和名：シオン, 暖地適応	 *Aster tartaricus* 'Jindai'
中程度	高い	高い	日向	3		*Doellingeria umbellata*, 暖地適応	
中程度	高い	低い	日向〜半日陰	4		*Eurybia x herveyi*	
限定的	高い	低い	日向	5			
ゆっくり	高い	低い	日向〜半日陰 / 適湿	4	秋の色と冬のシードヘッドがよい	暖地適応, 強日照・乾燥に弱い	 *Aster×herveyi* 'Twilight'
中程度	高い	低い	日向〜半日陰 / 適湿	5			

植物名	高さ (m)	広がり (m)	1平米あたりの本数	葉 構造	花 開花期	構造的な見どころの期間	寿命
Astrantia major アストランチア・マヨール	0.3-0.8	0.25-0.5	11	濃緑，浅裂 株立ち型、エマージェンツ	クリーム，赤，ピンク 夏の中期～後期	3-9か月	10年未満-多年生
Baptisia australis バプティシア・アウストラリス	0.8-1.4	0.5-1.0	1	灰色がかった，整った 枝分かれ型	インディゴブルー 夏の初期	9か月以上	長命
Baptisia alba (B. leucantha) バプティシア・アルバ （バプティシア・レウカンサ）	0.8-1.4	0.25-1.0	1	整った，木のような形 枝分かれ型	白 夏の初期～中期	9か月以上	長命
Bergenia spp. and cvs. ベルゲニア　自生種と園芸種	0.3未満	0.25-0.5	9	丸みを帯びた，照葉，常緑 広葉の根出葉	ピンク，白 春	3-9か月	多年生
Boltonia asteroides ボルトニア・アステロイデス	1.4-2.0	0.25-0.5	7	幅の狭い，灰色がかった 直立型	ヒナギク状の白花 夏の後期	3-9か月	多年生
Brunnera macrophylla ブルンネラ・マクロフィラ	0.3-1.4	0.25-0.5	11	大きい，ざらざらした質感 葉のマウンド	青 春	9か月以上	多年生
Buphthalmum salicifolium ブフサルマム・サリシフォリウム	0.3-0.8	0.25-0.5	7	幅の狭い 株立ち型	ヒナギク状の黄花 夏の初期～後期	3-9か月	多年生
Calamintha nepeta subsp. *nepeta* カラミンサ・ネペタ	0.3-0.8	0.25-0.5	11	小さい葉 株立ち型	薄ピンク 夏の中期～秋	3-9か月	多年生
Campanula glomerata カンパニュラ・グロメラータ	0.3-0.8	0.25-1.0	11	濃緑，ざらざらした 直立型、株立ち型	すみれ色がかった青 夏の初期	短い	多年生
Campanula lactiflora カンパニュラ・ラクティフローラ	1.4-2.0	0.5-1.0	7	明るい緑，ざらざらした 直立型、株立ち型	淡い青 夏の中期	短い	10年未満-多年生
Campanula persicifolia カンパニュラ・パーシフォリア	0.3-0.8	0.25-0.5	9	細長い エマージェンツ	紫がかった青 夏の中期	短い	多年生
Campanula poscharskyana カンパニュラ・ポシャルスキアナ	0.3未満	0.5-1.0	7	明るい緑 枝分かれ型、匍匐性	すみれ色がかった青 夏の初期	短い	多年生
Campanula trachelium カンパニュラ・トラケリウム	0.8-1.4	<0.25	9	濃緑，ざらざらした 直立型	すみれ色がかった青 夏の中期	短い	10年未満-多年生
Centaurea montana and cvs. セントーレア・モンタナとその園芸種	0.3-0.8	0.5-1.0	7	灰色がかった 株立ち型	青，ピンク 夏の初期	3-9か月	多年生
Cephalaria gigantea セファラリア・ギガンテア	1.4-2.0	0.5-1.0	5-7	濃緑，ざらざらした エマージェンツ	薄黄色 夏の中期～後期	短い	10年未満
Ceratostigma plumbaginoides セラトスティグマ・プルンバギノイデス	0.3-0.8	0.25-0.5	11	小さい，秋の葉 枝分かれ型	真の青 夏の後期～秋	短い	多年生
Chaerophyllum hirsutum 'Roseum' カエロフィルム・ヒルスタム 'ロゼウム'	0.8-2.0	0.25-0.5	5	とてもきめ細かい全裂 葉のマウンド	ピンク 夏の初期	3-9か月	多年生
Chelone obliqua ケロネ・オブリクア	0.8-1.4	0.25-0.5	9	濃緑，たくさんの葉 直立型	ピンク 夏の後期～秋	3-9か月	多年生
Clematis heracleifolia, C. integrifolia and hybrids クレマチス・ヘラクレイフォリア、クレマチス・インテグリフォリアと交配種	0.8-1.4	0.5-1.0	3-5	浅裂 枝分かれ型	青，小さい花 夏の中期～後期	3-9か月	多年生

栄養繁殖による広がりの能力	永続性	自家播種と実生	生育環境 光 / 生育環境 土壌	ゾーン	注釈、その他の種と形態等	訳注（性質、和名、2024年現在の学名など）
ゆっくり-中程度	高い	高い	日向〜半日陰 / 適湿	5	パフォーマンスは環境に大きく左右され、暑さを嫌う	
ゆっくり	高い	低い	日向 / 乾燥	3		暖地適応
ゆっくり	高い	低い	日向 / 乾燥	5	秋の色が美しい彫像のような植物	暖地適応
中程度	高い	低い	日向〜日陰	3		暖地適応
ゆっくり	中程度	中程度	日向〜半日陰 / 適湿、高肥沃	4		
中程度	高い	低い	半日陰〜日陰	3	斑入り品種が数品種ある	強日照・高温・乾燥に弱い
ゆっくり	高い	低い	日向 / 低肥沃	4		
限定的	高い	中程度	日向 / 乾燥、低肥沃	6		暖地適応
中程度-速い	高い	中程度	日向〜半日陰 / 乾燥、低肥沃	3	日陰でのよいグラウンドカバー	
ゆっくり	高い	中程度-高い	日向〜半日陰 / 高肥沃	5	すべてのカンパニュラには白とピンクの変異がある	強日照・高温・乾燥に弱い
中程度	低い	低い	日向〜半日陰	3		強日照・高温・乾燥に弱い
速い	高い	低い	日向〜半日陰	3		高温多湿に弱い
ゆっくり	高い	中程度	日向〜半日陰	3		強日照・高温・乾燥に弱い
ゆっくり-中程度	高い	低い	日向〜半日陰	3	広がる程度は品種や系統によって異なる	
非クローン性	高い	低い-中程度	日向	3		暖地適応
中程度	高い	低い	日向	5	関連する品種の中で最も耐寒性が強い	強日照・乾燥に弱い
限定的	高い	低い	日向〜半日陰	6		高温多湿に弱い
中程度	高い	低い	日向〜半日陰 / 多湿	3	白花もよいし、関連する自生種もよい	暖地適応
非クローン性	高い	低い	日向	3	低木の間を這わせてもよい	

Baptisia alba (*B. leucantha*)

Brunnera macrophylla

Chaerophyllum hirsutum 'Roseum'

Clematis heracleifolia

Clematis integrifolia

植物名	高さ(m)	広がり(m)	1平米あたりの本数	葉 構造	花 開花期	構造的な見どころの期間	寿命
Coreopsis tripteris コレオプシス・トリプテリス	1.4-2.0	0.25-0.5	7	浅裂, エレガント 直立型	ヒナギク状の黄花 夏の中期〜後期	3-9か月	多年生
Coreopsis verticillata コレオプシス・バーティシラータ	0.3-0.8	<0.25	7	濃緑, 細い 株立ち型	ヒナギク状の黄花 夏の中期〜後期	3-9か月	多年生
Crambe cordifolia クランベ・コーディフォリア	0.8-1.4	0.5-1.0	1-3	とても大きい, 濃緑 広葉の根出葉	白 夏の中期	3-9か月	長命
Crocosmia hybrids クロコスミア　交配種	0.8-1.4	0.25-0.5	9	直立した 線状の根出葉	黄色, オレンジ 夏の後期〜秋	3-9か月	長命
Darmera peltata ダルメラ・ペルタータ	0.8-1.4	0.25-1.0	9	大きい, 丸い, 秋の葉 広葉の根出葉	薄ピンク 春	9か月以上	長命
Delphinium hybrids デルフィニウム　交配種	1.4-2.0	0.25-0.5	9	淡緑, 浅裂 直立型	さまざまな青 夏の初期〜中期	短い	10年未満
Desmodium canadense デスモディウム・カナデンセ	0.8-1.4	0.25-0.5	5	小さい複葉 株立ち型	ダークピンク 夏の後期〜秋	3-9か月	長命
Dierama spp. and cvs. ディエラマ　自生種と園芸種	0.8-2.0	0.25-1.0	9	灰色がかった, 堅い, 束状 線状の根出葉	ピンク, 紫, 白 夏の中期〜後期	3-9か月	多年生
Digitalis spp. ジギタリス　自生種	0.8-2.0	<0.25-0.5	11	ロゼット状 エマージェンツ	ピンク, 黄色, 茶色 夏の中期〜後期	3-9か月	5年未満
Doronicum spp. and hybrids ドロニカム　自生種と交配種	0.3-1.4	0.25-0.5	9	青々とした緑 エマージェンツ	ヒナギク状の黄花 春〜夏の初期	短い	多年生
Echinacea spp. and cvs. エキナセア　自生種と園芸種	0.8-1.4	0.25-0.5	9	大きい葉 エマージェンツ	ピンク, 紫, 黄色が数種 夏の中期〜秋	9か月以上	5年未満-10年未満
Echinops spp. and cvs. エキノプス　自生種と園芸種	0.8-2.0	0.5-1.0	7-9	アザミのような エマージェンツ	青い球体 夏の中期〜後期	3-9か月	10年未満
Epimedium spp. and cvs. エピメディウム　自生種と園芸種	0.3-1.4	0.25-0.5	11	照葉, 半常緑 広葉の根出葉	黄色, 白, ピンク 春	短い	長命
Eryngium bourgatii エリンジウム・ブルガティ	0.3-0.8	0.25-0.5	9	とげのある, 灰色 葉のマウンド	灰色がかった青 夏の中期	9か月以上	多年生
Eryngium ×tripartitum エリンジウム×トリパーティタム	0.8-1.4	0.25-0.5	9	とげのある, 灰色 葉のマウンド、枝分かれ型	灰色がかった青 夏の中期	3-9か月	多年生
Eryngium yuccifolium エリンジウム・ユッキフォリウム	1.4-2.0	0.5-1.0	9	とげのある, 帯状 エマージェンツ	オフホワイト 夏の中期〜後期	3-9か月	多年生
Eupatorium maculatum and related spp. ユーパトリウム・マクラタムと関連する自生種	1.4-2.0以上	0.25-1.0	5-7	輪生 直立型	紫がかったピンク 夏の後期〜秋	3-9か月	長命
Eupatorium perfoliatum ユーパトリウム・ペルフォリアタム	0.8-2.0	0.25-0.5	7	幅の狭い, 独特の (※) 直立型	白 夏の後期〜秋	3-9か月	多年生
Eupatorium rugosum ユーパトリウム・ルゴサム	0.8-1.4	0.25-0.5	5	フレッシュグリーン 株立ち型、直立型	白 夏の後期〜秋	3-9か月	多年生

栄養繁殖による広がりの能力	永続性	自家播種と実生	生育環境 光 / 生育環境 土壌	ゾーン	注釈、その他の種と形態等	訳注（性質、和名、2024年現在の学名など）
ゆっくり	高い	低い	日向〜半日陰	3		暖地適応
ゆっくり	高い	低い	日向〜半日陰 / 乾燥	3		和名：イトバハルシャギク，暖地適応
限定的	高い	低い	日向 / 乾燥	5	クランベ・マリティマは海岸地域に向く	
中程度-速い	高い	低い	日向	5-8	多くの品種があるが、温暖な気候にのみ適している	暖地適応
中程度	高い	低い	日向〜半日陰 / 多湿	5	秋の色は赤みを帯びる	
非クローン性	高い	低い	日向 / 高肥沃	3		高温多湿に弱い，日本では一年草扱い
限定的	高い	低い	日向	3		高温に弱い
限定的	高い	高い	日向 / 適湿	7	冬の温暖な地域では多くの種が使える	暖地適応
非クローン性	高い	高い	日向〜半日陰 / 低肥沃	7	多くの種があり、寿命もいろいろある	日本では一年草扱い
中程度	中程度	低い	半日陰〜日陰	5		
非クローン性	高い	低い-中程度	日向	3-5	寿命には幅があるが、エキナセア・パリダが最も長命	暖地適応
非クローン性	高い	中程度-高い	日向	3-5		高温多湿に弱い
ゆっくり-中程度	高い	低い	日向〜半日陰 / 乾燥	5	アジアの種は日射と土壌の乾燥への耐性が低い	和名：イカリソウ，暖地適応
限定的	高い	低い	日向 / 乾燥、低肥沃	5		
限定的	高い	低い	日向	5		
限定的	高い	高い	日向	3		暖地適応
限定的-ゆっくり	高い	低い-中程度	日向 / 適湿、高肥沃	4	いくつかの品種は秋に色づき、冬には堂々としたシルエットを見せる	Eutrochium maculatum, 暖地適応
ゆっくり	中程度	低い	日向〜半日陰 / 適湿	3	ほかの多くのユーパトリウムも栽培する価値がある	暖地適応，※貫通葉
ゆっくり	高い	低い-中程度	日向〜半日陰	3	暗い色の葉の栽培品種もある	Ageratina altissima, 暖地適応

Coreopsis tripteris

Crambe cordifolia

Echinacea 'Fatal Attraction'

Echinops ritro

Eryngium yuccifolium

植物名	高さ (m)	広がり (m)	1平米あたりの本数	葉 構造	花 開花期	構造的な見どころの期間	寿命
Euphorbia amygdaloides ユーフォルビア・アミグダロイデス	0.3-0.8	0.25-0.5	11	緑／赤 直立型	黄緑 春～夏の初期	3-9か月	10年未満
Euphorbia characias ユーフォルビア・カラシアス	0.8-1.4	0.5-1.0	5-7	灰色がかった，灌木のような，常緑 葉のマウンド	黄緑 春	3-9か月	10年未満
Euphorbia cyparissias ユーフォルビア・キパリッシアス	0.3-0.8	0.5-1.0	9	灰色，細い 枝分かれ型	黄緑 夏の初期	短い	多年生
Euphorbia griffithii ユーフォルビア・グリフィティ	0.8-1.4	0.5-1.0	7	濃緑，幅の狭い 直立型	赤と黄色 夏の初期～中期	3-9か月	多年生
Euphorbia palustris ユーフォルビア・パルストリス	0.8-1.4	0.5-1.0	3	幅の狭い，緑，秋の葉 株立ち型	黄緑 春～夏の初期	3-9か月	多年生
Euphorbia polychroma ユーフォルビア・ポリクロマ	0.3-0.8	0.25-1.0	7	フレッシュグリーン 株立ち型	黄緑 春～夏の初期	3-9か月	10年未満
Euphorbia schillingii ユーフォルビア・シリンジー	0.8-1.4	0.5-1.0	3	濃緑，葉脈のはっきりした 株立ち型、直立型	黄緑 夏の中期	3-9か月	多年生
Filipendula spp. and cvs. フィリペンデュラ 自生種と園芸種	1.4-2.0	0.25-1.0	3-5	羽状，大きい，秋の葉 エマージェンツ、直立型	ピンクから白 夏の中期	3-9か月	多年生
Gaura lindheimeri ガウラ・リンドハイメリ	0.8-1.4	0.5-1.0	7	針金のような茎 枝分かれ型	白かピンク 夏の中期～秋	短い	5年未満
Gentiana asclepiadea and *G. makinoi* ゲンチアナ・アスクレピアデアと、ゲンチアナ・マキノイ	0.3-0.8	0.25-0.5	9	葉のような茎（※） 株立ち型	青 夏の中期	3-9か月	長命
Geranium nodosum ゲラニウム・ノドサム	0.3-0.8	0.5-1.0	9	照葉，三つ葉 葉のマウンド	ピンク 春の後期～夏の中期	短い	多年生
Geranium phaeum ゲラニウム・ファエウム	0.3-0.8	0.5-1.0	9	浅裂 葉のマウンド	ピンク，栗色 夏の初期	短い	多年生
Geranium pratense ゲラニウム・プラテンセ	0.3-0.8	0.25-0.5	9	浅裂 葉のマウンド	すみれ色がかった青 夏の初期	短い	多年生
Geranium psilostemon ゲラニウム・プシロステモン	0.8-1.4	0.5-1.0	9	浅裂 葉のマウンド	マゼンタ 夏の中期	短い	多年生
Geranium sanguineum and cvs. ゲラニウム・サンギネウムとその園芸種	0.3-0.8	0.25-1.0	9	濃緑，浅裂 葉のマウンド	さまざまな種類のピンク 夏の初期～中期	短い	多年生
Geranium soboliferum ゲラニウム・ソボリフェルム	0.3-0.8	0.25-0.5	9	浅裂，秋の葉 短い（フィラー）	マゼンタ 夏の中期～後期	短い	多年生
Geranium sylvaticum ゲラニウム・シルバティカム	0.3-0.8	<0.25	9	浅裂 エマージェンツ	青，ピンク 夏の初期	短い	多年生
Geranium wallichianum ゲラニウム・ワリキアナム	0.3-0.8	0.5-1.0	9	浅裂 葉のマウンド、匍匐性	すみれ色がかった青 夏の後期～秋	短い	多年生
Geranium wlassovianum ゲラニウム・ウラッソビアナム	0.3-0.8	0.25-0.5	9	浅裂，秋の葉 葉のマウンド	紫 夏の中期～秋	短い	多年生

栄養繁殖による広がりの能力	永続性	自家播種と実生	生育環境 光 / 生育環境 土壌	ゾーン	注釈、その他の種と形態等	訳注（性質、和名、2024年現在の学名など）
限定的−ゆっくり	高い	中程度	半日陰	7		
非クローン性	高い	中程度	日向〜半日陰 / 乾燥	8		暖地適応
速い	中程度	低い	日向 / 乾燥、低肥沃	7		和名：マツバトウダイ，暖地適応
中程度	高い	低い	日向〜半日陰 / 適湿、高肥沃	7	ゲリラ的に広がる	
非クローン性	高い	中程度−高い	日向〜半日陰 / 適湿、高肥沃	7		
限定的	高い	低い−中程度	日向	7		*Euphorbia epithymoides*, 暖地適応
ゆっくり	高い	低い	日向 / 適湿、高肥沃	7		
中程度	高い	低い−中程度	日向 / 適湿、高肥沃	3-4	さまざまな高さの種がある	和名：シモツケソウ、キョウカノコ等，高温多湿に弱い
非クローン性	高い	低い	日向	5		*Oenothera lindheimeri*, 暖地適応
非クローン性	高い	低い	半日陰 / 適湿	6		※羽状複葉のような
中程度	高い	中程度−高い	日向〜日陰 / 乾燥	5		
中程度	高い	中程度−高い	日向〜日陰	4	多くの栽培品種がある	和名：クロバナフウロ
限定的	高い	中程度−高い	日向	4		高温多湿に弱い
ゆっくり	高い	中程度	日向〜半日陰 / 適湿	4		
ゆっくり	高い	中程度	日向〜半日陰 / 乾燥、低肥沃	4		和名：アケボノフウロ，暖地適応，強日照に弱い
非クローン性	高い	高い	日向〜半日陰 / 適湿	5	秋に紅葉する	和名：アサマフウロ
限定的	高い	高い	日向〜半日陰	4		
非クローン性	高い	低い	半日陰 / 適湿	4		暖地適応の品種もある
非クローン性	高い	中程度	日向〜半日陰	5		

Euphorbia griffithii

Euphorbia schillingii

Filipendula rubra 'Venusta'

Geranium phaeum

Geranium sylvaticum

植物名	高さ (m)	広がり (m)	1平米 あたりの本数	葉 構造	花 開花期	構造的な 見どころの期間	寿命
Geranium ×oxonianum cvs. ゲラニウム×オクソニアナム	0.3-0.8	0.5-1.0	9	浅裂, 幅の広い 葉のマウンド	さまざまなピンク 夏の初期と、夏の後期〜秋	短い	多年生
Gillenia trifoliata ギレニア・トリフォリアタ	0.8-1.4	0.25-0.5	3-5	幅の狭い, 茂み状 枝分かれ型	白, 赤 夏の初期	9か月以上	多年生
Gypsophila paniculata ジプソフィラ・パニキュラータ	0.8-1.4	0.25-0.5	3-5	小さい, とがった エマージェンツ、枝分かれ型	白 夏の初期	3-9か月	多年生
Helenium hybrids ヘレニウム 交配種	1.4-2.0	0.25-1.0	9	青々とした緑 直立型	黄色, 赤, 茶色 夏の後期〜秋	3-9か月	多年生
Helleborus spp. and hybrids ヘレボルス 自生種と交配種	0.3-0.8	0.25-1.0	9	掌状, 常緑 広葉の根出葉	さまざまな淡い色 春	3-9か月	多年生
Hemerocallis spp. and hybrids ヘメロカリス 自生種と交配種	0.3-0.8	0.25-1.0	9	塊型, アーチ状 線状の根出葉	黄色がかった赤, ピンク 夏の中期〜後期	3-9か月	多年生
Heuchera spp. and cvs. ヒューケラ 自生種と園芸種	0.3-0.8	0.25-0.5	11	浅裂, しばしばカラーリーフ 広葉の根出葉	とても小さい花, クリーム 春〜夏の中期	3-9か月／短い	多年生
Heuchera villosa ヒューケラ・ビローサ	0.3-0.8	0.25-0.5	9	浅裂, 緑 広葉の根出葉	とても小さい花, クリーム 夏の後期〜秋	3-9か月／短い	多年生
×Heucherella cvs. ヒューケレラ 園芸種	0.3-0.8	0.25-0.5	11	浅裂, 斑入り 広葉の根出葉	クリーム, 赤 春〜夏の中期	3-9か月／短い	多年生
Hosta spp. and hybrids ホスタ 自生種と園芸種	0.3-1.4	0.5-1.0	5-7	大きい, ハート形, 秋の葉 広葉の根出葉	白, ライラック 夏の中期	3-9か月	多年生
Inula helenium イヌラ・ヘレニウム	1.4-2.0	0.25-0.5	7	大きい エマージェンツ	ヒナギク状の黄花 夏の初期〜中期	3-9か月	多年生
Inula magnifica イヌラ・マグニフィカ	1.4-2.0以上	0.5->1.0	7	とても大きい エマージェンツ、直立型	ヒナギク状の黄花 夏の中期	9か月以上	多年生
Iris fulva アイリス・フルバ	0.3-0.8	0.5-1.0	11	直線状 線状の根出葉	赤銅色 夏の初期	3-9か月	多年生
Iris sibirica アイリス・シビリカ	0.8-1.4	0.25-0.5	11	密な, 直立した群生 線状の根出葉	すみれ色がかった青 夏の初期	9か月以上	多年生
Kalimeris incisa カリメリス・インシサ	0.3-0.8	0.25-1.0	7	たくさんの葉, 小さい 直立型	ごく薄い紫 夏の初期〜秋	9か月以上	多年生
Kirengeshoma palmata キレンゲショーマ・パルマータ	0.8-1.4	0.25-0.5	9	カエデ状 株立ち型	バターイエロー 夏の後期〜秋	3-9か月	多年生
Knautia macedonica クナウティア・マケドニカ	0.3-1.4	0.25-0.5	9	細長い 株立ち型、枝分かれ型	ダークレッド〜ピンク 夏の初期〜秋	3-9か月	5年未満
Kniphofia spp. and cvs. ニフォフィア 自生種と園芸種	0.8-2.0	0.25-1.0	7	印象的なロゼット状 線状の根出葉	黄色, オレンジ 夏の中期〜秋	3-9か月	多年生
Lamium maculatum ラミウム・マクラタム	0.3未満	0.25-0.5	9	小さい, 密生した 枝分かれ型、匍匐性	ピンク, 白 春〜夏の初期	短い	多年生

栄養繁殖による広がりの能力	永続性	自家播種と実生	生育環境 光 / 生育環境 土壌	ゾーン	注釈、その他の種と形態等	訳注（性質、和名、2024年現在の学名など）
中程度	高い	中程度-高い	日向〜日陰	5	多くの品種群があり、ほとんどが生育旺盛	
非クローン性	高い	低い	日向〜半日陰	4	秋の葉色は赤みを帯びる	和名：ミツバシモツケ、暖地適応
非クローン性	高い	低い	日向 / 乾燥、低肥沃	4	湿った土では短命	
ゆっくり	中程度	低い	日向 / 適湿、高肥沃	3		和名：ダンゴギク、暖地適応
限定的	高い	中程度-高い	日向〜日陰 / 乾燥	4	有茎種は短命の傾向がある	流通名：クリスマスローズ、暖地適応
ゆっくり	高い	低い	日向	3-5		暖地適応
限定的	低い-中程度	低い	日向〜半日陰	4	ヒューケラ・ミクランサは交配種よりも信頼性がある	
限定的	高い	低い	日向〜半日陰 / 適湿	3		
ゆっくり	高い	低い	日向〜半日陰	4		
ゆっくり-中程度	高い	低い	日向〜半日陰 / 適湿、高肥沃	3	秋には鮮やかな黄色に色づき、膨大な数の品種がある	和名：ギボウシ、暖地適応、大型種は高温に弱い
限定的	高い	低い	日向	5		
限定的	高い	低い	日向	6	壮大だが倒れることがある	
中程度	中程度	低い	日向 / 適湿	5		和名：チャショウブ
ゆっくり	中程度	中程度	日向	4		
限定的	高い	低い	日向〜半日陰	4	その他の種も同様によい	暖地適応
ゆっくり	高い	低い	半日陰 / 適湿	5	定着に時間がかかる	暖地適応、強日照・高温に弱い
非クローン性	高い	高い	日向 / 乾燥	4		暖地適応
限定的	高い	低い	日向	6-7	さまざまな自生種と栽培品種があり、耐寒性も異なる	暖地適応、別名：トリトマ
ゆっくり	中程度	低い	半日陰	3	斑入り葉の品種がいくつかある	暖地適応、強日照・乾燥に弱い

Gillenia trifoliata

Helenium 'Rubinzwerg'

Iris fulva

Kirengeshoma palmata

Knautia macedonica

植物名	高さ(m)	広がり(m)	1平米あたりの本数	葉 構造	花 開花期	構造的な見どころの期間	寿命
Lathyrus vernus ラシルス・ベルヌス	0.3未満	0.25-0.5	9	小さい複葉 株立ち型	ピンク，白 春	短い	多年生
Lavatera cachemiriana ラバテラ・カシェミリアナ	1.4-2.0	0.25-0.5	1	浅裂，毛の多い 直立型	薄ピンク 夏の中期〜後期	3-9か月	10年未満
Liatris spp. リアトリス 自生種	0.8-2.0	<0.25-0.5	11	幅の狭い，たくさんの葉 直立型、エマージェンツ	ピンク 夏の中期〜後期	3-9か月	多年生
Libertia grandiflora リベルティア・グランディフロラ	0.8-1.4	0.25-0.5	9	濃緑，塊型 線状の根出葉	純白 夏の初期〜中期	9か月以上	多年生
Ligularia spp. and cvs. リグラリア 自生種と園芸種	0.8-2.0	0.5-1.0	5-7	大きい，繁茂した エマージェンツ	黄色 夏の中期〜秋	3-9か月	多年生
Limonium platyphyllum (*L. latifolium*) リモニウム・プラティフィルム （リモニウム・ラティフォリウム）	0.3-0.8	0.25-0.5	7	大きい，照葉 エマージェンツ	ライラック色の雲 夏の中期〜後期	6か月	多年生
Liriope and *Ophiopogon* spp. リリオペとオフィオポゴンの自生種	0.3未満	<0.25-0.5	11	直線状，常緑 線状の根出葉	淡い紫 夏の後期〜秋	3-9か月	多年生
Lobelia spp. and cvs. ロベリア 自生種と園芸種	0.8-1.4	<0.25	9	フレッシュグリーン エマージェンツ、直立型	赤，紫，ピンク 夏の中期〜後期	短い	10年未満
Lunaria rediviva ルナリア・レディビバ	0.8-1.4	0.25-0.5	9	幅の広い，緑 エマージェンツ	ごく薄い紫 春〜夏の初期	9か月以上	多年生
Lysimachia clethroides リシマキア・クレスロイデス	0.8-1.4	0.5-1.0	7	幅の狭い エマージェンツ、直立型	白いスパイク（尖塔状の花穂） 春の後期〜夏の中期	3-9か月	多年生
Lysimachia ephemerum リシマキア・エフェメラム	0.8-1.4	<0.25-0.5	9	灰色，幅の狭い エマージェンツ	白いスパイク（尖塔状の花穂） 夏	3-9か月	10年未満
Lythrum spp. リスラム 自生種	0.8-2.0	0.25-0.5	9	小さい，幅の狭い 直立型、枝分かれ型	ピンク 夏の中期〜後期	3-9か月	多年生
Macleaya spp. マクレイヤ 自生種	1.4-2.0以上	>1.0	5	灰色がかった，幅の広い 直立型	ふわふわした花穂 夏の中期〜後期	9か月以上	多年生
Maianthemum racemosa (*Smilacina*) マイアンセマム・ラセモサ （スミラキナ）	0.8-1.4	0.25-0.5	9	濃緑，エレガント 株立ち型	クリーム色の花穂 春	短い	多年生
Mertensia spp. メルテンシア 自生種	0.3未満	0.25-0.5	9-11	灰色がかった，幅の広い 葉のマウンド	淡い青 春	短い	多年生
Monarda bradburiana モナルダ・ブラドブリアナ	0.8-1.4	0.25-1.0	9	芳香のある 直立型	薄ピンク 夏の初期	9か月以上	多年生
Monarda hybrids モナルダ 交配種	0.8-2.0	0.25-1.0	9	芳香のある 直立型	ピンク，紫，赤 夏の中期	3-9か月	多年生
Mukdenia rossii ムクデニア・ロッシー	0.3未満	0.25-0.5	9	幅の広い，浅裂 広葉の根出葉	ほとんど目立たない	3-9か月	多年生
Nepeta racemosa and similar spp. ネペタ・ラセモサと類似の自生種	0.8未満	0.5-1.0	5-7	灰色，芳香のある 枝分かれ型、匍匐性	紫がかったすみれ色 夏の初期〜後期	短い	多年生

栄養繁殖による広がりの能力	永続性	自家播種と実生	生育環境 光 / 生育環境 土壌	ゾーン	注釈、その他の種や形態等	訳注（性質、和名、2024年現在の学名など）
限定的	高い	低い	半日陰	4		
非クローン性	高い	中程度	日向	6		*Malva cachemiriana*, 暖地適応
ゆっくり	高い	低い	日向	4	海洋性気候では冬に腐りやすい	暖地適応
限定的	高い	低い	日向 / 適湿	8	ほかの種は海洋性気候に適している	*Libertia chilensis*, 暖地適応
ゆっくり-中程度	高い	低い	日向～半日陰 / 適湿	4-5	大きさと広がる能力は品種によって違う	
非クローン性	高い	低い	日向 / 乾燥、低肥沃	3		*Limonium platyphyllum*
ゆっくり-中程度	高い	低い	半日陰～日陰	5	広がる能力は気候に左右される	和名：ヤブラン (Liriope)、ジャノヒゲ (Ophiopogon)、暖地適応
限定的	中程度	低い-中程度	日向 / 適湿、高肥沃	3-7	ロベリア・シフィリティカはよく自家播種する	暖地適応、一年草も多く流通
限定的	高い	中程度	半日陰	4	よい匂いがして、種子のさやが魅力的	
中程度-速い	高い	低い	日向～半日陰	3	リシマキア・バリスタキスは似ているがより強力に広がる	和名：オカトラノオ、強日照・高温に弱い
非クローン性	高い	低い	日向～半日陰 / 適湿	6		
非クローン性-限定的	高い	中程度-高い	日向 / 多湿	3	リスラム・ヴィルガタムは北米では非常に侵略的	暖地適応
中程度-速い	高い	低い-中程度	日向～半日陰	3	マクレイヤ・ミクロカルパはあまり広がらない	和名：タケニグサ、暖地適応
ゆっくり	高い	低い	半日陰～日向	3		
ゆっくり	高い	低い-中程度	半日陰～日向	3		高温多湿に弱い
中程度	低い	中程度	日向～半日陰 / 乾燥、低肥沃	3	秋の葉色がよい	暖地適応
ゆっくり	非常に低い	低い	日向～半日陰 / 低肥沃	3		暖地適応
ゆっくり-中程度	高い	低い	半日陰～日向	6		和名：イワヤツデ
限定的	高い	中程度	日向 / 乾燥、低肥沃	4	さらに多くのネペタの種が次々と利用できるようになってきている	暖地適応

Lathyrus vernus

Lavatera cachemiriana

Lunaria rediviva

Lysimachia ephemerum

Macleaya spp.

植物名	高さ（m）	広がり（m）	1平米 あたりの本数	葉 構造	花 開花期	構造的な 見どころの期間	寿命
Nepeta sibirica ネペタ・シビリカ	0.8-1.4	0.5-1.0	5-7	幅の狭い，芳香のある 株立ち型	青 夏の中期～後期	短い	多年生
Nepeta subsessilis ネペタ・サブセッシリス	0.8-1.4	0.25-0.5	9	小さい，芳香のある 株立ち型	薄いモーブ色（薄い灰紫） 夏の中期～後期	短い	多年生
Oenothera fruticosa エノテラ・フルティコサ	0.3-0.8	0.25-0.5	9	幅の狭い 株立ち型	黄色，大きい 夏の初期～中期	3-9か月	10年未満
Origanum spp. and cvs. オリガヌム　自生種と園芸種	0.3-1.4	0.25-0.5	11	小さい，芳香のある 株立ち型	赤－ピンク 夏の中期～後期	3-9か月	多年生
Paeonia herbaceous spp. and hybrids パエオニア　草本の自生種と交配種	0.8-1.4	0.25-1.0	3-5	大きい，深裂 株立ち型	ピンク，赤 夏の初期	3-9か月	長命
Papaver orientale hybrids パパパー　交配種	0.8-1.4	0.5-1.0	7	毛の多い，ギザギザ 葉のマウンド	オレンジ，ピンク 夏の初期	短い	多年生
Parthenium integrifolium パルテニウム・インテグリフォリウム	0.8-1.4	0.25-0.5	9	ギザギザ，濃緑 株立ち型	白 夏の初期～中期	3-9か月	多年生
Penstemon digitalis ペンステモン・ジギタリス	0.3-0.8	0.25-0.5	9	濃緑，赤みがかった エマージェンツ	白 夏の初期	3-9か月	10年未満
Perovskia atriplicifolia cvs. ペロブスキア・アトリプリシフォリア 園芸種	0.8-1.4	0.25-0.5	1-3	細い，灰色 直立型	すみれ色がかった紫 夏の中期	9か月以上	多年生
Persicaria amplexicaulis cvs. ペルシカリア・アンプレクシカウリス 園芸種	0.8-2.0	0.5->1.0	3-5	大きい，幅の広い 枝分かれ型	赤，ピンク 夏の中期～秋	3-9か月	多年生
Persicaria bistorta ペルシカリア・ビストルタ	0.3-0.8	0.5-1.0	5	大きい，幅の広い エマージェンツ	ピンク 夏の初期	短い	多年生
Phlomis russeliana フロミス・ルッセリアナ	0.8-1.4	0.5-1.0	9	大きい，幅の広い，常緑 エマージェンツ	ソフトイエロー 夏の初期.	9か月以上	多年生
Phlomis samia フロミス・サミア	0.8-1.4	0.25-1.0	9	大きい，幅の広い エマージェンツ	ピンク 夏の初期	9か月以上	多年生
Phlomis tuberosa フロミス・チュベローサ	1.4-2.0	0.25-1.0	9	濃緑，葉脈のはっきりした エマージェンツ	ピンク 夏の初期	9か月以上	多年生
Phlox paniculata and *P. maculata* cvs. and hybrids フロックス・パニキュラータとフロックス・マクラータ　園芸種と交配種	0.8-2.0	0.25-1.0	9	緑 直立型	ピンク，赤，紫 夏の中期～後期	3-9か月	多年生
Phlox divaricata and *P. stolonifera* cvs. フロックス・ディバリカタとフロックス・ストロニフェラ　園芸種	0.3未満	0.25-1.0	11	小さい，たくさんの葉 枝分かれ型，匍匐性	青，ピンク 春～夏の初期	短い	多年生
Polemonium caeruleum ポレモニウム・カエルレウム	0.8-1.4	<0.25	9	淡緑，羽状 エマージェンツ	青 夏の初期	短い	5年未満
Polygonatum and *Disporum* spp. and hybrids ポリゴナタムとディスポラム 自生種と交配種	0.8-1.4	0.25-0.5	9	エレガント 直立型	クリーム色のベル形 春	3-9か月	多年生
Primula – tall Himalayan types プリムラ　背の高いヒマラヤタイプ	0.8-1.4	<0.25	11	ロゼット状 エマージェンツ	ピンク，黄色 夏の初期	短い	5年未満 - 多年生

栄養繁殖による広がりの能力	永続性	自家播種と実生	生育環境 光 / 生育環境 土壌	ゾーン	注釈、その他の種と形態等	訳注（性質、和名、2024年現在の学名など）
中程度	中程度	中程度	日向〜半日陰 / 乾燥	3	暑さを嫌う	
限定的	高い	低い	日向〜半日陰	4		和名：ミソガワソウ、暖地適応、強日照・高温に弱い、日本の自生種
非クローン性	高い	中程度-高い	日向 / 乾燥、低肥沃	4	ほかにも多くのよいエノテラの種がある	
限定的	高い	高い	日向〜半日陰 / 乾燥、低肥沃	5		流通名：オレガノ、暖地適応
限定的	高い	低い	日向 / 高肥沃	3		和名：シャクヤク、暖地適応
限定的	高い	低い	日向 / 乾燥	3	夏に休眠する	流通名：オリエンタルポピー
限定的	高い	低い	日向 / 乾燥	4		暖地適応
限定的-ゆっくり	高い	低い	日向〜半日陰 / 乾燥	3	秋の葉色は暗赤色になる	暖地適応
非クローン性	高い	低い	日向 / 乾燥、低肥沃	3	過酷な気候に対してとても耐性がある	*Salvia yangii*、流通名：ロシアンセージ、高温多湿に弱い
中程度	高い	中程度	日向〜半日陰 / 適湿、高肥沃	4	よく茂る習性がとても有用	*Bistorta amplexicaulis*、暖地適応
速い	高い	低い	日向〜半日陰 / 適湿、高肥沃	4	夏の終わりに返り咲きする	*Bistorta officinalis*、高温多湿に弱い
中程度	高い	中程度	日向〜半日陰	4	超ローメンテナンスで、雑草抑制効果もある	暖地適応
中程度	高い	低い	日向 / 乾燥	7		*Phlomoides tuberosa*
ゆっくり	高い	低い-高い	日向 / 乾燥	5		
ゆっくり	低い-中程度	低い	日向〜半日陰 / 高肥沃	3-4	品種によってパフォーマンスに幅がある	暖地適応
中程度	中程度	低い	半日陰	3-5	よく育つためには腐植質が豊富な土が必要	暖地適応、強日照に弱い
非クローン性	高い	中程度-高い	日向 / 適湿	4	暑さを嫌う	
ゆっくり	高い	低い	半日陰〜日陰 / 適湿	3-5	夏休眠する品種もある	和名：アマドコロ（*Polygonatum*）ホウチャクソウ、チゴユリ（*Disporum*）、暖地適応
非クローン性-限定的	高い	中程度-高い	日向〜半日陰 / 適湿	3-6	プリムラ・フロリンダエのみ信頼できて、暑さを嫌う	

Nepeta subsessilis

Persicaria amplexicaulis

Persicaria bistorta

Phlox paniculata

Polygonatum × hybridum

植物名	高さ (m)	広がり (m)	1平米あたりの本数	葉 構造	花 開花期	構造的な見どころの期間	寿命
Pulmonaria spp. and cvs. プルモナリア 自生種と園芸種	0.3-0.8	0.25-0.5	11	毛の多い, 幅の広い, しばしば斑入り 葉のマウンド	青, ピンク 春〜夏の初期	短い	多年生
Pycnanthemum spp. ピクナンテマム 自生種	0.8-1.4	0.25-1.0	9	灰色, 芳香のある 直立型	白い苞葉 夏の中期〜後期	3-9か月	多年生
Rodgersia spp. and cvs. ロジャーシア 自生種と園芸種	0.8-1.4	0.5-1.0	9	とても大きい, ブロンズ 広葉の根出葉	大きな白とピンクの花穂 夏の初期〜中期	9か月以上	多年生
Rudbeckia fulgida ルドベキア・フルギダ	0.3-0.8	0.25-1.0	9	濃緑, 幅の広い 株立ち型、エマージェンツ	ヒナギク状の黄花 夏の後期〜秋	3-9か月	多年生
Rudbeckia laciniata (R. nitida) ルドベキア・ラシニアタ （ルドベキア・ニティダ）	1.4-2.0 以上	0.5-1.0	5	浅裂 エマージェンツ	ヒナギク状の黄花 夏の後期〜秋	3-9か月	多年生
Rudbeckia subtomentosa ルドベキア・サブトメントーサ	0.8-1.4	0.25-0.5	7	浅裂 エマージェンツ	ヒナギク状の黄花 夏の後期〜秋	3-9か月	多年生
Ruellia humilis ルエリア・フミリス	0.3-0.8	0.25-0.5	9	小さい, たくさんの葉 枝分かれ型	まばらに咲く, 紫 夏の初期〜秋	3-9か月	多年生
Salvia azurea サルビア・アズレア	1.4-2.0	0.5-1.0	9	灰色がかった エマージェンツ	青 夏の後期〜秋	短い	多年生
Salvia glutinosa サルビア・グルティノーサ	0.3-1.4	0.5-1.0	9	幅の広い葉 株立ち型	薄黄色 夏の初期〜中期	3-9か月	多年生
Salvia verticillata サルビア・バーティシラータ	0.3-0.8	0.25-0.5	9	ざらざらした質感 株立ち型	紫がかった 夏の中期	3-9か月／短い	10年未満
Salvia ×superba, S. nemorosa, S. ×sylvestris サルビア×スパーバ、サルビア ネモローサ、サルビア×シルベルトリス	0.3-0.8	0.25-0.5	9	マット状の質感 株立ち型	青, すみれ色, ピンク 夏の初期と後期	短い	10年未満
Sanguisorba spp. サンギソルバ 自生種	0.3-2.0	0.5-1.0	3-5	羽状, 魅力的 エマージェンツ、株立ち型	暗赤色, 白 夏の初期〜秋	3-9か月	多年生
Saponaria lempergii 'Max Frei' サポナリア・レンペルギー 'マックス・フレイ'	0.3-0.8	0.25-1.0	11	小さい, 半常緑 株立ち型, 匍匐性	薄ピンク 夏の初期〜後期	短い	多年生
Scabiosa caucasica スカビオサ・コーカシカ	0.3-0.8	0.25-0.5	9	灰色がかった, 浅裂 株立ち型	淡い青, ピンク 夏の中期	短い	10年未満
Scutellaria incana スクテラリア・インカナ	0.8-2.0	0.25-0.5	9	細長い 直立型、枝分かれ型	青, 筒状花 夏の中期〜後期	3-9か月	多年生
Sedum 'Bertram Anderson' セダム 'バートラム・アンダーソン'	0.3-0.8	0.25-0.5	11	灰色, 丸みを帯びた 株立ち型, 匍匐性	紫がかったピンク 夏の中期〜後期	短い	多年生
Sedum spectabile and S. telephium hybrids セダム・スペクタビレとセダム・テレフィウムの交配種	0.3-0.8	0.5-1.0	9	多肉質 株立ち型	ピンク, 赤 夏の後期〜秋	9か月以上	多年生
Selinum wallichianum セリナム・ワリキアヌム	0.8-1.4	0.5-1.0	9	きめ細かい全裂 エマージェンツ	白い傘状花序 夏の中期	3-9か月	10年未満
Sidalcea spp. and cvs. シダルセア 自生種と園芸種	0.8-1.4	0.25-0.5	9	浅裂 エマージェンツ	ピンク 夏の中期	短い	10年未満

栄養繁殖による広がりの能力	永続性	自家播種と実生	生育環境 光 / 生育環境 土壌	ゾーン	注釈、その他の種や形態等	訳注（性質、和名、2024年現在の学名など）
限定的-ゆっくり	高い	低い	半日陰～日陰 / 適湿	3-4	暑さと乾燥によって夏休眠することもある	高温多湿に弱い
ゆっくり-中程度	高い	低い	日向 / 乾燥	3-4		流通名：マウンテンミント、暖地適応
中程度	高い	低い	日向～半日陰 / 適湿、高肥沃	5	定着に時間がかかる	
中程度	中程度	低い	日向～半日陰	3	とても花つきがよい	暖地適応
中程度	高い	中程度	日向	3		和名：オオハンゴンソウ、特定外来生物
ゆっくり	高い	低い	日向	4		暖地適応
ゆっくり	高い	中程度	日向～半日陰 / 乾燥	4		高温多湿に弱い
限定的	高い	低い	日向	6	シーズン終盤の花としてとてもよい	
ゆっくり	高い	高い	半日陰 / 乾燥	6	乾燥した日陰に適している	
非クローン性	高い	中程度-高い	日向	6		高温多湿に弱い
非クローン性	高い	中程度	日向 / 乾燥、低肥沃	6	乾燥した石灰質の土壌でとても重要なグループ	
限定的-中程度	高い	中程度	日向 / 適湿	3-5	多くの種の花房に透け感があり、葉もよい	和名：ワレモコウ、カライトソウ等、暖地適応
ゆっくり	高い	低い	日向	7		*Saponaria* x *lempergii* 'Max Frei'
非クローン性	高い	中程度	日向	4		高温多湿に弱い
ゆっくり	高い	低い	日向 / 乾燥	5	グレーのシードヘッドがよい	暖地適応、強日照・乾燥に弱い
限定的	高い	低い	日向 / 乾燥	5		*Hylotelephium* 'Bertram Anderson'、高温多湿に弱い
非クローン性	高い	低い	日向 / 乾燥	4	多くの園芸種と交配種がある	*Hylotelephium spectabile*, *Hylotelephium telephium*、高温多湿に弱い
非クローン性	高い	中程度	日向～半日陰	8		高温多湿に弱い
限定的	高い	低い	日向	5		

Pycnanthemum muticum

Rodgersia aesculifolia cultivar

Rudbeckia subtomentosa

Ruellia humilis

Selinum wallichianum

植物名	高さ(m)	広がり(m)	1平米あたりの本数	葉 構造	花 開花期	構造的な見どころの期間	寿命
Silphium spp. シルフィウム 自生種	1.4-2.0以上	0.5-1.0	1	大きい, 革のような エマージェンツ	ヒナギク状の黄花 夏の後期〜秋	3-9か月	長命
Solidago and ×*Solidaster* spp. and hybrids ソリダゴとソリダスター 自生種と交配種	0.8-2.0	0.25-1.0	7	小さい, たくさんの葉 直立型	黄色い花穂 夏の後期〜秋	3-9か月	多年生
Stachys macrantha スタキス・マクランサ	0.3-0.8	0.25-0.5	9	幅の広い, 厚みのある 葉のマウンド	紫がかったピンク 春の後期〜夏の初期	3-9か月	多年生
Stachys byzantina スタキス・ビザンチナ	0.3-0.8	0.5-1.0	11	銀葉, 毛の多い 葉のマウンド	ほとんど目立たない	短い	多年生
Stachys officinalis and hybrids スタキス・オフィシナリスと交配種	0.3-0.8	0.25-0.5	9	小さい, 濃緑 エマージェンツ	深いピンク 夏の中期	9か月以上	多年生
Symphytum 'Rubrum' シンフィタム 'ルブラム'	0.3-1.4	0.5-1.0	9	大きい, ざらざらした 葉のマウンド	赤 春の後期〜夏の初期	短い	多年生
Telekia speciosa テレキア・スペシオサ	1.4-2.0	0.5-1.0	5-7	とても大きい エマージェンツ	ヒナギク状の黄花 夏の初期〜後期	3-9か月	10年未満
Tellima grandiflora テリマ・グランディフローラ	0.3-0.8	0.25-0.5	11	密生した, 明るい緑 葉のマウンド	淡い緑 春の後期	短い	多年生
Thalictrum aquilegifolium タリクトラム・アキレギフォリウム	0.8-2.0	0.25-0.5	9	繊細な, 細かい複葉 エマージェンツ	紫がかったピンク 夏の初期	3-9か月	多年生
Thalictrum flavum タリクトラム・フラバム	1.4-2.0	0.25-0.5	7	灰色がかった エマージェンツ	薄黄色 夏の初期	3-9か月	多年生
Thalictrum lucidum タリクトラム・ルシダム	1.4-2.0	0.25-0.5	7	照葉, 複葉 エマージェンツ	クリーミー 夏の初期	3-9か月	多年生
Thalictrum pubescens (*T. polygamum*) タリクトラム・プベッセンス (タリクトラム・ポリガマム)	1.4-2.0以上	0.25-0.5	9	繊細な, 細かい複葉 エマージェンツ	クリーム 夏の初期	3-9か月	多年生
Thalictrum delavayi, T. roche-brunnianum and hybrids タリクトラム・デラバイ、タリクトラム・ロケブルニアヌムと交配種	1.4-2.0以上	0.25-0.5	9	繊細な, 細かい複葉 エマージェンツ	紫がかったピンク 夏の中期	3-9か月	多年生
Thermopsis spp. サーモプシス 自生種	0.8-1.4	0.25-1.0	5-7	複葉 直立型、エマージェンツ	黄色のルピナス状 夏の初期	3-9か月	多年生
Tiarella spp. and cvs. ティアレラ 自生種と園芸種	0.3-0.8	<0.25-0.5	11	きれいな斑入り 葉のマウンド	クリーム色のスパイク(尖塔状の花穂) 春	短い	多年生
Tricyrtis spp. and cvs. トリキルティス 自生種と園芸種	0.3-1.4	<0.25-0.5	9	エレガント 直立型	斑点のある 夏の後期〜秋	短い	多年生
Trifolium pannonicum トリフォリウム・パノニクム	0.3-0.8	0.25-0.5	9	クローバーのような 葉のマウンド	クリーミー 夏の初期〜中期	3-9か月	多年生
Trifolium rubens トリフォリウム・ルベンス	0.3-0.8	0.25-0.5	9	クローバーのような 葉のマウンド	ピンクがかった赤 夏の初期〜中期	3-9か月	多年生
Trollius spp. and cvs. トロリウス 自生種と園芸種	0.3-1.4	0.25-0.5	9	濃緑, 浅裂 エマージェンツ	黄色 春〜夏の初期	短い	多年生

栄養繁殖による広がりの能力	永続性	自家播種と実生	生育環境 光 / 生育環境 土壌	ゾーン	注釈、その他の種と形態等	訳注（性質、和名、2024年現在の学名など）
限定的	高い	中程度	日向	3	シルフィウム・ラシニアタムの葉は深い切れ込みがある	
ゆっくり-速い	中程度-高い	中程度	日向	3-5	花穂の形状や広がりの違いはさまざまある	Solidago × luteus (× Solidaster), 暖地適応
ゆっくり	高い	低い	日向〜半日陰	6		Betonica macrantha, 暖地適応
中程度	高い	低い	日向 / 乾燥	5	'ビッグ・イヤーズ'は特によい	流通名：ラムズイヤー, 高温多湿に弱い
限定的	高い	中程度	日向〜半日陰	5		Betonica officinalis, 暖地適応
中程度	高い	低い	日向〜半日陰 / 高肥沃	5	その他の多くの種はしばしば侵略的	暖地適応, 別名：コンフリー
非クローン性	高い	中程度	半日陰	6	銅葉の品種がいくつかある	
ゆっくり	高い	中程度-高い	半日陰〜日陰	6	乾燥した日陰に適している	暖地適応
限定的	高い	中程度-高い	日向〜半日陰 / 適湿	4	すべての種が涼しい気候を好む	
限定的	高い	中程度	日向 / 適湿	5		
ゆっくり	高い	中程度-高い	日向 / 適湿	4		
限定的	高い	中程度	日向 / 適湿	4		
限定的	高い	低い	日向〜半日陰 / 適湿	5	交配種の数がふえてきている	和名：カラマツソウ
限定的	高い	低い	日向	2-4	なかには強力に広がる種もある	暖地適応
ゆっくり-中程度	高い	低い	半日陰〜日陰 / 適湿	4	新品種が多い	
ゆっくり-中程度	高い	低い	半日陰〜日陰 / 適湿	4-6	新品種が多い	和名：ホトトギス, 暖地適応
非クローン性	高い	低い-中程度	日向	5		
非クローン性	高い	中程度	日向	6		
非クローン性	高い	低い	日向 / 適湿	5-6		

Solidago rugosa

Stachys byzantina 'Big Ears'

Thalictrum aquilegifolium

Thalictrum rochebrunnianum

Tiarella wherryi

植物名	高さ（m）	広がり（m）	1平米あたりの本数	葉 構造	花 開花期	構造的な 見どころの期間	寿命
Veratrum spp. ベラトラム　自生種	0.8-2.0	0.25-0.5	7	折り目の入った，人目を引く エマージェンツ	緑色か茶色 夏	3-9か月	長命
Verbascum spp. バーバスカム　自生種	1.4-2.0以上	0.25-0.5		ロゼット状 エマージェンツ	おおむね黄色 夏の初期〜中期	9か月以上	5年未満
Verbesina alternifolia バーベシナ・アルタニフォリア	2.0以上	0.5-1.0	7	小さい，たくさんの葉 直立型	黄色，小さい花 夏の後期〜秋	3-9か月	長命
Vernonia spp. バーノニア　自生種	2.0以上	0.25-1.0	7	濃緑，幅の狭い 直立型	深いすみれ色 秋	3-9か月	長命
Veronica austriaca and cvs. ベロニカ・アウストリアカと園芸種	0.3-0.8	0.25-0.5	11	濃緑，小さい 直立型	深い青 夏の初期	短い	多年生
Veronica longifolia and cvs. ベロニカ・ロンギフォリアと 園芸種	0.8-1.4	0.25-0.5	9	小さい，たくさんの葉 直立型、枝分かれ型	青，ピンク 夏の中期〜後期	3-9か月	多年生
Veronica spicata ベロニカ・スピカタ	0.3-0.8	0.25-0.5	9	灰色がかった 直立型、株立ち型	青，ピンク 春〜夏の初期	3-9か月	多年生
Veronicastrum spp. and cvs. ベロニカストラム　自生種と園芸種	1.4-2.0	0.25-0.5	7	幅の狭い エマージェンツ、直立型	青，ピンク 夏の初期〜中期	9か月以上	多年生
Zizia aurea ジジア・アウレア	0.3-0.8	<0.25	9	浅裂，フレッシュグリーン エマージェンツ	緑がかった黄色 春〜夏の初期	3-9か月	多年生

グラス類

植物名	高さ（m）	広がり（m）	1平米あたりの本数	葉 構造	花 開花期	構造的な 見どころの期間	寿命
Andropogon gerardii アンドロポゴン・ゲラルディ	2.0以上	0.5-1.0	5	直立した 塊型	特徴的な 夏の後期	3-9か月	長命
Anemanthele lessoniana アネマンテレ・レッソニアナ	0.3-0.8	0.5-1.0	5	オリーブ色からブロンズ色 株立ち型	拡散した穂 夏の後期〜秋	3-9か月	10年未満
Bouteloua curtipendula ブーテルーア・クルティペンデュラ	0.8-1.4	0.25-1.0	9	直立した 株立ち型	細い穂 夏の初期〜後期	3-9か月	多年生
Briza media ブリザ・メディア	0.3-0.8	<0.25	9	灰色がかった，ばらけた 株立ち型	穂が垂れ下がる 夏の初期	短い	多年生
Calamagrostis acutiflora 'Karl Foerster' カラマグロスティス・アクティフローラ 'カール・フォースター'	1.4-2.0	0.5-1.0	1-3	強い直立性 塊型	ふわふわした穂 夏の初期〜冬	9か月以上	多年生
Calamagrostis brachytricha カラマグロスティス・ブラキトリカ	0.8-1.4	0.25-1.0	5	開いた形 株立ち型	ふわふわした穂 夏の後期〜冬	3-9か月	多年生
Carex muskingumensis カレックス・マスキングメンシス	0.3-0.8	0.25-0.5	7	緑，段になった 塊型	ほとんど目立たない	9か月以上	長命
Carex bromoides カレックス・ブロモイデス	0.3-0.8	0.25-0.5	11	細い 塊型	ほとんど目立たない	短い	多年生
Carex dipsacea and other New Zealand spp. カレックス・ディプサシアとその他のニュージーランドの自生種	0.3-0.8	0.25-0.5	9	カラーリーフ，常緑 株立ち型	ほとんど目立たない	9か月以上	10年未満-多年生

栄養繁殖による広がりの能力	永続性	自家播種と実生	生育環境 光 / 生育環境 土壌	ゾーン	注釈、その他の種と形態等	訳注（性質、和名、2024年現在の学名など）
限定的	高い	低い	日向〜半日陰 / 適湿、高肥沃	5-6		
非クローン性	高い	高い	日向 / 乾燥、低肥沃	4-5	とても大きいので、グループで植えられることはない	
ゆっくり	高い	低い	日向 / 適湿	4	観賞価値は限定的	
ゆっくり	高い	低い	日向 / 適湿、高肥沃	4		暖地適応
ゆっくり	高い	低い	日向 / 乾燥	4	さまざまな栽培品種がある	Veronica prostrata, 暖地適応
ゆっくり	高い	中程度	日向 / 適湿	4	さまざまな栽培品種がある	暖地適応
ゆっくり	高い	中程度	日向 / 乾燥	3-4	さまざまな栽培品種がある	暖地適応
ゆっくり	高い	中程度	日向	3	品種によって生育に幅がある、秋の色がよい	和名：クガイソウ
ゆっくり	高い	中程度	日向	3	ジジア・アプテラも同様	
ゆっくり	高い	中程度	日向	3		暖地適応
非クローン性	高い	高い	日向〜半日陰	8		
中程度	高い	低い	日向	4	ブーテルーア・グラシリスもグラウンドカバーによい	
限定的	高い	中程度-高い	日向	4		暖地適応
中程度	高い	低い	日向	5		暖地適応
非クローン性	高い	中程度-高い	日向	4		暖地適応
ゆっくり	高い	低い	日向〜半日陰	4	独特の形態	暖地適応
限定的-ゆっくり	高い	低い	日向〜半日陰 / 適湿	2		
非クローン性	高い	中程度-高い	日向	6		暖地適応, Carex flagellifera, C.testacea などがある

Veratrum nigrum

Verbesina alternifolia

Veronicastrum virginicum

Briza media

Calamagrostis acutiflora 'Karl Foerster'

植物名	高さ(m)	広がり(m)	1平米あたりの本数	葉 構造	花 開花期	構造的な見どころの期間	寿命
Carex flacca カレックス・フラッカ	0.3-0.8	0.25-0.5	11	針金のような, 常緑 マット型	ほとんど目立たない	短い	多年生
Carex pensylvanica カレックス・ペンシルバニカ	0.3-0.8	0.25-0.5	11	細い, 常緑 マット型	ほとんど目立たない	短い	多年生
Chasmanthium latifolium カスマンティウム・ラティフォリウム	0.8-1.4	0.25-0.5	7	幅の広い 塊型	エンバクのような穂 夏の後期〜秋	3-9か月	多年生
Deschampsia cespitosa デスカンプシア・セスピトサ	0.8-1.4	0.25-1.0	5	濃緑, 照葉 株立ち型	拡散した穂 夏の中期〜冬	9か月以上	10年未満
Elymus hystrix (Hystrix patula) エリムス・ヒストリクス （ヒストリクス・パツラ）	0.8-1.4	0.25-0.5	7-9	ばらけて直立した 塊型	穂が開く 夏の中期〜後期	3-9か月	多年生
Eragrostis spectabilis エラグロスティス・スペクタビリス	0.3-0.8	0.25-0.5	9	中程度の幅, 秋の葉 株立ち型	拡散した穂 夏の後期	6か月	5年未満-10年未満
Festuca mairei フェスツカ・マイレイ	0.3-0.8	0.25-0.5	1	針金のような 株立ち型	細い, 針金のような 夏の中期〜冬	9か月以上	多年生
Hakonechloa macra ハコネクロア・マクラ	0.3-0.8	0.25-0.5	9	櫛で整えたような外観, 秋の葉 塊-マット型	ほとんど目立たない	3-9か月	多年生
Koeleria macrantha コエレリア・マクランサ	0.3-0.8	0.25-0.5	9	明るい緑 塊型	薄く色づく 春の後期〜夏の初期	3-9か月	5年未満-10年未満
Luzula spp. and cvs. ルズラ　自生種と園芸種	0.8未満	0.25-0.5	9	幅の広い, 常緑 マット型	クリーム, 茶色 夏の初期	短い	多年生
Miscanthus sinensis cvs. and related spp. ミスカンサス・シネンシス 園芸種と近縁の自生種	0.8-2.0以上	0.5-1.0	1	幅の広い, 銀色の主脈をもつことが多い 塊型	シルバーがかった赤 夏の後期〜冬	3-9か月	多年生
Molinia caerulea cvs. モリニア・カエルレア　園芸種	0.8-1.4	0.25-0.5	5-7	幅の狭い, 秋の葉 株立ち型	きめ細かく拡散する 秋〜冬の初期	3-9か月	多年生
Molinia caerulea subsp. *arundinacea* モリニア・カエルレア アルンディナセア	1.4-2.0以上	0.5-1.0	1	幅の狭い, 秋の葉 株立ち型	きめ細かく拡散する 秋〜冬の初期	3-9か月	多年生
Nassella tenuissima (Stipa tenuissima) ナセラ・テヌイッシマ （スティパ・テヌイッシマ）	0.3-0.8	<0.25	9	とても魅力的 株立ち型	きめ細かく柔らかい 夏の中期〜冬	9か月以上	5年未満
Panicum virgatum and cvs. パニカム・ヴィルガタムと園芸種	0.8-2.0	0.5-1.0	5	幅の広い, 秋の葉 塊型	きめ細かく拡散する 秋〜冬	3-9か月	多年生
Pennisetum alopecuroides ペニセタム・アロペクロイデス	0.8-1.4	0.5-1.0	1-3	幅の狭い, 秋の葉 塊型	ふわふわした穂 夏の後期〜冬の初期	3-9か月	多年生
Pennisetum orientale ペニセタム・オリエンターレ	0.8-2.0	0.5-1.0	3-5	幅の狭い 塊型	ふわふわした穂 夏の後期〜冬の初期	3-9か月	多年生
Schizachyrium scoparium スキザクリウム・スコパリウム	0.3-1.4	0.25-1.0	5-7	幅の狭い, 秋の葉 株立ち型	印象が薄い	3-9か月	5年未満-10年未満
Sesleria spp. セスレリア　自生種	0.3-0.8	0.25-0.5	9	密生した, 青緑 マット型	ほとんど目立たない	9か月以上	多年生

栄養繁殖による広がりの能力	永続性	自家播種と実生	生育環境 光 / 生育環境 土壌	ゾーン	注釈、その他の種と形態等	訳注（性質、和名、2024年現在の学名など）
中程度	高い	低い	日向〜半日陰	4	砂質土壌や塩分の多い環境に適している	
中程度	高い	低い	半日陰	4		
限定的	高い	低い	日向〜半日陰	3		和名：コバンソウ，暖地適応
非クローン性	高い	高い	日向〜半日陰 / 低肥沃	4		強日照・乾燥に弱い
ゆっくり	高い	低い	日向〜半日陰	3		暖地適応
非クローン性	高い	中程度	日向	5	秋の色がよい	暖地適応，温暖地では秋の発色は期待できない
非クローン性	高い	低い	日向	5	ゆっくり成長する	高温多湿に弱い
ゆっくり-中程度	高い	低い	半日陰 / 適湿	5	秋の葉色は淡い黄色	和名：フウチソウ，暖地適応
非クローン性	高い	中程度	日向	4		
中程度	高い	低い	半日陰〜日陰	6	乾燥した日陰でよく育つことが多い	高温多湿に弱い
ゆっくり	高い	低い-高い	日向	5	いくつかの栽培品種は侵略的になる可能性がある	和名：ススキ，暖地適応
非クローン性	高い	低い	日向〜半日陰	4	秋の葉の黄色が鮮やか	
非クローン性	高い	低い	日向〜半日陰	4	秋の葉の黄色が鮮やか	
非クローン性	高い	高い	日向	7		暖地適応
ゆっくり	高い	中程度	日向	4	いくつかの栽培品種は秋の葉色が銅葉になる	暖地適応
ゆっくり	高い	中程度	日向	6	秋の色がよい	和名：チカラシバ，暖地適応，viridescens も現在この一部とされている
ゆっくり	高い	中程度	日向	5-6	'トールテイルズ'は最もよい栽培品種の一つ	暖地適応
限定的	高い	中程度-高い	日向	3	よい葉の植物だが、秋に倒れることもある 秋の色がよい	暖地適応
中程度	高い	低い	日向 / 低肥沃	4	セスレリア・オータムナリスは特徴的な黄緑の葉をもつ	暖地適応

Eragrostis spectabilis

Eragrostis curvula

Festuca mairei

Hakonechloa macra

Pennisetum viridescens

植物名	高さ(m)	広がり(m)	1平米 あたりの本数	葉 構造	花 開花期	構造的な 見どころの期間	寿命
Sorghastrum nutans ソルガストラム・ヌタンス	1.4-2.0	0.25-0.5	5-7	しばしば灰色がかった 塊型	茶色 夏の後期～冬	3-9か月	長命
Spodiopogon sibiricus スポディオポゴン・シビリクス	0.8-2.0	0.25-0.5	5-7	幅の広い, 濃緑 塊型	茶色 夏の後期～冬	3-9か月	多年生
Sporobolus heterolepis スポロボルス・ヘテロレピス	0.8-1.4	0.25-1.0	9	細い 株立ち型	きめ細かく拡散する 夏の後期～冬	3-9か月	長命
Stipa barbata, S. pulcherrima スティパ・バルバータ、 スティパ・プルケリマ	0.8-1.4	0.25-0.5	9	細い 株立ち型	とても長い穂 夏の初期	3-9か月	多年生
Stipa calamagrostis (*Achnatherum*) スティパ・カラマグロスティス (アクナテラム)	0.8-1.4	0.5-1.0	9	細い 株立ち型	柔らかい穂 夏の初期～秋	3-9か月	多年生
Stipa gigantea スティパ・ギガンテア	1.4-2.0	0.5-1.0	1	細い, 常緑 株立ち型	とても広がった 夏の中期～秋	3-9か月	長命

シダ類

植物名	高さ(m)	広がり(m)	1平米 あたりの本数	葉 構造	花 開花期	構造的な 見どころの期間	寿命
Adiantum pedatum アジアンタム・ペダタム	0.3-0.8	0.25-0.5	11	繊細な, 細かい複葉		短い	多年生
Athyrium niponicum 'Metallicum' アシリウム・ニポニカム 'メタリカム'	0.3-0.8	0.25-0.5	9-11	独特の斑		短い	多年生
Dryopteris spp. ドリオプテリス　自生種	0.3-1.4	0.25-0.5	7-9	落葉性, いくつかの自生種は半常緑		3-9か月	多年生
Osmunda regalis オスムンダ・レガリス	0.8-1.4	0.5-1.0	5-7	大きい, 雄大な, 浅裂		9か月以上	長命
Polystichum setiferum and cvs. ポリスティクム・セティフェラムと 園芸種	0.3-0.8	0.25-0.5	7	とてもきめ細かい全裂, 常緑		9か月以上	長命

栄養繁殖による広がりの能力	永続性	自家播種と実生	生育環境 光 / 生育環境 土壌	ゾーン	注釈、その他の種と形態等	訳注（性質、和名、2024年現在の学名など）
ゆっくり-中程度	高い	中程度	日向	3	'シウー・ブルー'は特によい	暖地適応
限定的-ゆっくり	高い	低い	日向〜半日陰	4	冷涼な気候が最も適している	高温多湿に弱い
限定的-ゆっくり	高い	中程度	日向 / 乾燥	3	冷涼な気候では、定着に時間がかかることもある	高温多湿に弱い
非クローン性	高い	低い	日向 / 乾燥	5	効果的な期間がとても短い	
非クローン性-限定的	高い	低い	日向 / 乾燥	5	肥沃な土壌では倒れやすい	高温多湿に弱い
非クローン性	高い	低い	日向 / 乾燥	5	透け感のある穂でよく知られている	高温多湿に弱い
中程度	高い	中程度	日陰 / 適湿	3		和名：クジャクシダ, 暖地適応
ゆっくり-中程度	高い	低い	日陰	3		*Athyrium niponicum var.pictam*, 和名：ニシキシダ, 暖地適応
限定的	高い	低い	日向〜日陰	4-5	葉の質感やサイズには幅広い種類がある	和名：オシダ, 暖地適応
限定的	高い	低い	日向〜半日陰 / 適湿	3	ほかにもいくつかの類似種がある	暖地適応
限定的	高い	低い	日向〜日陰	6	乾燥した場所への耐性が最も強い種の一つ	暖地適応

Spodiopogon sibiricus

Stipa gigantea

Adiantum pedatum

Polystichum setiferum 'Herrenhausen'

植
物
名

ガーデナーやランドスケープの専門家を悩ませているのは、植物学者、つまりもっと正確にいえば分類学者が、植物の名前を変え続けたり、実際には使えないくらいに長い名前を付けたりすることです。科学的な正確性は重要ですが、時には妥協が必要です。この本では、最も広く尊敬されている命名機関の一つである英国王立園芸協会の命名に基本的には従っていますが、混乱を避けるために以下の点に注意してください。

　分類学的に正しい名前の中には、図や表、あるいはマーケティングに使用するのには不適切なほど長いものがあります。この本では、以下の名前を短縮しています：
• *Calamagrostis* 'Karl Foerster' は *Calamagrostis×acutiflora* 'Karl Foerster' です。
• *Molinia* 'Edith Dudszus', *M.* 'Heidebraut' および *M.* 'Moorhexe' はすべて *Molinia caerulea* subsp. *caerulea* の品種です。
• *Molinia* 'Transparent' は *M. caerulea* subsp. *arundinacea* 'Transparent' であり、*arundinacea* タイプはかなり草丈が高くなります。

　分類学者は、植物名を整理する継続的なプロセスの一環として、あるいは新しい知識が得られるたびに、植物の名前を変更します。そのため、庭園やランドスケープ業界の人々がその変化に追いつくのには長い時間がかかり、場合によっては変更が受け入れられないこともあります。ここでは、議論されている、あるいは変化している名前の本著での使用法を明らかにします。
Aconogonon 'Johanniswolke' は英語圏では *Persicaria polymorpha* と呼ばれています。私は属名については分類学者に従いますが、この植物はハンス・サイモンのナーセリーで交配されたものであるため、ドイツで受け入れられている、彼の栽培品種名（洗礼者ヨハネの昇天にちなむもの）を使用するのが適切だと思われます。
Asperula odorata は *Galium odoratum* です。

アスター属（*Aster*）は最近の DNA に基づく証拠により再編されました。新しい名前は植物学のコミュニティ外ではそれほどなじみがないため、私は旧名にこだわりました。使う場合は、米国農務省とミズーリ植物園に従いました：

• *Aster cordifolius* は現在 *Symphyotrichum cordifolium* です。
• *Aster divaricatus* は現在 *Eurybia divaricatus* です。
• *Aster ericoides* は現在 *Symphyotrichum ericoides* です。
• *Aster laevis* は現在 *Symphyotrichum laeve* です。
• *Aster lateriflorus* 'Horizontalis' は現在 *Symphyotrichum lateriflorum* 'Horizontalis' です。
• *Aster novae-angliae* は現在 *Symphyotrichum novaeangliae* です。
• *Aster oblongifolius* 'October Skies' は現在 *Symphyotrichum oblongifolium* 'October Skies' です。
• *Aster umbellatus* は現在 *Doellingeria umbellata* です。
• *Aster × herveyi* 'Twilight' (*A. macrophyllus*) は現在 *Eurybia × herveyi* 'Twilight' (*E. macrophylla*) です。
• *Aster ageratoides*、*Aster × frikartii* および *Aster tataricus* はそのままです。

Baptisia alba subsp. *macrophylla* は以前は *Baptisia leucantha* でした。
Cimicifuga は *Actaea* の一部になっていますが、これは私たちガーデナーにはほとんど意味がありません！ これも、まだどこでも受け入れられているわけではありません。
DNA 解析により *Eupatorium* も再編されています：
• *Eupatorium rugosum* は現在 *Ageratina rugosus* です。
• *Eupatorium maculatum* は現在 *Eupatoriadelphus maculatus* です。

Limonium latifolium は現在 *L. platyphyllum* です。
大型の *Sedum* は現在では *Hylotelephium* として扱われることもあります。
通常 *Stipa tenuissima* として知られる小さなフワフワしたグラスは、名前の変更を数回経て、さらに複数の種が混同されていましたが、現在は *Nassella tenuissima* です。

植物名の変化を追跡することに興味がある人にとって、以下のウェブサイトは非常に有用です（互いに意見が分かれる場合もあります）：

イギリスで栽培されている植物については：
[RHS Plant Finder]（http://apps.rhs.org.uk/rhsplantfinder/）
米国で自生している種および帰化している種については：
[USDA Plants Database]（https://plants.usda.gov/home）

〔訳注：学名については、ユーパトリウムなど、その後さらに変に変わっている部分もあり、ここの表記については、原著の出版時のものとなります。「植物一覧」の訳注部分もご参照ください〕

さらに読む

本書は、私たちが過去に出版した2冊の本によって築かれた土台の上に成り立っています。『Designing with Plants』（Timber Press、1999年）と『Planting Design: Gardens in Time and Space』（Timber Press、2005年）です。そして私が執筆した『Landscapes in Landscapes』（Monacelli Press/Thames & Hudson、2011年）にも依っています。

本著で言及されている同僚の中には、ナイジョー・ダネット氏とジェームズ・ヒッチモウ氏がいます。この二人には彼らが編集した、景観および環境管理の分野に向けた書『The Dynamic Landscape: Design, Ecology and Management of Naturalistic Urban Planting』（Spon Press、2004年）があります。

ロイ・ディブリックは『Roy Diblik's Small Perennial Gardens: The Know Maintenance Approach』（American Nurseryman Pub. Co.、2008年）を著し、現在はTimber Pressの本を執筆中です〔2014年に『The Know Maintenance Perennial Garden』として刊行〕。

イギリス人にとっては悔しいかもしれませんが、植栽デザインについて最も多く執筆し、それを真の学問の領域にまで高めたのはドイツの実践者たちです。ウォルフガング・ボルチャルトの『Pflanzenkompositionen: Die Kunst der Pflanzenverwendung』（Ulmer Verlag、1998年）は植栽の構造に関する多くの研究の基礎となっている、古典的な教科書です。theme plants、solitary plants などに植物を分けることは、もともと彼のアイディアでしたが、その後の著者たちによってより明確に区分けされました。
より急進的で、植栽のコミュニティという考え方全体を理解するうえで重要な本が、リヒャルト・ハンセンとフリードリヒ・スタールの『Perennials and their Garden Habitats』（Cambridge University Press、1993年）です。最新のものでは、ノルベルト・キューンによる植栽デザインについての権威ある教科書『Neue Staudenverwendung（Ulmer Verlag、2011年）』があります。

本著での植物のパフォーマンスに関する研究は、私の未発表の博士論文『An Investigation into the Performance of Species in Ecologically Based Ornamental Herbaceous Vegetation, with Particular Reference to Competition in Productive Environments（生態学に基づく観賞用草本植生の能力の調査、特に生産的な環境における競争について）』（シェフィールド大学、2009年）および『Evaluating the Long-term Performance of Ornamental Herbaceous Plants using a Questionnaire-based Practitioner Survey（アンケートに基づく実務家調査を用いた観賞用草本植物の長期的な能力の評価）』（2010年）をもとにしています。後者は、欧州連合の資金提供プログラム「Interreg IVb Making Places Profitable – Public and Private Open Spaces (MP4)」の一環として行われました（未発表）。これといくつかの「読みやすい」バージョンは、私の個人ウェブサイトから入手可能で、そこには植物のパフォーマンスに関する他の多くの研究や情報源へのリンクもあります：www.noelkingsbury.com。

結論で言及されている2冊の本は、スティーブン・ブディアンスキーの『Nature's Keepers: The New Science of Nature Management』（Free Press、1995年）と、エマ・マリスの『Rambunctious Garden: Saving Nature in a Post-Wild World』（Bloomsbury、2011年）（邦訳『「自然」という幻想』。草思社、2018年』）です。

私はよく多年草に関する参考書を尋ねられます。私が自分の著書を書くまでは（おそらく同僚と共同での執筆になるでしょう）、最も包括的なものはグラハム・ライス編集の『Royal Horticultural Society's Encyclopedia of Perennials』（Dorling Kindersley、2006年）〔英王立園芸協会の多年草百科事典〕です。しかし、これは専門家にとってはあまり役に立ちません。オンライン情報源としては、ミズーリ植物園のサイトが最適です：www.missouribotanicalgarden.org/gardens-gardening/your-garden/plant-finder.aspx。

謝辞

このような本の執筆には同僚からの助言が不可欠です。集合知は常に個人の知識よりも大きいからです。私たち二人が特に頼りにしているのは、ドイツのカシアン・シュミットとアメリカのロイ・ディブリクで、彼らの意見や多年草栽培と管理の経験を参考にしました。リック・ダークもまた、私たちがその意見を求め、尊敬している人物で、彼は庭園やデザインされた景観をより広い生態系の文脈で見ています。さらに、以下の方々のお知恵に感謝の意を表します（順不同）：田辺〔永村〕裕子、トレイシー・ディサバト・オースト、ヴォルフラム・キルヒャー、ニール・ディボール、マーティン・ヒューズ＝ジョーンズ、コリーン・ロコヴィッチ、ジェニファー・ダヴィット、ニール・ルーカス、ジャクリーン・ファン・デル・クルート、ダグマー・ヒロヴァ。

第5章で彼らの仕事について書くことを認めてくれた他の同僚にも感謝したいと思います。ハイナー・ルス、ペトラ・ペルツ、ナイジョー・ダネット、ジェームズ・ヒッチモウ、そしてダン・ピアソンです。

この特別なプロジェクトは難題で、同僚に原稿を回して意見を求め、自分たちが書いていることが理にかなっているか、そしてもっと重要なこととして、そうでないときには教えてもらうことに頼ってきました。ダニエラ・コレイとジョン・マーダー、エリオットとスーザン・フォーサイス、コメントと安心をありがとうございました。特に、言葉の繰り返しを見抜く能力に長けていたキャサリン・ルーカスと、図面のわかりやすさについてコメントをくれたアマリア・ロブレドに感謝します。チームの3人目のメンバーとして、写真の選択や図面の作成、そして私たちの本を中国で出版するために尽力してくれたイェ・ハンに感謝します。

アンナ・マンフォードをはじめとする Timber Press 社のスタッフ、そして私たちのエージェント兼ファシリテーターであるヘレーネ・レスガーにも感謝の意を表します。彼女の陽気で効率的な手腕を、私たち二人とも大いに称賛します。最後に、私たちの妻、アーニャ・アウドルフとジョー・エリオットに、このプロジェクトおよび私たちのキャリアを通じての継続的な愛とサポートに感謝します。フンメロで一緒に働いた日々のアーニャのもてなしと、パン、チーズ、コー

ヒーの絶え間ない差し入れにも大変感謝しています。

以下を除き、すべての写真と植栽図はピート・アウドルフによるものです：

写真提供

シーラ・ブレイディ：226

イモジェン・チェケット：42-43

リック・ダーク：14-15

ロイ・ディブリク：198, 207左

ナイジョー・ダネット：8, 11

ジョアンナ・フォーセット：88-89, 91右上

イェ・ハン：122-127 のイラスト

ウォルター・ヘルフスト：40, 44-45, 67下, 107

ジェームズ・ヒッチモウ：227, 229

アンドレア・ジョーンズ／ガーデン・エクスポージャーズ：22-23, 56-57, 223, 232, 238-239

ノエル・キングズベリー：27, 72, 133上, 184, 185, 200上, 222

ハイナー・ルス ランドスケープアーキテクト BDLA DWB：220-221

フィリップ・オッテンドルファー：193

ダン・ピアソン：204-205

ペトラ・ペルツ：224-225

ジュリー＝アマデア・プリュリエル：188, 228 のイラスト

アマリア・ロブレド：18

カシアン・シュミット、ベッティーナ・ヤウグステッター：16-17, 30-31, 152-153, 154-155, 156-157, 200下, 208-209, 210, 212-213, 218, 234-235

※URLは2013年の原書刊行時のものをもとに、本書刊行にあたって一部変更を加えました。

索　引

＊斜体表記の頁数は、写真もしくはキャプションのある頁を指します。
＊subsp.（サブスピーシーズ：亜種）やvar.（バラエティ：変種）など、
　学名における種小名の一部について、カタカナ表記では省略しています。

ア

アーツ・アンド・クラフツ運動　35, 46

アーニャ・アウドルフ　12, 55, 235

アイリス　*Iris*　122

　クリソグラフェス‘ブラック・ナイト’ *chrysographes* ‘Black Knight’　231

　シビリカ *sibirica*　*91, 101, 104-5, 106,* 188, 196, 219, *220-1, 254-5*

　シビリカ‘ペリーズ・ブルー’ *sibirica* ‘Perry’s Blue’
　　　94, 109

　フルバ *fulva*　*50, 254-5, 255*

アエスクルス・パルビフローラ　*Aesculus parviflora*　80, *81*

アカエナ　*Acaena*　106, 244-5

アガスターシェ　*Agastache*

　ネペトイデス *nepetoides*　*38-9*

　フォエニカラム *foeniculum*　*107,* 108

　‘ブルー・フォーチュン’ ‘Blue Fortune’　*60-1, 91, 101*

　‘ブルー・ワンダー’ ‘Blue Wonder’　*120*

アカツメクサ　トリフォリウム・プラテンセを参照

アガパンサス　*Agapanthus*　229, *230,* 244-5

　イナペルタス *inapertus*　230

アカンサス　*Acanthus*　124

　スピノサス *spinosus*　*244-5, 245*

秋　150, 160

　植物の組み合わせ　169-72

アキレア　*Achillea*　*16-7,* 188

　‘インカ・ゴールド’ ‘Inca Gold’　*207*

　‘コロネーションゴールド’ ‘Coronation Gold’　*212-3, 234-5*

　‘テラコッタ’ ‘Terracotta’　*212-3*

　フィリペンデュリナ *filipendulina*　*222,* 244-5

　フィリペンデュリナ‘パーカーズ・バラエティ’ *filipendulina* ‘Parker’s Variety’　*101*

　ミレフォリウム *millefolium*　244-5

アキレギア（オダマキ）　*Aquilegia*　124, 182, 192

　ブルガリス *vulgaris*　182, *184,* 192, 214, 244-5

アキロリネ・サチュレオイデス　*Achyroline satureoides*　18

アクセル・ハインリッヒ　210

アクタエア（サラシナショウマ）　*Actaea*　150, 244-5

　シンプレックス‘ジェームズ・コンプトン’ *simplex* ‘James Compton’
　　　167, 189

　パキポダ *pachypoda*　244-5

アコニタム（トリカブト）　*Aconitum*　126, 191, 244-5

　カルミカエリイ‘バーカーズ・バラエティ’ *carmichaelii* ‘Barker’s Variety’　110

　‘スパークス・バラエティ’ ‘Spark’s Variety’　*96-7*

アコノゴノン　*Aconogonon*　127

　‘ヨハニスヴォルケ’ ‘Johanniswolke’　*127,* 206, 231, 244-5

アサルム・エウロパエウム　*Asarum europaeum*　106, *145,* 246-7

アジアンタム・ペダタム　*Adiantum pedatum*　102, 106, 118, 268-9, *269*

アジュガ・レプタンス　*Ajuga reptans*　*146*

アシリウム・ニポニカム‘メタリカム’ *Athyrium niponicum* ‘Metallicum’
　268-9

アスクレピアス　*Asclepias*　150

　インカルナタ *incarnata*　110, 246-7

　チュベローサ *tuberosa*　106, *208-9,* 246-7

アスター　*Aster*　126, 176, 187

　アゲラトイデス *ageratoides*　246-7

　アメルス *amellus*　127

　アメルス‘シュテルンクーゲル’ *amellus* ‘Sternkugel’　211

　アンベラータス *umbellatus*　110, 246-7

　エリコイデス *ericoides*　246-7

　‘オクトーバー・スカイズ’ ‘October Skies’　*93, 96,* 246-7

　オブロンギフォリウス‘レイドンズ・フェイバリット’ *oblongifolius* ‘Raydon’s Favorite’　*70-1*

　コーディフォリウス *cordifolius*　246-7

　コーディフォリウス‘リトル・カーロウ’ *cordifolius* ‘Little Carlow’　*10, 38-9, 232,* 247

　シュレベリ *schreberi*　214

　タタリクス *tataricus*　246-7

　タタリクス‘ジンダイ’ *tataricus* ‘Jindai’　*96-7, 102-3,* 247

　ディバリカタス *divaricatus*　*202,* 218, 246-7

　ノバエ－アングリアエ *novae-angliae*　246-7

　ノバエ－アングリアエ‘ビオレッタ’ *novae-angliae* ‘Violetta’　*38-9, 134-5*

　ノビ－ベルジー *novi-belgii*　189

　ノビ－ベルジー‘パープル・ドーム’ *novi-belgii* ‘Purple Dome’　*11*

　×ハービアイ‘トワイライト’ ×*herveyi* ‘Twilight’　*136,* 246-7, *247*

　パテンス *patens*　152-3

　プニケウス *puniceus*　238-9

　×フリカルティ ×*frikartii*　246-7

　×フリカルティ‘メンヒ’ ×*frikartii* ‘Mönch’　94

　ラエビス *laevis*　*156-7,* 219, 246-7

ラテリフロラス '‎ホリゾンタリス' *lateriflorus* 'Horizontalis' 246-7, 247

リノシリス *linosyris* 211

アスチルベ *Astilbe* 150

シネンシス *chinensis* 246-7

シネンシス・バー・タケッティ 'プルプランツェ' *chinensis* var. *tacquetii*
'Purpurlanze' 41-3, *173*

'ビジョンズ・イン・ピンク' 'Visions in Pink' 79, 110

アスチルボイデス *Astilboides* 123

タブラリス *tabularis* 246-7

アストランチア *Astrantia* 82, 124

マヨール *major* 63, 248-9

マヨール 'ローマ' *major* 'Roma' 87

アスペルラ・オドラタ *Asperula odorata* 94, 106, 246-7

アナファリス *Anaphalis*

トリプリネルビス *triplinervis* 232

マルガリタセア *margaritacea* 110, 244-5, *245*

アネマンテレ・レッソニアナ *Anemanthele lessoniana* 264-5

アネモネ *Anemone* 150

ネモローサ *nemorosa* 144, 145, *145*

×ハイブリダ（シュウメイギク）×*hybrida* 37, 124, 244-5

×ハイブリダ（シュウメイギク）'ケーニギン・シャルロッテ' ×*hybrida*
'Königin Charlotte' 231

×ハイブリダ（シュウメイギク）'ハドスペン・アバンダンス' ×*hybrida*
'Hadspen Abundance' 102-3, 144, 231

×ハイブリダ（シュウメイギク）'パミナ' ×*hybrida* 'Pamina' 94, *131*

×ハイブリダ（シュウメイギク）'プリンツ・ハインリッヒ' ×*hybrida* 'Prinz
Heinrich' 231

×ハイブリダ（シュウメイギク）'ホノリー・ジョバート' ×*hybrida*
'Honorine Jobert' 231

×ハイブリダ（シュウメイギク）'ロブスティッシマ'
×*hybrida* 'Robustissima' 110

フペヘンシス（シュウメイギク）'セプテンバー・チャーム' *hupehensis*
'September Charm' 231

ブランダ 'ブルー・シェード' *blanda* 'Blue Shades' 214

ブランダ 'ホワイト・スプレンダー' *blanda* 'White Splendour' 214

×リプシエンシス ×*lipsiensis* 142-3

アマドコロ　ポリゴナタムを参照

アマリア・ロブレド 18, *18*

アムステルフェーン 47

アムソニア *Amsonia* 126, 150, 244-5

オリエンタリス *orientalis* 245

タベルナエモンタナ・サリシフォリア *tabernaemontana* var. *salicifolia*
163

フブリヒティ *hubrichtii* 104-5, 110, 147, *170-1*

'ブルー・アイス' 'Blue Ice' 102-3

アモルファ・カネッセンス *Amorpha canescens* 27, 30-1, 200, 244-5, *245*

アラリア *Aralia* 244-5

アリウム *Allium*

アトロプルプレウム *atropurpureum* 206

アングロサム 'サマー・ビューティー' *angulosum* 'Summer Beauty'
206

カリナタム・プルケルム *carinatum* spp. *pulchellum* 192

クリストフィー *christophii* 106, 148-9

'グローブマスター' 'Globemaster' *212-3*

'サマー・ビューティー' 'Summer Beauty' 164, *165*

スファエロセファロン（'丹頂'）*sphaerocephalon* 100

セネッセンス *senescens* subsp. *senescens* 211

ニグラム *nigrum* 148-9

ホーランディカム *hollandicum* 54, 147, *187*

'マウント・エベレスト' 'Mount Everest' *212-3*

モーリー *moly* 144

アリッサム・マリティマム *Alyssum maritimum* 214

アルケミラ *Alchemilla* 125, 244-5

エピプシラ *epipsila* 222

モリス *mollis* 83

アルセア（タチアオイ）*Alcea* 178, *185*

アルテミシア（ヨモギ）*Artemisia* 137

'ポイス・キャッスル' 'Powis Castle' *223*

ポンティカ *pontica* 64-5

ラクティフローラ *lactiflora* 126, 244-5

ルドビキアナ *ludoviciana* 110, *245*

ルドビキアナ 'シルバー・クイーン' *ludoviciana* 'Silver Queen' *218*

ルドビキアナ 'ラティロバ' *ludoviciana* 'Latiloba' 244-5

アルンクス *Aruncus* 127

ディオイカス *dioicus* 246-7

'ホラティオ' 'Horatio' 96-7, *247*

荒れ地植物 176-7, *182*

アレロパシー種 102

アンジェリカ・ギガス *Angelica gigas* 6-7, 67, 95

アンテリクム・ラモサム *Anthericum ramosum* 211

アンドロポゴン *Andropogon*

ゲラルディ *gerardii* 110, 264-5

リンドマニー *lindmanii* *18*

イカリソウ　エピメディウムを参照

イギリス諸島 73

生け垣 *58*, 81, *161*

イタドリ *Fallopia japonica* 145

一時的な植栽 44-5, *46*

一年草 *46*, 145, 154-5, 178, 182

一回結実植物（モノカルピックプランツ）*180-1*

一貫性 26

遺伝的多様性 63, 228

イヌラ Inula 124

　ヘレニウム helenium 254-5

　マグニフィカ magnifica 254-5

　マグニフィカ‘ゾンネンストラール’ magnifica ‘Sonnenstrahl’ 96-7, 172

イヒトゥショフ、ロッテルダム 102-3, 144

イレックス（ヒイラギ）Ilex 114

「インディアン・サマー」ミックス 208-9, 215

ヴィタ・サックヴィル-ウェスト 35

ウィリー・ランゲ 233

ヴェスターカーデ、ロッテルダム 40, 67, 95

ヴェネチア・ビエンナーレの植栽 46

ウォルター・コルブ 201

ヴォルフガング・エーメ（エーメ）79, 226

ヴォルフラム・キルヒャー 201, 214

ウツギ 147

ウブラリア Uvularia

　グランディフロラ grandiflora 142-3

　ペルフォリアタ perfoliata 146

ウルシ　ルスを参照

ウルス・ヴァルサー 226

エイサー（カエデ）Acer 111

　グリセウム griseum 94, 177

　プセウドプラタヌス（セイヨウカジカエデ）pseudoplatanus 240

永続的な植物（永続性）188-91, 196

エキウム・ブルガレ Echium vulgare 14-5

エキナセア Echinacea 110, 150, 182, 250-1

　テネシエンシス‘ロッキー・トップ’ tennesseensis ‘Rocky Top’ 200

　パラドクサ paradoxa 30-1, 208-9

　パリダ pallida 27, 30-1, 179, 227

　プルプレア purpurea 54, 74, 92, 101, 112, 120, 165, 178, 227

　プルプレア‘アルバ’ purpurea ‘Alba’ 218

　プルプレア‘ヴィンテージ・ワイン’ purpurea ‘Vintage Wine’ 106

　プルプレア‘サンダウン’ purpurea ‘Sundawn’ 218

　プルプレア‘サンライズ’ purpurea ‘Sunrise’ 218

　プルプレア‘バージン’ purpurea ‘Virgin’ 104-5

　プルプレア‘フェイタル・アトラクション’ purpurea ‘Fatal Attraction’ 110, 193, 251

　プルプレア‘ルビンシュテルン’ purpurea ‘Rubinstern’ 110

　‘ルビングロウ’ ‘Rubinglow’ 87, 206

エキノプス Echinops 124, 169, 250-1

　‘タプロー・ブルー’ ‘Taplow Blue’ 104-5

　バナティクス bannaticus 131, 165

リトロ ritro 251

リトロ‘ベッチーズ・ブルー’ ritro ‘Veitch’s Blue’ 164

エスコルチア・カリフォルニカ（ハナビシソウ）Eschscholzia californica 214

エノテラ・フルティコサ Oenothera fruticosa 258-9

エピメディウム（イカリソウ）Epimedium 101, 106, 123, 250-1

　グランディフロラム‘リラフィー’ grandiflorum ‘Lilafee’ 94

　×ペラルキカム‘フローンライテン’ ×perralchicum ‘Fröhnleiten’ 94

エマ・マリス 240

エマージェンツ 123-4, 158-9, 160, 161, 227

エラグロスティス Eragrostis

　クルブラ curvula 267

　スペクタビリス spectabilis 110, 207, 266-7, 267

エランティス・ヒエマリス Eranthis hyemalis 214

エリムス・ヒストリクス Elymus hystrix 266-7

エリンジウム Eryngium 101, 124, 150

　アルピナム alpinum 104-5

　ギガンテウム giganteum 170-1, 192

　×トリパーティタム ×tripartitum 250-1

　ブルガティ bourgatii 101, 223, 250-1

　ユッキフォリウム yuccifolium 54, 91, 136, 250-1, 251

エレムルス Eremurus 150

　‘マネーメーカー’ ‘Moneymaker’ 224-5

園芸種 63

エンレイソウ　トリリウムを参照

王立園芸協会庭園（RHS）、ウィズリー 51, 54, 90, 91, 227

屋上緑化 8, 10-1, 18, 215

　セダム 33

　ルーリーガーデン、シカゴ 10, 22-3

　持続可能な都市排水スキーム（SUDS）11

オステオスペルマム・ジュクンダム Osteospermum jucundum 223

オスムンダ・レガリス Osmunda regalis 72, 162, 268-9

汚染 59, 65

　バイオろ過 11

　水の管理 11

オダマキ　アキレギアを参照

オニゲシ　パパバー・オリエンターレを参照

オニシモツケ　フィリペンデュラ・カムチャティカを参照

オノニス・スピノサ Ononis spinosa 229

オフィオポゴン（リュウノヒゲ）Ophiopogon 51, 100, 106, 127, 146, 256-7

オリガヌム（オレガノ）Origanum 106, 127, 258-9

　‘ローゼンクッペル’ ‘Rosenkuppel’ 166

オリンピック・パーク、ロンドン 11, 229, 230, 231

オワース（オアシス）Oase 28

オンファロデス Omphalodes 140

カ

ガートルード・ジーキル 27, 79, 90

カール・フォースター 82

回復力 62, 63

外来種 66, 73, 75, 240

街路樹 11

ガウラ・リンドハイメリ *Gaura lindheimeri* 252-3

'シスキュー・ピンク' 'Siskiyou Pink' *54*

カエデ　エイサーを参照

カエロフィルム・ヒルスタム 'ロゼウム' *Chaerophyllum hirsutum* 'Roseum' 248-9, *249*

カシ　クエルカスを参照

カシアン・シュミット 99, *200*

カスマンティウム・ラティフォリウム *Chasmanthium latifolium* 62, 266-7

カマシア *Camassia* 140

クシキー *cusickii* *162*, 222

カモミール 38-9, 235

カラマグロスティス *Calamagrostis*

アクティフローラ 'カール・フォースター' *acutiflora* 'Karl Foerster' 48-9, *52-3*, 84-5, 99, 110, 130, *160*, *173*, *203*, *231*, 235, 264-5, *265*

ブラキトリカ *brachytricha* *101*, 109, 110, *115*, *168*, 264-5

カラミンサ *Calamintha* 100, 127

ネペタ *nepeta* subsp. *nepeta* 92, 106, 248-9

ネペトイデス *nepeta* subsp. *nepetoides* *193*

ガランサス (スノードロップ) *Galanthus* 140

カリーナ・ホッグ *18*

ガリウム・オドラタム *Galium odoratum* 167

カリメリス・インシサ *Kalimeris incisa* 254-5

'ブルー・スター' 'Blue Star' *207*, *218*

カリロエ・ブシイ *Callirhoe bushii* *200*

カルーナ *Calluna* 79

カルダミネ・プラテンシス *Cardamine pratensis* 37

ガルトニア・カンディカンス *Galtonia candicans* 229, *230*

カルリナ・アカウリス・シンプレックス *Carlina acaulis* subsp. *simplex* 211

カレックス *Carex* 100, 127, 146

エブルネア *eburnea* *141*

ディジタータ 'ザ・ビートルズ' *digitata* 'The Beatles' 211

ディプサシア *dipsacea* 264-5

テスタセア *testacea* *230*

フミリス *humilis* 211

フラッカ *flacca* 266-7

ブロモイデス *bromoides* 106, 264-5

ペンシルバニカ *pensylvanica* 106, *141*, 266-7

ペンデュラ *pendula* 214

マスキングメンシス *muskingumensis* 264-5

カレンデュラ・オフィシナリス *Calendula officinalis* 178

乾燥に耐える植栽 126

カンパニュラ *Campanula*

グロメラータ *glomerata* 106, 248-9

トラケリウム *trachelium* 214, 248-9

パーシフォリア *persicifolia* 248-9

ポシャルスキアナ *poscharskyana* 248-9

ラクティフローラ *lactiflora* *200*, 248-9

ラティフォリア *latifolia* 126

ロツンディフォリア *rotundifolia* 211

灌木　木本植物を参照

キク *Chrysanthemum* 150

気候変動 62, 64-5

季節のテーマ植栽 130, 218-20

キナラ *Cynara* 124

揮発性有機化合物 (VOCs) 11

キミキフーガ・ラセモサ・コーディフォリア *Cimicifuga racemosa* var. *cordifolia* 202

球根 139-40, 147-9

競争植物 177

キルシウム (アザミ) *Cirsium* 124

ギレニア・トリフォリアタ *Gillenia trifoliata* 204-5, 254-5, *255*

キレンゲショーマ・パルマータ *Kirengeshoma palmata* 254-5, *255*

際立ち 26

キンポウゲ　ラナンキュラス・ラクリスを参照

クエルカス (カシ) *Quercus* 80

クサソテツ　ポリスティクムを参照

クナウティア *Knautia* 114, 127, 182

マケドニカ *macedonica* 37, 127, *192*, 254-5, *255*

グラウンドカバー 41, 47, 59, 75, 102, 122

グラジオラス・パピリオ 'ルビー' *Gladiolus papilio* 'Ruby' *229*, 230

グラス 10, 25, 27, 38-9, 51, *133*

オーナメンタル 41

株立ち型 99, 101, 130, *189*, *197*

繰り返し 137

自然環境 78

芝生型 99, 127

夏 166, 168

ブロック植栽 46, 47, 50

マット型 127

マトリックス・プランツとして *52-3*, 78, 82, 86, 90, 91, 98, 99-104, 106

クランベ・コーディフォリア *Crambe cordifolia* 104-5, 250-1, *251*

繰り返し 32, 33, 79, *79*, 82, 86, 87
    植物の組み合わせ 130
    ハーモニーとコントラスト 136-7
    ブロック植栽 90
    リピート・プランツ 93-9, 104-7
クリソポゴン・グリルス *Chrysopogon gryllus* **234-5**
グリンデリア・オリエンタリス *Grindelia orientalis* *18*
グループ植栽 *83*, 86, 87, *88-9*, 89
    繰り返し 93, 96
    ブロック植栽も参照
    ミックス・グループ 86
グレイシャル・パーク、イリノイ 27
クレマチス *Clematis*
    インテグリフォリア *integrifolia* 248-9, *249*
    ヘラクレイフォリア *heracleifolia* 248-9, *249*
クローン性および非クローン性植物 179, *182*, 182, *186-92*, 186
クロコスミア *Crocosmia* 123, 250-1
クロタネソウ　ニゲラ・ダマスケナを参照
クロッカス *Crocus* 140
    スペシオサス *speciosus* 144
ゲラニウム *Geranium* 41, 114, 123, 124, 125, 147, 187
    アスフォデロイデス *asphodeloides* 125
    ウラッソビアナム *wlassovianum* *222*, 252-3
    エンドレッシー *endressii* 125, *178*, 179, 186, 196, 200
    ×オクソニアナム ×*oxonianum* 125, *182*, 254-5
    ×オクソニアナム‘クラリッジ・ドルース’
        ×*oxonianum* 'Claridge Druce' 94
    サンギネウム *sanguineum* 106, 125, *189*, 252-3
    サンギネウム‘アルバム’ *sanguineum* 'Album' *210*
    シルバティカム *sylvaticum* 124, *184*, 196, 253, 252-3
    ‘スー・クルーグ’ 'Sue Crûg' 102-3, 144
    ソボリフェルム *soboliferum* 106, 252-3
    ‘ディリス’ 'Dilys' *133*
    ノドサム *nodosum* 106, 252-3
    ファエウム *phaeum* 125, *170-1*, 252-3, *253*
    プシロステモン *psilostemon* 96-7, 186, 252-3
    プラテンセ *pratense* 252-3
    レナルディ *renardii* 125
    ワリキアナム *wallichianum* 106, 252-3
ゲリラ型拡散植物 186-7
ケロネ・オブリクア *Chelone obliqua* 248-9
ゲンチアナ *Gentiana*
    アスクレピアデア *asclepiadea* 252-3
    クルシアタ *cruciata* 211
    マキノイ *makinoi* 252-3

マキノイ‘マーシャ’ *makinoi* 'Marcha' 226
現場に特化した植栽 33
洪水 *91*
構造 121-30
    植物の組み合わせ 132-7
    ハーモニーとコントラスト 136-7
    光の条件 137-8
構造となる植物 29, 41, 46, 80, 84-5, 122, 133
    70パーセントの法則 132
コエレリア・マクランサ *Koeleria macrantha* 266-7
コーク郡の庭 55
コティヌス・コッギグリア（スモークツリー）*Cotinus coggygria* 81, *91*, 112
コテージガーデン 36
コピシング 81, *81*, 112
ゴマノハグサ科 *Scrophulariaceae* 37
コリルス *Corylus* 114
    アベラナ *avellana* 80
コルチカム *Colchicum* 145
コルディリネ *Cordyline* 62
コルヌス（ハナミズキ）*Cornus* 111
    コウサ *kousa* 94
コレオプシス *Coreopsis*
    トリプテリス *tripteris* 250-1, *251*
    バーティシラータ *verticillata* 101, 106, 250-1
    バーティシラータ‘グランディフローラ’ *verticillata* 'Grandiflora' *218*
    バーティシラータ‘ゴールデン・シャワーズ’ *verticillata* 'Golden
        Showers' 206
    ランセオラタ *lanceolata* 208-9
混合植栽システム 32, 201, 206-7, 210-8
    ミックス一覧 215-7
混在（混合）26, *32-4*, 34, 47, 207, *234-5*
    自然環境 78
    植物の数を計算する 117
    生物多様性 59
    デザインされた 34
    ドリフト 93
    複雑さと規模 58
コンテナで育てられた植物 66
コントラスト 136-7, *136*
コンパニオン植物 122
コンバラリア・マヤリス *Convallaria majalis* 214

サ

サーペンタイン・ギャラリーの植栽 44–5

サーモプシス *Thermopsis* 262–3

サキシフラガ（ユキノシタ）*Saxifraga* 101, 106

雑草 33, 99, 228, 229, 236

サポナリア・レンペルギー *Saponaria lempergii* 260–1

　　'マックス・フレイ' 'Max Frei' 106

サリックス（ヤナギ）*Salix* 80

サリバン・アーチ・ガーデン、シカゴ 198, 207

サルビア *Salvia* 55, 59, 126, 176

　　アズレア *azurea* 152–3, 260–1

　　グルティノーサ *glutinosa* 260–1

　　×シルベストリス ×*sylvestris* 106, 126, 260–1

　　×シルベストリス 'ブルーヒル' ×*sylvestris* 'Blauhügel' 59

　　×シルベストリス 'メイナイト' ×*sylvestris* 'Mainacht' 59

　　×シルベストリス 'ラプソディ・イン・ブルー'
　　　　×*sylvestris* 'Rhapsody in Blue' 163

　　×シルベストリス 'リューゲン' ×*sylvestris* 'Rügen' 59

　　×スパーバ ×*superba* 16–7, 106, 126, 260–1

　　ネモローサ *nemorosa* 16–7, 106, 126, 260–1

　　ネモローサ 'ウエスウィ' *nemorosa* 'Wesuwe' 59, 206

　　ネモローサ 'カラドンナ' *nemorosa* 'Caradonna' 204–5, 212–3

　　バーティシラータ *verticillata* 260–1

　　プラテンシス *pratensis* 32, 126

　　プラテンシス 'ピンク・デライト' *pratensis* 'Pink Delight' 96, 102–3,
　　　　144

サンギソルバ *Sanguisorba* 124, 161, 260–1

　　オフィシナリス（ワレモコウ）*officinalis* 166, 222

　　オフィシナリス 'プルプレア' *officinalis* 'Purpurea' 231

　　'サンダーストーム' 'Thunderstorm' 134–5

　　'タンナ' 'Tanna' 131

　　テヌイフォリア 'アルバ' *tenuifolia* 'Alba' 96–7, 99, 202

　　'バリー コート' 'Bury Court' 68–9

　　メンジーシー *menziesii* 34

サンドビック・ツールズ、ウォリックシャー 11

CSRモデル 176–7

シードヘッド 42–3, 50, 62, 67, 160, 166

シーラ・ブレイディ 226

J・フィリップ・グライム 176

「シェード・パール」ミックス 214

ジェームス・ヴァン・スウェーデン（スウェーデン）79, 226

ジェームズ・ヒッチモウ 33, 39, 47, 99, 201, 227–9, *227*, *228*, *229*, 237,
　　240

シェフィールド学派 227–31, 237

自家播種植物 63, 191–6, 236

色彩 *41*, 121, 131

　　コントラスト 136–7, *136*

　　植物の組み合わせ 131–2

　　春 139

　　ブロック植栽 *136*

　　補色 *136*, *163*

ジギタリス *Digitalis* 124, 182, 192, 250–1

　　フェルギネア *ferruginea* 100, 124, 196

　　プルプレア *purpurea* 178

　　ルテア *lutea* 214

資源 65

ジジア・アウレア *Zizia aurea* *163*, 264–5

シシングハースト 35

自生種（在来種）12, 18–9, *18*, *19*, 22–3, 25, 37, 38–9, 46–7, 70–1, 73, 74,
　　75, 227, 236,240

　　自生種の植栽 50, 62

自生植生 10, 12–3, 14–5, 32, 37, 38–9, 47, 235–6, 240

自然環境 77, 82

　　集合規則 201

　　庭の植栽比較 77–8, 82

　　密度 237

　　レイヤー化 111–4

持続可能性 9, 59, 65–6

持続可能な都市排水計画（SUDS）11, *11*

シダルセア *Sidalcea* 260–1

　　オレガナ *oregana* 34

質感 115, 136

芝刈り・草刈り 65, 229, 237

ジプソフィラ・パニキュラータ *Gypsophila paniculata* 254–5

シャクナゲ　ロードデンドロンを参照

シャクヤク　パエオニアを参照

集合規則 201

シュウメイギク　アネモネ ×ハイブリダを参照

種子ミックス 33, 46, 210–26

種子由来の植栽 228–9, 237

植物コミュニティ 11, 12, 33

　　自然環境 78, 201

　　集合規則 201

「植物収集家の庭」89

植物の数を計算する 117–8

植物の組み合わせ 32, 121, 130

　　70パーセントの法則 132

　　秋 169–72

組み合わせの繰り返し 130

構造 132-7

色彩 131-2

夏 164-8

春 162-3

冬 173

植物のグループ化 77-9, 79

植物の配置 119

植物をレイヤー化する 111, 114-6, 228-9

質感 115

署名的な植栽 50-5

シラー *Scilla* 140

シベリカ *siberica* 214

ペルヴィアナ *peruviana* 147

「シルバー・サマー」ミックス 201, 207, 210, 212-3, 215

シルフィウム *Silphium* 124, 262-3

ラシニアタム *laciniatum* 160, 227

シレネ・ディオイカ *Silene dioica* 146

新興国市場 18

シンフィタム *Symphytum* 125

コーカシカム *caucasicum* 177

'ルブラム' 'Rubrum' 262-3

森林 26, 47, 140-3

一年生および二年生植物 145-6

レイヤー化 111-4

スイセン 139-40

スウェール（浸透溝） 11, 11, 41-3

スカビオサ *Scabiosa*

コーカシカ *caucasica* 260-1

ジャポニカ・アルピナ *japonica* var. *alpina* 34

スカルホルメン公園、ストックホルム 167

スキザクリウム・スコパリウム *Schizachyrium scoparium* 106, 266-7

'ザ・ブルース' 'The Blues' 67

スキャッタープランツ 82, 83, 84-5, 111

繰り返し 87

スキャンプトン・ホール、ヨークシャー 55, 56-7

スクテラリア・インカナ *Scutellaria incana* 131, 260-1

スケール 58

ススキ　ミスカンサスを参照

スタキス *Stachys*

オフィシナリス *officinalis* 34, 73, 150, 164, 166, 173, 262-3

オフィシナリス 'フンメロ' *officinalis* 'Hummelo' 86, 190, 207

ビザンチナ *byzantina* 106, 223, 262-3, 263

マクランサ *macrantha* 262-3

レクタ *recta* 211

スティーブン・ブディアンスキー 237

スティパ *Stipa*

カラマグロスティス *calamagrostis* 268-9

ギガンテア *gigantea* 28, 55, 60-1, 87, 110, 160, 268-9, 269

バルバータ *barbata* 268-9

フィリフォリア *filifolia* 18

プルケリマ *pulcherrima* 64-5, 268-9

ペナータ *pennata* 211

ステップの植物種 64-5, 226

ストレス耐性植物 177

スノードロップ　ガランサスを参照

スノキ　バッキナムを参照

スポディオポゴン・シビリクス *Spodiopogon sibiricus* 268-9, 269

スポロボルス・ヘテロレピス *Sporobolus heterolepis* 20-1, 51, 59, 74, 98, 100, 104-5, 106, 110, 115, 130, 151, 172, 183, 197, 207, 268-9

スミラキナ・ラセモサ *Smilacina racemosa* 214

スミルニウム・パーフォリアタム *Smyrnium perfoliatum* 146, 147

スモークツリー　コティヌス・コッギグリアを参照

整形式植栽 41-6

ネオフォーマル 48-9

整形式庭園の特徴 35

生態学的に適切な植栽 51, 73, 237, 240

静的植栽 36-7

生物多様性 9, 19, 29, 33, 46-7, 59, 80, 240

在来種と外来種 66, 75, 240

食物連鎖網 75

セイヨウイチイ *Taxus baccata* 37, 41, 58

セイヨウハシバミ　コリルスを参照

セスレリア *Sesleria* 106, 130, 266-7

オータムナリス *autumnalis* 28, 64-5, 86, 92, 101, 141, 218

ニティダ *nitida* 87, 96

セダム *Sedum* 101, 106, 126

屋上緑化 33

スペクタビレ *spectabile* 126, 188, 260-1

テレフィウム *telephium* 101, 126, 188, 196, 260-1

テレフィウム・マクシマム *telephium* subsp. *maximum* 211

テレフィウム 'サンキスド' *telephium* 'Sunkissed' 107, 108, 164

'バートラム・アンダーソン' 'Bertram Anderson' 106, 260-1

'ヘルプストフロイデ' 'Herbstfreude' 234-5

'マトロナ' 'Matrona' 28, 104-5

'レッドカウリ' 'Red Cauli' 28

セドラス・リバニ *Cedrus libani* 88-9

セドリック・モリス 82

セネシオ・クラシフロルス *Senecio crassiflorus* 18

セノロフィウム・デヌダツム *Cenolophium denudatum* 51

セファラリア *Cephalaria* 124

  ギガンテア *gigantea* 248-9

セラトスティグマ・プルンバギノイデス *Ceratostigma plumbaginoides*
  248-9

セリナム・ワリキアヌム *Selinum wallichianum* 260-1, *261*

先駆（者）の種 182

セントーレア *Centaurea* 127

  モンタナ *montana* 248-9

草原 26-7, *27*

  レイヤー化 114

草本植物のボーダー花壇 151

ソリダゴ *Solidago* 126, *154-5*, 160, 187, 262-3

  カナデンシス（アキノキリンソウ）*canadensis* 37

  'ゴールデンモサ' 'Goldenmosa' *136*

  ルゴサ *rugosa* 182, *263*

  ×ルテウス 'レモレ' ×*luteus* 'Lemore' 68-9

ソリダスター ×*Solidaster* 262-3

ソルガストラム・ヌタンス *Sorghastrum nutans* 110, 268-9

―――――――――――――――――――――

タ

―――――――――――――――――――――

ダイアンサス・カルスシアノルム *Dianthus carthusianorum* 34, 104-5,
  111, *211*

高野文彰 203

タケニグサ　マクレイヤを参照

タチアオイ　アルセアを参照

タナセタム・マクロフィルム *Tanacetum macrophyllum* 127

多年草 9, 10, 59, 178

  永続性 188-91, 196

  管理 36-7

  形状と構造 122-7

  混在 *34*

  茂みを形成する 101-2

  持続可能性と資源 65-6

  常緑 146

  植栽のリノベーション 40

  除草 39

  森林（ウッドランド）141-3

  短命 183

  長期的なパフォーマンス 175-83

  伝播 186-8

  夏休眠 140

  春咲き 145-6

  春のボーダー 162

  ライフサイクル 37

多様性 26, 37, 59-63

ダリア 46

タリクトラム（カラマツソウ）*Thalictrum* 124, 150

  アキレギフォリウム *aquilegifolium* 262-3, *263*

  デラバイ *delavayi* 262-3

  デラバイ 'アルバム' *delavayi* 'Album' 93, *96*

  プベッセンス *pubescens* 262-3

  フラバム *flavum* 262-3

  ルシダム *lucidum* 262-3

  ロケブルニアヌム *rochebrunianum* 96-7, 110, 262-3, *263*

ダルメラ *Darmera* 123

  ペルタータ *peltata* 102-3, 250-1

ダレア・プルプレア *Dalea purpurea* 106

ダン・ピアソン 203-6

単子葉植物 122-3

地域の多様性 18

チオノドクサ *Chionodoxa* 140

地中植物（塊茎植物）140, 210

秩序と無秩序 35-40, 46

窒素化合物 11

チューリップ *Tulipa* 140

  ウィルソニー *wilsonii* *162*

  'オレンジ・トロント' 'Orange Toronto' 206

  'フュア・エリーゼ' 'Fur Elise' 206

長命、長生き 176-83

ディアスシア・インテゲリマ *Diascia integerrima* 229, *230*

ティアレラ *Tiarella* 262-3

  ウィリー *wherryi* 145, *263*

ディエラマ *Dierama* 63, 123, 250-1

  プルケリマム *pulcherrimum* 229, *230*

ディエルビラ・セシリフォリア *Diervilla sessilifolia* 214

ディクタムヌス・アルブス *Dictamnus albus* 183

ディスポラム *Disporum* 258-9

ディセントラ・フォルモサ *Dicentra formosa* 142-3, *145*

ティファ・ラティフォリア（ガマ）*Typha latifolia* 79

ディフリン・ファーナント、ペンブロークシャー *72*

ティムス・プレコックス *Thymus praecox* 211

テウクリウム・カマエドリス *Teucrium chamaedrys* 211

テーマ植物 219

デザインされた自然発生性 35-40, 47

デザインの文脈 40, *41*

デスカンプシア *Deschampsia* 51, *52-3*, 107, 131, 165, 173, 187

  セスピトサ *cespitosa* 51, 99, 106, 128-9, 131, 133, 161, 163, *164*, 168,
    172, 188, 266-7

  セスピトサ 'ゴールドシュライアー' *cespitosa* 'Goldschleier' *107*, 109

セスピトサ 'ゴールドタウ' cespitosa 'Goldtau' *28, 92,* 102-3, *166, 167*

デスモディウム・カナデンセ Desmodium canadense 250-1

テメダ・トリアンドラ Themeda triandra 229, 230

テリマ Tellima 101, 102

　　グランディフローラ grandiflora 106, 262-3

　　グランディフローラ 'プルプレア' grandiflora 'Purpurea' 102-3

デルフィニウム Delphinium 191, 250-1

テレキア・スペシオサ Telekia speciosa 200, 262-3

ドイツ多年草ナーセリー協会 210

統合植栽システム 33, 207

動的植栽 36-7, 63, 237

導入種 75, 240

トウヒ　ピセアを参照

透明感 160

十勝千年の森 202-3, 204-5

閉じた栄養サイクル 99

都市庭園の生物多様性 (BUGS) 75

都市のランドスケープデザイン 10

ドデカセオン Dodecatheon 145

トピアリー 35, 36, 51

トム・スチュアート-スミス 51

トラキステモン Trachystemon 123

ドリーム・パーク、エンシェーピング 55, 87

ドリオプテリス Dryopteris 268-9

トリキルティス (ホトトギス) Tricyrtis 96, 150, 262-3

　　フォルモサナ formosana 96, 167

トリトニア・ドラケンスベルゲンシス Tritonia drakensbergensis 230

トリフォリウム Trifolium

　　パノニカム pannonicum 262-3

　　プラテンセ (アカツメクサ) pratense 25

　　ルベンス rubens 262-3

ドリフト 27, 79, 86, 90, 91, 92, 93

トリリウム (エンレイソウ) Trillium 145

　　セッシレ sessile 144

トレンサム、スタッフォードシャー 87, *88-91*

ドロニカム Doronicum 250-1

トロリウス Trollius 262-3

　　エウロパエウス europaeus 91

ナ

ナイジョー・ダネット *8, 11,* 39, 47, 227, 231, 237, 240

ナセラ・テヌイッシマ Nassella tenuissima *30-1, 32,* 106, 189, 192, 200, *208-9, 266-7*

ナチュラリスティック 12, 26, 29, 35-6, 46, 47, 79-80, 82, 132, 136

強化された自然 47, 237, 240

繰り返し 79, 82

雑草 33

色彩 131-2

スキャッター・プランツ 83

草原 26-7, *27,* 103

マトリックス植栽 99, 103

様式化された 80

ナチュラルスイミングプール 11

夏 147, 150

　　グラス 166, 168

　　シードヘッド 166

　　植物の組み合わせ 164-8

　　葉 167

並木道 *40*

ナルシッサス (スイセン) 'レモン・ドロップス' Narcissus 'Lemon Drops' *139*

ナンタケット、マサチューセッツ 74, 106, 110

ニゲラ・ダマスケナ (クロタネソウ) Nigella damascena 214

二年生植物 145, 178, 192

ニフォフィア Kniphofia 123, 254-5

　　トリアンギュラリス triangularis 230

　　ルーペリ rooperi 230

ニューサイラン　フォルミウムを参照

ニュージーランド 73

ニューヨーク・ハイライン *12, 20-1, 26, 27, 47, 50, 55, 62, 67, 70-1, 73, 79, 81, 86, 98, 101, 112-3, 115-7, 136, 141, 148-9,* 240

ニューヨーク植物園 226

ネペタ Nepeta 127

　　'ウォーカーズ・ロウ' 'Walker's Low' *212-3*

　　サブセッシリス subsessilis 258-9, *259*

　　シビリカ sibirica 219, 258-9

　　ファーセニー ×faassenii 222

　　ラセモサ racemosa 256-7

「ノウ・メンテナンス」システム 206-7

ノエル・キングズベリー *12-3,* 200, 222, 232, 236

　　モンペリエ・コテージ *184, 185, 232, 238-9*

野焼き 229, 237

ハ

葉 167, 229

バーノニア Vernonia 126, 264-5

　　ノベボラセンシス noveboracensis 67

バーバスカム Verbascum 19, 123, 124, 192, 264-5

スペシオサム speciosum 16-7

ニグルム nigrum 124

ライヒトリニー leichtlinii 37

リクニティス lychnitis 163, 164

バーベシナ・アルタニフォリア Verbesina alternifolia 264-5, 265

バーベナ Verbena

ハスタータ hastata 52-3, 192

ボナリエンシス bonariensis 160, 179, 182, 185

ハーマンショフ、ヴァインハイム 16-7, 30-1, 154-5, 156-7, 200, 234-5

バイオろ過 11

バイカウツギ Philadelphus 147

排水（スキーム） 11, 41-3

ハイドランジア・クエルキフォリア ‘フレミジア’ Hydrangea quercifolia ‘Flemygea’ 94

ハイナー・ルス 130, 218-22

パエオニア Paeonia 258-9

エモディ emodi 142-3

オボバタ obovata 202

ムロコセウィッチー mlokosewitschii 202

バクテリア 11

ハコネクロア・マクラ（フウチソウ） Hakonechloa macra 94, 106, 231, 266-7, 267

バッキナム（スノキ） Vaccinium 114

ミルティルス（ビルベリー） myrtillus 79

ハナビシソウ　エスコルチア・カリフォルニカを参照

ハナミズキ　コルヌスを参照

パニカム Panicum

ヴィルガタム virgatum 154-5, 156-7, 161, 266-7

‘シェナンドア’ ‘Shenandoah’ 96-9, 98, 104-5, 109, 116, 170-1, 197

‘ハイリガー・ハイン’ ‘Heiliger Hain’ 115-6

パパバー Papaver

オリエンターレ（オニゲシ） orientale 125, 258-9

‘カリン’ ‘Karine’ 104-5

ロエアス（ヒナゲシ） rhoeas 178

バプティシア Baptisia 114, 150, 183, 189

アウストラリス australis 127, 204-5, 248-9

アルバ alba 27, 183, 189, 248-9, 249

アルバ・マクロフィラ alba subsp. macrophylla 111

‘パープル・スモーク’ ‘Purple Smoke’ 87, 104-5

レウカンサ leucantha 110

ハフロカルパ・スカポサ Haphlocarpa scaposa 230

ハマメリス ×インターメディア Hamamelis ×intermedia

‘オレンジ・ピール’ ‘Orange Peel’ 94

‘パリダ’ ‘Pallida’ 94

バラ　ロサを参照

バリー・コート、ハンプシャード 51, 52-3, 100

春 139-46

湿ったスポット 162

植物の組み合わせ 162-3

多年草ボーダー花壇 162

パルテニウム・インテグリフォリウム Parthenium integrifolium 27, 258-9

バレリアナ・オフィシナリス Valeriana officinalis 222

バロタ・プセウドディクタムナス Ballota pseudodictamnus 222, 223

ハロルド・ニコルソン 35

ピート・アウドルフ 12-3, 19, 34, 46, 83, 233, 236, 240

グループ植栽 83, 87

構造植物 80

ビオラ Viola 146

光 137-8

ビクトリア朝時代の花壇デザイン 82

ピクナンテマム Pycnanthemum 260-1

ムティカム muticum 104-5, 165, 166, 186, 197, 261

微小生息環境（マイクロハビタット） 34

ピセア（トウヒ） Picea 80

ヒドコート 35

ヒナゲシ　パパバー・ロエアスを参照

ビバーナム ×リティドフィロイデス ‘アレガニー’ Viburnum × rhytidophylloides ‘Alleghany’ 94

ヒューケラ Heuchera 101, 102, 106, 123, 254-5

ビロ―サ villosa 254-5

ビロ―サ ‘ブラウニーズ’ villosa ‘Brownies’ 94

ヒューケレラ ×Heucherella 254-5

病気、病害虫 11, 63, 86, 228

ピルス・サリシフォリア ‘ペンデュラ’ Pyrus salicifolia ‘Pendula’ 84-5

ビルベリー　バッキナム・ミルティルスを参照

ビンカ・ミノール ‘ガートルード・ジーキル’ Vinca minor ‘Gertrude Jekyll’ 214

ファン・フェッホ―庭園 93, 96, 104-5

フィゲリウス・アエクアリス ‘サニ・パス’ Phygelius aequalis ‘Sani Pass’ 230

フィソステギア・バージニアナ Physostegia virginiana 27

フィラー植物 122, 133, 147

フィリペンデュラ Filipendula 126, 252-3

カムチャティカ（オニシモッケ） camtschatica 238-9

マグニフィカ magnifica 110

ルブラ rubra 133

ルブラ ‘ベヌスタ’ rubra ‘Venusta’ 253

ブーテルーア・クルティペンデュラ Bouteloua curtipendula 67, 115, 264-5

フェスツカ・マイレイ Festuca mairei 16-7, 104-5, 107, 108, 164, 266-7, 267

フォルミウム（ニューサイラン）Phormium 62

フキ　ペタシテスを参照

複雑さ 26, 58

ブナ 41

ブフサルマム・サリシフォリウム Buphthalmum salicifolium 248-9

冬 161, 173

プライマリー・プランツ 82-3, 90

　グループ 83, 86, 90

　ドリフト 27, 79, 86, 90, 91, 92, 93

ブラシトチノキ　アエスクルスを参照

プラントアーキテクチャ 122-30

フリードリッヒ・シュタール 80

ブリザ・メディア Briza media 102-3, 264-5, 265

プリムラ Primula 258-9

　ビーシアナ beesiana 231

　ブルガリス vulgaris 140

　プルヴェルレンタ pulverulenta 231

　ベリス veris 219

プルサティラ・ブルガリス Pulsatilla vulgaris 211

プルモナリア Pulmonaria 125, 140, 260-1

ブルンネラ Brunnera 82

　マクロフィラ macrophylla 125, 248-9, 249

　マクロフィラ‘ジャック・フロスト’ macrophylla ‘Jack Frost’ 167

「プレーリー・モーニング」ミックス 200, 215

プレーリー種子ミックス 46, 200, 201

プレーリーの草原 27, 30-1, 77, 103

　「ウォークイン・プレーリー」 160

　集合規則 201

　庭の植栽比較 77-8

　レイヤー化 114

プレクトランサス・ネオキルス Plectranthus neochilus 18

ブロック植栽 26, 26, 27, 28, 29, 41, 62, 79-80, 86, 154-5, 160

　色 136

　繰り返し 89

　グループ植栽も参照

　構造の提供 41-6, 47

　マトリックス植栽と 107

　ドリフト 28, 79, 86, 91, 92, 96

フロックス Phlox 106, 150

　アンプリフォリア amplifolia 191

　ストロニフェラ stolonifera 102, 106, 258-9

　ディバリカタ divaricata 258-9

　パニキュラータ paniculata 126, 189, 191, 196, 258-9, 259

マクラータ maculata 258-9

フロミス Phlomis

　イタリカ Italica 223

　サミア samia 258-9

　チュベローサ tuberosa 123, 124, 164, 258-9

　チュベローサ‘アマゾン’ tuberosa ‘Amazone’ 54, 87

　ルッセリアナ russeliana 63, 210, 258-9

フンメロ 10, 34, 36, 37, 38-9, 50, 52-3, 55, 58, 68-9, 84-5, 134-5, 146, 158-9, 161, 162-6, 168-73, 194-5, 236

ペウケダナム・バーティシラレ Peucedanum verticillare 94, 95, 163, 166, 173, 180-1

ヘーベ Hebe 137

ベクスヒル・オン・シーの遊歩道 222-3

ベス・チャトー 55, 82

ペタシテス（フキ）Petasites 123

ベッティーナ・ヤウグステッター 212-3, 218

ヘテロテカ・カンポルム・グランデュリシマム Heterotheca camporum var. glandulissimum 152-3

ベツラ・ニグラ‘ヘリテージ’ Betula nigra ‘Heritage’ 102

ペトラ・ペルツ 224-5, 226

ペニセタム Pennisetum

　アロペクロイデス alopecuroides 266-7

　‘ヴィリデセンス’ ‘Virideiscens’ 104-5, 267

　オリエンターレ orientale 266-7

　オリエンターレ‘トール・テイルズ’ orientale ‘Tall Tails’ 164, 218

ヘメロカリス Hemerocallis 123, 254-5

　‘ジョアン・シニア’ ‘Joan Senior’ 231

　‘ハッピー・リターンズ’ ‘Happy Returns’ 206

ベラトラム Veratrum 264-5

　カリフォルニカム californicum 161, 164, 173

　ニグラム nigrum 169, 265

ヘリアンサス（ヒマワリ）Helianthus 126

　サリシフォリウス salicifolius 110, 224-5

ヘリオプシス Heliopsis 154-5

ヘリクリサム・アウレウム Helichrysum aureum 230

ベルケア・プルプレア Berkheya purpurea 230

ベルゲニア Bergenia 123, 248-9

　‘シュネークッペ’ ‘Schneekuppe’ 214

　‘シュネーケーニギン’ ‘Schneekönigin’ 214

　プルプレスセンス purpurescens 231

ペルシカリア Persicaria

　アンプレクシカウリス amplexicaulis 127, 128-9, 138, 168, 194-5, 200, 258-9, 259

　アンプレクシカウリス‘アルバ’ amplexicaulis ‘Alba’ 68-9, 169

アンプレクシカウリス'オレンジ・フィールド' amplexicaulis 'Orange Field' 96-7, 99, 109

アンプレクシカウリス'ファイアーテイル' amplexicaulis 'Firetail' 231

アンプレクシカウリス'ロゼア' amplexicaulis 'Rosea' 83, 231

アンプレクシカウリス'ロゼウム' amplexicaulis 'Roseum' 179

ビストルタ bistorta 91, 124, 258-9, 259

ビストルタ'スパーバ' bistorta 'Superba' 184

'ファイヤーダンス' 'Firedance' 87

ベルネパーク、ボトロップ 28

ベルンブルガー・多年草ミックス「ステップ」 211, 214

ベルンブルガー・多年草ミックス「花の日陰」 214, 215

ヘレニウム Helenium 52-3, 154-5, 254-5

'ディ・ブロンデ' 'Die Blonde' 166

'モーハイム・ビューティー' 'Moerheim Beauty' 28, 92, 107, 108, 128-9, 134-5, 151

'ラウフトパス' 'Rauchtopas' 218

'ルビンツヴェルク' 'Rubinzwerg' 54, 83, 88-9, 110, 255

ヘレボルス Helleborus 123, 146, 254-5

×ハイブリダス ×hybridus 142-3, 214

フェチダス foetidus 162

ベロニカ Veronica

アウストリアカ austriaca 264-5

'エヴェリン' 'Eveline' 133

スピカタ spicata 264-5

テウクリウム'クナールブラウ' teucrium 'Knallblau' 210

プロストラータ prostrata 211

ロンギフォリア longifolia 16-7, 219, 264-5

ベロニカストラム Veronicastrum 150, 176, 264-5

ヴィルジニカム virginicum 28, 101, 158-9, 163, 164, 172, 173, 188, 265

ヴィルジニカム'アルバム' virginicum 'Album' 97, 99

ヴィルジニカム'エリカ' virginicum 'Erica' 96

ヴィルジニカム'ファシネーション' virginicum 'Fascination' 87, 88-9, 91

ペロブスキア・アトリプリシフォリア Perovskia atriplicifolia 54, 164, 258-9

'リトル・スパイア' 'Little Spire' 109

変化 26

ペンステモン Penstemon

ジギタリス digitalis 258-9

バルバタス・コッキネウス barbatus coccineus 224-5

ペンズソープ自然保護区、ノーフォーク 24, 34, 83, 87, 128-9, 179

牧草地（メドウ） メドウを参照

ホスタ（ギボウシ） Hosta 123, 254-5

'トゥルー・ブルー' 'True Blue' 231

'トール・ボーイ' 'Tall Boy' 231

'ハルシオン' 'Halcyon' 93, 96

'フランシス・ウィリアムズ' 'Frances Williams' 214

保全・自然保護 72, 73, 240

舗装 192

ポッターズ・フィールド、ロンドン 76, 92

ポテンチラ・タベルナエモンタナ Potentilla tabernaemontana 211

ホトトギス トリキルティスを参照

ポリゴナタム（アマドコロ） Polygonatum 258-9

×ハイブリダム ×hybridum 259

×ハイブリダム'ヴァイエンシュテファン' ×hybridum 'Weihenstephan' 96

×ハイブリダム'ベットバーグ' ×hybridum 'Betburg' 142-3

ポリスティクム・セティフェラム（クサソテツ） Polystichum setiferum 268-9

'ヘレンハウゼン' 'Herrenhausen' 94, 96, 269

ホルデューム・ジュバタム Hordeum jubatum 46

ボルトニア Boltonia

アステロイデス asteroides 248-9

ラティスカマ latisquama 219, 220-1

ポレモニウム・カエルレウム Polemonium caeruleum 258-9

マ

マージェリー・フィッシュ 36, 233

マイアンセマム・ラセモサ Maianthemum racemosa 256-7

マクシミリアンパーク、ハム 96-7

マグノリア ×ソウランギアナ'ソリテア' Magnolia ×soulangeana 'Solitair' 94

マクレイア（タケニグサ） Macleaya 123, 125, 256-7, 257

コルダタ cordata 19, 110

マトリックス植栽 52-3, 78, 79, 82, 83, 86, 90, 98, 99-104, 100

植物の数を計算する 117

ブロック植栽と 107-11

リピート・プランツ 104-7

マホニア（ヒイラギナンテン） Mahonia 114

マルチング 217, 228

マルバ・モスカタ Malva moschata 229

ミーン・ルイス 36, 236

ミスカンサス（ススキ） Miscanthus 99, 130, 131, 137, 160, 168

シネンシス sinensis 138, 266-7

シネンシス'マレパルタス' sinensis 'Malepartus' 50, 110

'シルバーフェダー' 'Silberfeder' 231

'フラミンゴ' 'Flamingo' 231

水の管理 11, 11

ミソハギ類 リスラムを参照

ミックスボーダー（花壇） 80, 82

ドリフト 90, 93

密集型で広がる植物 186-7

密度 47, 78, 228, 236-7

南アフリカ・ドラケンスバーグ・コミュニティ 229, 230

ミヤマキンポウゲ　ラナンキュラス・アクリスを参照

ムーアゲート・クロフツ、ロザラム 8

ムクデニア・ロッシー Mukdenia rossii 258-9

ムスカリ Muscari 215

メドウ 14-5, 25, 26, 38-9, 74, 77, 103

　集合規則 201

　庭の植栽比較 77-8

　マトリックスグラス 90

　レイヤー化 114

　ワイルドフラワーミックス 201

メリカ・キリアタ Melica ciliata 64-5

メルテンシア Mertensia 256-7

　ヴィルジニカ virginica 142-3, 145, 162

メンタ（ミント）Mentha

　スピカタ spicata 222

　×スペシオサ ×speciosa 219

　プルギウム pulegium 222

　ロンギフォリア longifolia 222

メンテナンス 29, 86, 96, 229, 236

木本植物 80-1, 161

　吸枝の発生 81, 81

　再生伐採 80-1, 81

モジュール式植栽 202-6

モダニズム 27, 36, 236

モナルダ Monarda 126, 150, 176, 188, 256-7

　‘ジェイコブ・クライン’ ‘Jacob Cline’ 190

　‘スコーピオン’ ‘Scorpion’ 136

　フィスツローサ fistulosa 110, 186, 196

　ブラドブリアナ bradburiana 256-7

モノカルチャー 27, 29, 41

　ブロック植栽も参照

モノカルピックプランツ　一回結実植物を参照

モリニア Molinia 55, 165, 179

　カエルレア caerulea 51, 91, 99, 100, 106, 107, 130, 158-9, 166, 188,
　　266-7

　カエルレア・アルンディナセア caerulea subsp. arundinacea 173, 222,
　　266-7

　カエルレア ‘エディス・ダッチェス’ caerulea subsp. caerulea ‘Edith
　　Dudzus’ 90, 91, 94

　カエルレア ‘ストラーレンクエレ’ caerulea subsp. caerulea
　　‘Strahlenquelle’ 226

　カエルレア ‘ダウアーストラール’ caerulea ‘Dauerstrahl’ 47

カエルレア ‘トランスペアレント’ caerulea ‘Transparent’ 50, 68-9, 87,
　96-7, 134-5, 158-9, 161, 166, 197

カエルレア ‘ハイデブラウト’ caerulea ‘Heidebraut’ 90, 91

カエルレア ‘ポール・ピーターセン’ caerulea ‘Poul Petersen’ 56-7

‘モアヘクセ’ ‘Moorhexe’ 28, 102-3, 108, 110, 116

ヤ

野生生物に優しい実践 9, 59

　在来植物 66, 73, 75

野生生物のすみか 9

ヤナギ　サリックスを参照

ヤブラン　リリオペを参照

ユーカリ Eucalyptus 62

ユーコミス・バイカラー Eucomis bicolor 230

ユーパトリウム Eupatorium 123, 126, 176

　アルティッシマ ‘チョコレート’ altissima ‘Chocolate’ 96-7, 102-3

　ヒソッピフォリウム hyssopifolium 70-1

　フィストゥロスム fistulosum 50

　ペルフォリアタム perfoliatum 250-1

　マクラタム maculatum 172, 250-1

　マクラタム ‘アトロプルプレウム’ maculatum ‘Atropurpureum’ 168

　マクラタム ‘ゲートウェイ’ maculatum ‘Gateway’ 20-1, 110

　マクラタム ‘スノーボール’ maculatum ‘Snowball’ 194-5

　マクラタム ‘パープル・ブッシュ’ maculatum ‘Purple Bush’ 94

　マクラタム ‘リーゼンシルム’ maculatum ‘Riesenschirm’ 10, 38-9,
　　68-9, 87, 190

　ルゴサム rugosum 250-1

ユーフォルビア Euphorbia 82, 126, 127

　アミグダロイデス amygdaloides 106, 252-3

　カラシアス characias 252-3

　キパリッシアス cyparissias 32, 102, 106, 127, 183, 186-7, 189, 196,
　　252-3

　グリフィティ griffithii 186, 187, 252-3, 253

　グリフィティ ‘ディクスター’ griffithii ‘Dixter’ 231

　グリフィティ ‘ファイヤーグロー’ griffithii ‘Fireglow’ 202

　シリンジー schillingii 126, 252-3, 253

　セギエリアナ・ニキキアナ seguieriana subsp. niciciana 64-5

　パルストリス palustris 127, 252-3

　ポリクロマ polychroma 127, 252-3

雪 173

ユキノシタ　サキシフラガを参照

ラ

ラシルス・ベルヌス Lathyrus vernus 256-7, *257*

ラナンキュラス・アクリス (キンポウゲ) Ranunculus acris 25, *26*

ラバテラ・カシェメリアナ Lavatera cachemiriana 256-7, *257*

ラベンダー Lavandula 137, *147*

ラミウム・マクラタム Lamium maculatum 106, 254-5

    'ピンク・ナンシー' 'Pink Nancy' *177*

ランダム植栽 79, 201-14, 222, 230

リアトリス Liatris 256-7

    スピカタ spicata 34, *87*

    スピカタ 'アルバ' spicata 'Alba' *218*

リーヴンスペハイヒ (生息地) *29*

リーム景観公園、ミュンヘン 219, *220-1*

リグラリア Ligularia 150, 256-7

リシマキア Lysimachia 126

    エフェメラム ephemerum 256-7, *257*

    クレスロイデス clethroides 256-7

    プンクタータ punctata 186, *196*

リズム 28, 86, *154-5*

リスラム (ミソハギ) Lythrum 127, 256-7

    ヴィルガタム virgatum 34, *87*, 87, *136*

    サリカリア salicaria 11, *182*, 222

リック・ダーク、キャリー・ファーネス、ピッツバーグ *14-5*

リナム・ペレンネ Linum perenne *211*

リヒャルト・ハンセン 27, 79

リベルティア Libertia 123

    グランディフロラ grandiflora 256-7

リモニウム Limonium

    プラティフィルム platyphyllum 101, 106, *166*, 256-7

    ラティフォリウム latifolium *104-5, 107*, 108

リュウノヒゲ　オフィオポゴンを参照

リリウム Lilium

    スペシオサム・ルブラム speciosum var. rubrum *231*

    ティグリヌム 'スイート・サレンダー' tigrinum 'Sweet Surrender' *231*

リリオペ (ヤブラン) Liriope 51, 100, 106, 122, 127, *146*, 256-7

    ムスカリ 'ビッグ・ブルー' muscari 'Big Blue' *144*

リン化合物 11

ルーヴェホーフト、ロッテルダム 93, *107*, *108-9*

ルーリーガーデン、シカゴ 10, *22-3, 55, 59*, 73, *139*, *166*

ルエリア・フミリス Ruellia humilis 260-1, *261*

ルス (ウルシ) Rhus 80, *81*

    ティフィナ typhina 27, *48-9, 70-1, 81, 84-5*

ルズラ Luzula 100, 106, 127, *146*, 266-7

ルドベキア Rudbeckia

    サブトメントーサ subtomentosa *20-1*, 67, 98, *260-1*, 261

    トリロバ triloba *156-7*

    フルギダ fulgida *260-1*

    フルギダ 'ヴィエッツ・リトル・スージー' fulgida 'Viette's Little Suzy' *207*

    フルギダ 'ゴールドストラム' fulgida 'Goldsturm' *222*

    マキシマ maxima *160*

    ラシニアタ laciniata *185*, *260-1*

ルナリア Lunaria

    アニュア annua *146*

    レディビバ rediviva *162, 170-1*, 256-7, *257*

レイネッキア Reineckia 106, *127*

レインガーデン 11, *230-1*

レウカンセマム・ブルガレ Leucanthemum vulgare 11, *52-3, 182*, 229

レウカンセメラ・セロティナ Leucanthemella serotina *126*

レウコジャム・アエスティバム (スノーフレーク) Leucojum aestivum *144*

レウム・パルマタム Rheum palmatum *110*, 231

レオントドン・オータムナリス Leontodon autumnalis *229*

歴史的な植栽 51

ロイ・ディブリク 19, *206-7*, 207

ロードデンドロン (シャクナゲ) Rhododendron 111, *240*

ローレンス・ジョンストン 35

ロサ (バラ) Rosa *147*

ロサ・グラウカ Rosa glauca *206*

ロジャーシア Rodgersia 123, 150, *260-1*

    アエスクリフォリア aesculifolia *261*

    ピナータ 'スパーバ' pinnata 'Superba' *93*, 231

    ポドフィラ podophylla *202*, 231

ロベリア Lobelia 256-7

    シフィリティカ syphilitica *166*

ロベルト・ブール・マルクス 27, 73, 79, *236*

ワ

ワイルドフラワーのメドウ *14-5, 25, 26*

ワレモコウ　サンギソルバを参照

著者
ピート・アウドルフ
Piet Oudolf

ピート・アウドルフは、世界で最も革新的なガーデンデザイナーの一人であり、自然主義的な植栽の第一人者。ナチュラリスティックな植栽とは、自然からインスピレーションを得ながらも、植栽計画の作成に芸術的なスキルを駆使するスタイルである。アウドルフは、30年以上にわたる幅広い活動で、世界中の公共および個人の庭園を手がけてきた。ニューヨークのハイラインやバッテリー・パーク、シカゴのミレニアム・パークにあるルーリーガーデン、ロンドンのポッターズフィールズ、そしてオランダのフンメロ村にある自身の個人庭園での仕事が最もよく知られている。1944年、オランダ生まれ。

著者
ノエル・キングズベリー
Noel Kingsbury

ノエル・キングズベリー博士は、植物、ガーデン、景観、環境に関するデザイナー、評論家、作家としてよく知られており、1990年代半ばから、よりナチュラリスティックで持続可能な植栽スタイルの普及に大きな役割を果たしてきた。ナーセリー業界に従事し、公共スペースの植栽デザインに積極的に関わっている。シェフィールド大学で植物生態学を応用した博士号を取得し、観賞用多年生植物の選択と管理に取り組んでおり、現在も活発な研究を続けている。

訳者
永村裕子
Yuko Nagamura

景観デザイナー。英国でベス・チャトー氏に師事。ヨーロッパや中東の造園設計事務所に勤務。現在は熊本市を拠点に植栽デザインと管理を実践しながら、海外でのコンテスト植栽も請け負う。よみうりランド「HANA・BIYORI」の「PIET OUDOLF GARDEN TOKYO」ヘッドガーデナー。ピート・アウドルフ、ノエル・キングズベリー両氏とも親交が深く、本著の原書『*PLANTING：A NEW PERSPECTIVE*』においても日本の情報提供という形で携わっている。

企画協力　　　　鈴木 学　　　　宿根草ナーセリー経営。宮城県丸森町で年間800種以上の植物を栽培、全国の造園関係者や小売店へ販売している。PIET OUDOLF GARDEN TOKYO にも植物を供給。

月ケ洞利彦　　　ランドスケープデザイナー。PIET OUDOLF GARDEN TOKYO に立ち上げの植栽から参加。御堂筋や大阪ビジネスパークなど、大阪を拠点にナチュラリスティックな植栽を実践している。

翻訳協力　　　　細田雅大
校正　　　　　　安藤幹江、倉重祐二
DTP　　　　　　ドルフィン
ブックデザイン　吉岡秀典＋佐藤翔子（セプテンバーカウボーイ）

287

ピート・アウドルフ
の 庭 づ く り

2024年10月25日　第1刷発行

著　者　ピート・アウドルフ、ノエル・キングズベリー
訳　者　永村 裕子

発 行 者　江口 貴之
発 行 所　NHK出版
　　　　　〒150-0042 東京都渋谷区宇田川町10-3
　　　　　電話 0570-009-321（問い合わせ）
　　　　　0570-000-321（注文）
　　　　　ホームページ https://www.nhk-book.co.jp

印　刷　光邦
製　本　ブックアート

乱丁・落丁本はお取り替えいたします。定価はカバーに表示してあります。本書の無断複写（コピー、スキャン、デジタル化など）は、著作権法上の例外を除き、著作権侵害となります。

Japanese translation copyright ©2024 Nagamura Yuko

Printed in Japan

ISBN978-4-14-040309-9 C2052